## 貓頭鷹書房

有些書套著嚴肅的學術外衣，但內容平易近人，非常好讀；有些書討論近乎冷僻的主題，其實意蘊深遠，充滿閱讀的樂趣；還有些書大家時時掛在嘴邊，但我們卻從未看過……

如果沒有人推薦、提醒、出版，這些散發著智慧光芒的傑作，就會在我們的生命中錯失——因此我們有了**貓頭鷹書房**，作為這些書安身立命的家，也作為我們智性活動的主題樂園。

貓頭鷹書房——智者在此垂釣

瑪莉蓮·亞隆 Marilyn Yalom
德雷莎·布朗 Theresa Donovan Brown ◎合著　　邱春煌◎譯

# 閨蜜的歷史

## 從修道院、沙龍到開放社會，「被消失」的女性友誼如何重塑人類社交關係？

# THE SOCIAL SEX:

## A HISTORY OF FEMALE FRIENDSHIP

# 各界好評

十八世紀法國啟蒙哲士伏爾泰在他著名的《哲學辭典》選錄的「友誼」詞條裡，以古非今的抱怨他生活的時代遠不如古希臘羅馬擁有感人肺腑的友情故事及體現亞里斯多德所定義的德性之友的典範人物。其實，當伏爾泰對於西方兩千多年以男性為主角的友誼典範唏噓追憶之際，友誼的話語和概念已經悄然出現女性化的趨勢。雖然不論是在十八世紀之前抑或發生女權運動的十九、二十、二十一世紀，女性與女性之間、女性與男性之間的友誼咸為女性在情感和社交生活及思想鍛鍊上不可或缺的寶貴經驗。然而，從女權運動孕生的婦女與性別史研究相當晚近才開始思考要如何認識和書寫女性的友誼史。本書的兩位作者瑪莉蓮・亞隆、德雷莎・布朗挑戰通史寫作的宏觀架構，兼以如長鏡頭運鏡手法般來呈現西方過往今來女性友誼的私密性和其寬廣的生命意涵，包含慷慨包容他人的想像與實踐。

——秦曼儀／國立台灣大學歷史系副教授

西方歷史對友誼的記載凸顯了唯有男性友誼才是高尚的品德表現，卻忽略了姊妹情誼的既存事實。《閨蜜的歷史》一書補足了人類文明關於女性情誼的闕如，作者以說故事的輕快語調，為女人之間的友情進行一場全方位的導覽，涵蓋了宗教、哲學、歷史、文學和現代流行文化裡各領域的女性情誼樣貌，更生動描繪各年代不同年齡、階級或族裔的婦女彼此愛慕的珍貴情誼特寫，例如十七世紀法國女作家塞維涅夫人和拉斐德夫人相知相惜的同性互愛、十九世紀美國婦女藉由縫紉棉被的聚會凝聚彼此的友誼，或是二十世紀美國羅斯福總統夫人愛蓮娜和同性朋友們之間在公私領域中的信任與鼓勵，諸多的女性情誼典範都為人類友情的歷史演進寫下了值得歌頌的精采頁篇。

——莊子秀／國立暨南大學外文系副教授

這是第一部以女性情誼為主軸的西方文化史，從紀元前數百年寫到二十一世紀的今日，呈現了聖經、法國大革命、美國西部開墾時期以及第一波婦運當中及網路時代女性的生活、工作、婚姻、家庭和友誼。參考的史料涵蓋聖經、私人日記與信件、詩歌、小說、電影和當紅的電視劇。作者翔實分析女性情誼的多重面向，包括母女、婆媳、知己（包括男性朋友）之間，以及女性的政治、社會改革團體之內的情感連繫，跨越了性別、世代、階級與性傾向，也超出了閨中密友的狹窄範疇。

西方文化長久歌頌男性之間的兄弟情義，卻忽略、輕視女性情誼。此書從浩瀚史料中挖掘出女性友誼的多樣性以及彼此的深情、信任和互相依賴。今天女性已經走出了廚房，與男性並肩參與公領域的各行各業，她們的女性化表達方式必將改造身旁男性的情感模式和價值觀，塑造有情有義、人人平等的社會文化。

——顧燕翎／台灣大學婦女研究室創始研究員、前婦女新知基金會董事長

《閨蜜的歷史》是一本充滿活力但著墨甚廣的作品，兩位作者女性主義歷史學家瑪莉蓮・亞隆和作家德雷莎・布朗採取嚴肅中帶玩味的方式，來描繪女性演進成為社會撐起半邊天角色的進程。

——《Elle》雜誌

……女人的友誼是一首值得讓人可歌可頌的詩，敏銳、均衡，充滿許多動人的真實故事……這本詳盡、有趣的書，為穩定、持久的女性友誼提供論述基礎。

——美國著名書評刊物《書單》（*Booklist*）

這個全面、輕鬆、可讀性超高的調查暗示，除了鄰近地區、共同興趣及「互惠」外，世上讓「兩個相似靈魂以非肉體方式結合」的東西究竟為何物？讓本書來為你解密吧。

——《出版者周刊》（*Publishers Weekly*）

……對於女人用獨一無二的方式來做非性愛式的結合，本書從漫長的歷史觀點娓娓道來……兩位作者認為，「友誼」現在正進入前所未見的全盛時期。

——《紐約時報》

本書十分引人入勝……它揭露了許多不為人知的細節，尤其許多歷史中重要女性的私人信函，引起我們對她們個人背景的好奇；以及它對女性友誼轉變世界權力的主張，《閨蜜的歷史》可說是對女性友誼的讚頌。何不跟你的閨密分享這本書呢？

——《美國公共廣播電台》（*NPR*）

導讀

# 什麼是女性的友誼？

吳萼洲／靜宜大學英文系教授

聽說過這麼一段往事，一九八〇年代左右某留美學生，填入境表格，碰到 sex 欄位，當時並無M或F的勾選格，只是一片空白欄，讓填表人自行填寫F或M。當事人遲疑一下子，然後填上 twice a week，因為他學到的英文，性別是 gender，sex 是性。

一九九〇年代因女性研究和性別研究成為學院的重要學門，大眾才開始了解 female（女）和 male（男）是生物性的女男之別，femininities（女質）和 masculinities（男質）是社會性的女男之別。《閨蜜的歷史》英文書名《社會性別：女性友誼史》（*The Social Sex: A History of Female Friendship*）顯然作者瑪莉蓮．亞隆、德雷莎．布朗把道德、禮俗、習慣等的社會成規，以多元思維方式，審視分析女性友誼與社會文化之間的複雜關係。

後結構主義及後現代主義的影響，權威被挑戰被瓦解，民權運動、女權運動、少數族權、同性戀權等的爭取與成功，可視為「後現象」的呈現，不只解構了根深柢固的父權制度，甚至是官方傳統的舊歷史主義的大歷史書寫。《閨蜜的歷史》是新歷史主義的文本，用平易近人的語言、延採所有相關材料，例如私人書信、日記、手札、筆記、報紙、官方文書、契約、廣告、文學作品等，來書寫女性自己生活的歷史。

古希臘社會女人無足輕重，男人被視為理性動物，男人不屑與女人對話談理，男人的「閨密」只能是男人，所以男同性愛當時是常態。而女人的職務則只是傳宗接代做家事，女人不屬於公共領域，不能參與公共事務。友誼在古希臘的社會功能是用來促進人與人之間的道德，因此人們對女性友誼的論述乏善可陳。

女人不被允許參與公共事務，又需肩負沉重家務，女性生活在官方的歷史書寫中就占不到版面，友誼因此成了女人們精神的寄託和靈魂壓抑的出口。尤其友誼無需教會認可也沒有法律規定，友誼是女性追求自己精神的自由，是她們生命不得不的倚靠，女人在友情的領域中完成她們的自我實現與滿足。如同克莉賽娜．柯曼所言：「我們不能選擇家人，但是感謝上帝，我們可以選擇朋友……不如意時……她有辦法可以拭去我的淚水並撫平我的恐懼……男人來來去去，但是只有最好的姊妹才是永遠」（正文二九八頁）。

雖然女性經驗在歷史書寫中無重大分量，但瑪莉蓮．亞隆和德雷莎．布朗很用功地從聖經的故事中開始追尋女性友誼的意涵，例如伊利莎白和馬利亞「聖母訪親」的故事，大概是最早的女性經驗互換的女性情誼（正文四十一頁）。也是中古世紀時的知識份子的隱修院修女，她們會記錄與同修的友誼，其中不乏情欲壓抑的表達，但囿於教規，為防堵友誼轉化為同性愛欲而影響對上帝的信仰，教會汙名化同性戀。隱修院禁止修女之間的親密關係，所記錄的友誼，也就特意掩飾不見傳世。而《閨蜜的歷史》作者依循所獲之尺牘殘簡，重新拼構出中古世紀隱修院修女的情誼。

女性友誼到底是什麼？和男性友誼有何不同？女性友誼可如何啟迪男性友誼呢？

相對於男性的義氣（male bonds），有無女性義氣（female bonds，本書作者習慣使用women's bonds）呢？法國大革命期間，羅蘭夫人和蘇菲．格朗尚的女性義氣，其豪氣不下於男性，最重要的是，格朗尚的義雲薄天情懷吐露著淒涼的婉約，羅蘭夫人被送上斷頭台之前，寫信給格朗尚：「如果你在場，這段可惡的最後一程就不會那麼可怕了。我至少應該確定的是，在這場可怕的試煉中，能配得上我的那個人，對我不放棄自己的決心，必會致上敬意」（正文一五二頁）。格朗尚應約前往，特意穿著與羅蘭夫人最後見面的衣服，等在橋的另一端。她事後寫道：「她看起來活力充沛，從容不迫，面帶微笑……趨近新橋時，她的眼睛急急忙忙尋覓著我。在這個令人難忘的最後會面地點，當她望見我時，我可以看出她感到心滿意足」（正文一五三頁）。

女性除了可以與男性一樣展現英勇的義氣，她們更有男性無法企及的女性友誼的特點。《閨蜜的歷史》作者引用亞里斯多德有關友誼的名言：「朋友是另一半」（A friend is a second self.），並以「異體同心」（one soul in two bodies）呼應該句（正文一六〇頁）。到底女性友誼應該以何樣貌呈現呢？歐芮・畢格（Audrey Bilger）以《閨蜜的歷史》所挖掘女人喜歡女人的證據，證明吳爾芙（Virginia Woolf）〈自己的房間〉裡的敘述者所說「有時候女人確實是喜歡女人」（Sometimes women do like women.）做互文本（intertextuality）的分析。*吳爾芙說：「如果文學裡的男人只能是女人的愛人，從來沒有同性朋友，沒有軍人朋友，沒有思想家朋友，也沒有夢想家朋友，在莎士比亞的劇本裡他幾乎沒什麼好演的，那文學可就遭殃了。」†亞隆和布朗所討論的女性友誼，是模稜兩可的關係：兼具柏拉圖式和浪漫式，也兼具女同性戀和沒有性關係的女性友誼。「不論是兩個女人、兩個男人、一男一女，或是自稱為異性戀、男同、女同、雙性戀、變性人、跨性別、酷兒（queer）或以上結合的人之間，這個字將會藏有一些祕密」（正文一八六頁）。

今日女性友誼的形成應該可以說是從十七世紀至維多利亞時代，本書從該段時期以後逐漸將討論重心從英法轉移至美國女性的友誼。如前所述，傳統上女人較少參與公共事務，這段期間女人秉持「來自利益的誘惑較少，不會因此背叛朋友……我們女性交朋友一般比男人更熱心、誠實，男人通常有對過多嗜好的關注和拘泥死板的自尊心」（正文一一〇頁）。她們會把心思大量放在朋友身上，寫詩詠讚朋友、主持沙龍、擁有自己的社交圈，把先生摒除在外，「女人可以和她最要好的閨密共享一個靈魂，然而卻很少會和她的丈夫這麼做」（正文一〇八頁）。所以友誼是女性精緻生活的入場券。而清教徒時期的新英格蘭，女人若醉心於友誼而忽略先生與小孩，會不容於社會，無怪乎十八世紀末露西・歐爾說出「婚姻是女性友誼的毒藥」（正文一〇八頁）與十七世紀的凱瑟琳・菲利普所說「朋友的婚禮就是友誼的葬禮」前後輝映。

十九世紀美國社會，女人對友誼的堅持與付出視為理所當然，除非先生有意見，要不然女性友誼是女人的生活重心。而至二十世紀，女人擔任祕書、社工人員、教師等中產階級工作日漸增多，婚前共同租屋，甚至成為一輩子的朋友。若無閨密的幫助與影響，愛蓮娜・羅斯福在

---

* Bilger, Audrey. 'The Social Sex: A History of Female Friendship.' *SFGATE*. September 24, 2015.

† Woolf, Virginia. *A Room of One's Own*. South Australia: The University of Adelaide Library, 2015. E-book. https://ebooks.adelaide.edu.au/w/woolf/virginia/w91r/index.html

政治領域上的功績或與羅斯福總統的關係，必踽踽難行：「對於愛蓮娜和馬里昂、南西、愛斯樂、伊麗莎白等人的友誼，歷史學者桃莉絲．古德溫寫道：所有證據顯示這四個女人，以及其他六個女人……在愛蓮娜．羅斯福的教育政策中扮演重量級的角色，並且在政治、策略和公共政策上輔導她，鼓勵她流露情感，並建立她的自信及自尊」（正文二五五頁）。

女孩從青少年時期開始，大都是從同學中培養出友情，女性友誼發展最最重要的階段是在大學時期。而社交網站盛行的今天，女性在網路上透過電話、電子郵件、社交軟體，幾乎無所不談，隨時在談，形成「姊妹情誼」、「姊妹團結真有力」的現象。今日女人愈來愈晚婚，不像其母親與祖母的世代年輕時即忙於照顧家庭，她們若未婚、失婚或父母過世，必須獨自一人生活時，則更需彼此互相依存維生，所以女性友誼的日受重視，當不在話下。*

* Yalom, Marilyn Koenick. "A Little Help from Her Friends." *Wellesley Magazine*. Fall 2015.

# 目次

## 閨蜜的歷史：從修道院、沙龍到開放社會，「被消失」的女性友誼如何重塑人類社交關係？

「閨密」指閨中密友，用來指稱女性的親密好友。

「閨蜜」，為刻意添加甜蜜意味的今日常見用法。

# 序

本書的誕生是因為一位好友往生。當親愛的黛安．米德布魯克（Diane Middlerook）於二〇〇七年過世時，我失去了一位好姊妹，她也是我三十年的同事、閨密及共筆作者。在她走後幾個月，我才痛苦了解到，她的友誼是如此的珍貴與不可取代。黛安的其他朋友也分享了同樣的不捨心情。看見黛安決心對抗腫瘤但最後遭到病魔吞食，也看見了黛安從寫作中獲得養分直到最後躺下的那一刻，我想只有撰寫一本有關女性友誼的書，才是紀念她最好的方式。

我們美國人將女人選擇朋友以及隨意花時間與朋友相處，視為理所當然。我們開心的認為這樣的事再自然不過了。然而，在今日世界許多地方，女孩和女人必須取得父親、母親、丈夫、兄弟或姊妹的許可，才能跟她們的朋友見上一面——如果她們可以獲准的話。而即使在美國，友誼也經常受到家長或配偶的管控。父母當然會試圖將他們的孩子引導到其他他們認為「適合」的孩子。婚姻經常意謂新婚妻子不能再像婚前一樣，有那麼多時間陪伴她的單身姊妹淘們。即便是在今天的美國，女人選擇朋友及花時間與朋友相處的自由，受到家庭、經濟、文化考量等等的限制。

友誼議題不如愛情議題來得炫爛迷人，後者仍然霸占生活與文學舞台的中央位置，更別提浩瀚的出版界。本人必須坦承，我也曾經不假思索，在以愛為名的廣大書海中注入我的愛河之水，如《法式愛情》（*How the French invented love*，本書繁體中文版於二〇二〇年由貓頭鷹推出）。在我們合撰本書的數月期間，德雷莎．布朗跟我不斷探討愛情與友誼之間的相互重疊之處，並且發現我們很難在兩者之間劃出明確的楚河漢界。何謂友誼？和愛情又有何不同？

德雷莎和我既是好友，也是夥伴，我們強烈的意識到，我們正在無邊無際歷史銀河的特殊時空中撰寫本書。我們書寫女人做為朋友，無疑的受到我們自身境遇的影響，不過，我們希望將我們的有限視界放大到北加州之外的無限世界，涵括其他地方女人的生命經驗。

友誼是今日所有美國女人與生俱來的權利，對她們許多人而言，更是個人生命中的瑰寶。回顧整個人類歷史，我們看見友誼不但引人注目，還富有教化意涵，最後演進成為女人的一個真正選項。對於在乎女人或依賴女人的人而言，這些友誼是如此的珍貴和重要；不過，歷史也是一面明鏡，讓我們明瞭，絕不可將女性友誼視為理所當然。

# 導言

男人和女人，誰的朋友比較多？這個答案在美國現在最有可能是女人。有點常識的人都知道，女人基本上比男人更喜歡社交，心胸更開放，更有同理心，更有教養，配合度更高，也更為「友善」。媒體用電影、電視節目和「美眉文學」小說等等來強化這個刻板印象，描述許多女孩和其他女人在她生活中享受親密的關係。此外，一些學術研究認為，女人比男人容易發展更深刻、更親密的友誼，女人的友誼對她們的心理健康，以及從演化的角度來說，對其後代的生存極為重要[1]。以一對夫妻為例，如果妻子先過世，男人通常會變得孤僻、鬱鬱寡歡或甚至生病。相反地，如果是丈夫先走，女人會有許多朋友與她互相扶持[2]。好朋友不論是男是女，現在已經被視為美國女人幸福所不可或缺，老少都一樣。

男性與女性之間友誼模式的差異，是過去至少二十五年來通俗文化和學術研究的熱門話題[3]。大多數學術研究得出結論，男人之間的友誼與女人之間的友誼大不相同。一位社會學家這麼說：「男人聚在一起，有肩並肩、同舟共濟的關係——我們做什麼事都在一起。相較之下，女人則更傾向於面對面的關係。」[4]許多女人向閨中密友透露心事，許多男人則純粹喜歡混在一起。不過，互相較勁的結果經常使男性友誼變色，讓男人不願對哥兒們揭露脆弱與痛苦。因此，男人的親密談論通常只保留給他們的女友、妻子或紅粉知己，讓男人投射出一個獨立、自足的公共形象——出類拔萃的「男性本質」。

反過來說，沒有姊妹淘的女人，不論她有多麼成功，通常會被視為缺少女人應有的感性情懷。少女十五、二十時，常會被認為相當需要與她們的好友互訴衷情。當身為少婦時，她們雖然在結婚初期會以家庭為重，與好姊妹的相聚時間變少，但漸漸地，有需要時，她們仍會尋訪過去的朋友；在職場上有需要時，她們會去找女同事和良師益友；有小孩後，她們會與其他女人大聊媽媽經；步入更年期或離婚時，她們互相傾訴令人煩憂的女人祕密；如果不幸罹癌或其他疾病，或甚至另一半往生時，她們互相依偎扶持。我們不時聽見女人說：「要不是有我那幫好姊妹，我恐怕無法撐過去。」

女人作為朋友的明顯好處，一定會讓以前的人大感驚訝。西方歷史最初兩千年，從西元前六百年至西元後一千六百年，幾乎所有提到友誼的文獻都跟男人有關。當然，這些文獻幾乎全都是由男人為其他男性所寫，不過聚焦男人的友誼，不只是將作者和讀者身分以性別劃分而已。男性作者讚頌友誼是男人的志業，這不僅僅是為了個人的快樂，也是為了與哥兒們沆瀣一氣，以及為了在軍中跟弟兄們團結一心。一位古希臘哲學家歌頌友誼是人類情感依附的最高貴形式，不過他認為這和女人無關，因為她們既不是公民，也不是軍人，更不是公領域的參與者。女人被隔離在家的結果，也許自己會有更多朋友，但問題是：那對整體利益有何貢獻呢？

此外，古希臘、羅馬之後有相當長一段時間根本認為女人不配最高層次的友誼，這個看法很負面，認為跟男人相較起來，女人是惡名昭彰的「弱者」。明爭暗鬥、爭風吃醋、不夠忠貞堅定等標籤，在之後的好幾個世紀都被貼在女人身上。的確，甚至到了十九世紀中葉，英國週報《星期六評論》提出這個問題：女人是否甚至能夠成為女人的朋友[5]？著作豐富的美國加州作家阿瑟頓在一九〇二年時評論道：「兩個男人的完美友誼，是凡夫俗子能夠達到最深、最高貴的情操，女人一輩子也到不了那個境界。」[6]《納尼亞傳奇》作者路易斯在一九六〇年寫道，女人出現在男人圈子裡使「現代友誼遭到貶低」。這類女人應該讓她們「永遠嘰嘰喳喳」個不停，不該讓她們汙染男人們心靈高尚的交流[7]。即使到了今天，電影與電視節目強調陰險惡毒的少女組成的卑劣小圈子，以及年輕女人為愛爭風吃醋，這些都是延續傳統對女性的刻板印象，長久以來減損女人作為朋友的價值。

有許多證據提到在古希臘、羅馬公民階級的男性之間、中古時期神職人員間、十字軍戰士以及文藝復興時期人文主義者之間的友誼。雖然受到時間、空間、語言、文化等因素阻隔，但他們用書信、論文、回憶錄和故事各類形式，大量書寫有關男性友誼的美好。舉例來說，激動人心的法蘭西史詩《羅蘭之歌》（約一一〇〇年前後）描寫羅蘭和奧利維耶在戰場上的英勇事蹟，故事遵循的文學傳統可追溯到兩千年前古希臘詩人荷馬的史詩《伊利亞德》中阿基里斯和帕特羅克洛斯的角色，甚至追溯到更早巴比倫帝國時期吉爾伽美什和恩奇杜的故事。相較之下，除了極少數的例子，女性友誼往往不是古典或中古世紀文學的主題，而且這類例子通常圍繞著男女戀情，由一個女人扮演另一個女人的知己。

此外，歐洲中世紀期間，寧靜的基督教修道院內，一起生活、工作和祈禱的僧侶間也產生了親密的友誼。令人尊敬的領導人和未來的聖人，如坎特伯里的安瑟倫（一〇三三～一一〇九年）和克萊爾沃的伯納德（一〇九〇～一一五三年）撰寫過許多對其他教士表達深層情感的信函，涵蓋各種階級，如修道院院長、副院長，或主教，或修道士同僚。不過，到了一一〇九年安瑟倫過世當時，也有許多信函出自女修院裡的修女。賓根的希德格（一〇九八～一一七九年）用拉丁文寫的信函數量不輸安瑟倫，表明了女修院內修女經歷的親密友誼。希德格的堅強個性，從她寄給多位她認識和摯愛的女性友人的書信中可以得知。和聖安瑟倫一樣，現在她的書信有整整三大冊。不過，即使有這麼多女性友人收到並回覆她的書信，友誼在一般人的心目中仍然只存在男性之間。

有一個典型的例子，是知名的義大利人文主義者阿爾貝蒂（一四〇四～七二年）寫了一篇文章〈論家庭〉，他在文章中想像以下情景，一位富有的佛羅倫斯商人在婚後不久敘述道：「接著，她〔他的妻子〕和我跪下來並祈禱……祈求上帝讓我們可以過著和睦、融洽的生活……，希望上帝賜予我財富、友誼和榮譽，賜予她正直、純潔，以及一位完美女主人的性格。」姑且不論阿爾貝蒂是否要將這個商人所講的話當真，不過他反映出許多義大利丈夫的渴望，對他們來說，與其他男人的友誼才是日常生活中的要事——相較起來，女人受到禮俗的約束，活動限制在家庭和家人身上[8]。

十六世紀法國作家蒙田（一五三三～九二年）提出男人之間最典型的友誼範例，他與博耶提相當短暫卻熱情的關係，被蒙田記述在他著名散文〈論友誼〉中永世流傳，這篇文章其實是仿效這兩人一起研讀的希臘和拉丁文文學的人物。他們立志要實踐夙昔典範，因此渴望達到相當於亞里斯多德「異體同心」（one soul in two bodies）的理想境界。在他驟然離世後，博耶提化身為蒙田筆下的文字，流芳百世，啟發後人。當蒙田自問為何他喜歡博耶提時，他的答案召喚兩人之間相互吸引的奧祕：「因為是他，因為是我。」

蒙田對女人成為朋友的公開看法完全是負面的，這在他的時代以及他之前的時代都是司空見慣。他寫道：「女人的普通能力不足以促成這種交誼……她們的靈魂看來也無法承受如此緊密且持久關係的壓力。」[9]諷刺的是，在他生命接近尾聲時，當時蒙田有著一段自博耶提之後最為認真的友誼，不過對方是一個女人——年輕的古爾奈，她幫忙編輯他論說文的最終版本，全新全意配合他在文學上以及個人的需求。

鑑於男人擁有這段值得讚揚的友誼歷史，那麼女人又是如何把友誼帶到世人面前？當然，雖則缺乏紀錄，但在過去女人之間還是有某種女性連結存在。女人間的友誼究竟是何時讓全世界都知曉並在她們生活中受到相當程度的重視呢？除了中世紀的修女，歐洲女人最初並未留下她們對友誼觀點的隻字片語，直到十五世紀，當方言取代拉丁文成為書寫文字時，女人立即提起了鵝毛筆，她們更得心應手，也更頻繁寫給她們的友人。許多人也寫些文章或小說，所以從大約一四〇五年克里斯蒂娜·德·皮桑以法文書寫的《女性之城》一書開始，我們擁有從女人觀點來看女性友誼的證據。在義大利，莫德拉塔·豐特寫了一篇有關友誼的小對話，她根據的論點是「女人跟其他女人交朋友，比男人跟其他男人交朋友來得更為容易」，而且女人的友誼更為持久[10]。

一五九二年豐特過世時，女人的友誼進入了一個新時代，不只是發生在歐陸上的法國和義大利，也發生在英國。許多中上階級女人獲得新自由，包括與其他女人公開交友的自由。莎士比亞的戲劇即反映了這個女人新友誼的形成，特別是要保護彼此遠離那些誤入歧途的男人（譬如《無事生非》中總督的姪女畢翠絲與總督女兒希羅，以及《威尼斯商人》中才貌雙全的富家女鮑西亞和她的貼身女侍奈莉莎）。

後來，由十七世紀法國才女與十八世紀英國的女文青所創設的沙龍，讓女人在當時社會上階層最高的友誼圈中有了女性公民身分。不論這些社交圈是單一性別或男女混合，都鼓勵成員尋找可能的朋友，然後就可以私底下在她們自己的閨房和客廳內會面。到了十八世紀末，女人與其他女人的友誼已然變成她們生活中既受人尊重但又頗為耗費時間的一部分——僅次於她們對家庭的照料。不過，事情的真相是：這個模式主要適用於有財產的女人；農婦如果有充足的時間可以照顧家人、牲畜及農作物，就算很幸運了，哪還會有那些閒工夫；至於工人階級的女人，去做到那些上流女人友誼所要求的繁文縟節更是不可能。工人階級的女人必須在奔波忙碌的生活中維持友誼，經常是在生產、生病或過世時，需要彼此幫忙伸出援手。但是，對於生活較為優渥的女人，取悅她們的女性朋友也是社會地位的象徵，除了可以增加個人的生活情趣外，還可對貴婦團其他成員大肆宣傳一番呢！

這個情況不只發生在歐洲。當美國獨立戰爭爆發時，友誼的儀式已經在十三個殖民地扎根。住在相同地區的朋友固定互相往訪；如果彼此住的地方相距較遠，會用書信往來方式解決空間的距離。美國第二任總統約翰・亞當斯之妻艾碧該與墨西之間的魚雁往返，讓我們可以詳細了解這兩位美國模範女人之間的友誼[11]。她們都自認為是公務員的妻子，也是幾個孩子的母親，必須負擔照顧家庭的責任，但是，她們各自都挪出大量時間來維持友誼，主要是透過書信，因為她們彼此的居住地相隔甚遠——艾碧該住在麻州的布倫特里，墨西則住在普利茅斯。

如果說一六〇〇年是女人在歐洲取得友誼並受到社會勉強認可的開始，那麼一八〇〇年則是改變歐洲與美國友誼公共形象的轉捩點。友誼逐漸被視為女性的事，而不再是男性的專利。的確，我們可以說，友誼的整個概念已經開始變得女性化，尤其是在英美兩國。女孩和女人寫信給彼此時使用的文字，與異性之間對彼此思念渴望所用的語言差異不大，像是「親愛的」、「心愛的」、「寶貝」，還有「心」啦、「愛」啦、「忠誠」啦諸如此類的文字，在維多利亞時代她們彼此熱情通信時，會輕易從筆端流露出來。以宗教、種族、政治和文化興趣等為基礎形成的許多社團，給予中產階級和上層階級一個在社會團體中會面的機會，促成無數的友誼。女子學校、神學院和大學（譬如美國東北部的曼荷蓮學院、瓦薩學院和衛斯理學院；南部的倫道夫・梅康女子學院、瑪麗鮑爾溫學院和艾格尼史考特學院；以及西岸的密爾斯學院）的設立，成為終生友誼的溫床。

到了十九和二十世紀，友誼是男人專屬或主要的想法大部分已經被翻轉。女人被視為比男人更有愛心、更溫柔，也更可愛，因此更適合當朋友。友誼本身變成與情感親密的女性特徵畫上等號，而不再是英雄或同志情義的代名詞，不過男人仍不時企圖恢復過去男人友誼的霸權。女人情誼不但曾經被男人抹黑，還經常被女人自身的經歷視為不過是家人關係的副產品，現在則是靠自身條件受到高度重視。過去一百五十年來，女人友誼的重要性不斷提升。

Google Ngram 網站記錄了從一五〇〇至二〇〇八年間五百二十萬本電子圖書中特定文字和詞彙出現的頻率，搜尋發現「女人友誼」在十九世紀下半葉大量衝高，之前三個半世紀則是平緩的直線[12]。

我們這本有關友誼的書內容涵蓋超過兩千年的時間，不敢妄稱包山包海。不過我們討論這個議題，是希望從全新的視角來呈現熟悉的命題。我們應該看看在某些時期與特定文化中女人作為朋友的演進，因為我們相信要了解友誼，就必須注意其所發生的場景。中世紀的德國修女、十六世紀英國鄉下愛談「八卦」的村姑、十七世紀的法國王公貴族、美國早期殖民時代的女人、工業革命期間的女工、美國西部邊疆的拓荒女性、二十世紀的女性主義者、二十一世紀的小資女上班族等等，每個時代的女性族群都受到環繞她們的社會結構所支持。

從歷史的視角來看友誼，我們便能掌握為何這個重要的人類關係——女性友誼——曾遭到邊緣化，以及現在它為何終於成為顯學。我們為什麼要在意呢？因為過去是開場。因為我們生存在這個擁擠、衝突的世界上，必須不斷使用每一項可用的關係工具。女性友誼模式一直都在，但很不幸地，我們共有歷史的前任管家傾向於忽略它。如今情況則大不相同。女人在友誼中尋求的權力和更常尋求的智慧，可能帶領未來世代進入有尊嚴、有希望與和平共存的生活。

第一部分

# 當友誼的公共形象為男性時

# 第一章 尋找聖經中的友誼

你的朋友和父親的朋友，你都不可離棄；你遭難的日子，不要上你兄弟的家去；相近的鄰居勝過遠方的兄弟。

——《箴言》27:10（英王欽定本聖經）

人為朋友捨命，人的愛心沒有比這個大的。

——《約翰福音》15:13

希伯來聖經和新約中，多數友誼故事都是以男性為中心，但我們經常可以發現潛藏在敘述中的女性身影。當男人壟斷寫作並對藏身他們之中的女人的所作所為不是很感興趣時，相當令人驚訝的是，我們還會有女人成為朋友的紀錄存在。雖然受矚目的男性友誼故事對我們也更為熟悉，不過一些女性情誼的描繪則可增補我們對聖經人物之間友誼的了解。

## 《約伯記》

在《約伯記》中，主人公約伯是一位受到祝福的男人，他一直過著正直的生活；不過，上帝受到撒但的唆使，決定剝奪他的一切所有並殺害他的孩子。但這還不夠，祂甚至用滾燙的熱水從頭淋到腳來折磨約伯。為什麼上帝會這麼做？近三千年來一直讓讀者感到百思不解。當約伯坐在地上，捶胸頓足哀嘆著自己的悲慘命運時，三個男性友人前來安慰他並為他分愁解憂：「他們與他席地而坐七天七夜。」[13]整整一個禮拜沒有人說半句話。最後，約伯用一句有名（但可以了解）的、自哀自憐的責罵來打破沉默，詛咒他出生的那一天。接著，一個激烈的循環開始了，每個人與約伯爭論，試圖使他承認自己有罪並不去質疑接受上帝的懲罰。但是，極度痛苦的約伯仍堅稱自己的清白，因此他提出了有關善、惡和本質的永恆問題。

雖然他的朋友認為他們已經盡其所能地同情他，但約伯稱他們為「可悲的安慰者」，因為他們並不了解事情的真相：「我也能說你們那樣的話。你們若處在我的境遇。」這就是友誼的難題所在，不但約伯經歷了，每個時代身為朋友的人也都心有戚戚焉：我們真的可以設身處地為他人著想嗎？我們真的可以共有另一個人的「靈魂」嗎？當我們的朋友感到極度痛苦、沮喪、想要自殺時，我們應該怎麼做呢？約伯說，他不願批評他的朋友，他不願「堆起言語攻擊你們，又能向你們搖頭。但我必用口堅固你們，用嘴消解你們的憂愁」（約伯 16:2-5）。當你憂傷時，你需要的是身邊有一個善解人意的人——可以握握你的手，對你感同身受，而不是批評或埋怨。

最後，上帝本尊從一陣旋風之中出現，約伯坦承他欠缺領悟力並承認上帝評判的權威。他的朋友在約伯的心情起伏上扮演相當重要的角色，不過也只能附和他的抗議。他的朋友們都見證了約伯命運的翻轉，上帝最後恢復了他過去美滿幸福的狀態。至少，我們可以說，他們已經做到好朋友所謂的同甘共苦。

## 大衛和約拿單

像約伯的故事一樣，大衛的故事可追溯到大家長的時代，約西元前一千年。例如在《撒母耳記上》和《撒母耳記下》兩本書卷中所記載，大衛和約拿單之間的兄弟情誼可說是情義的典範，「約拿單的心與大衛的心深相契合」（撒上 18:1）。當約拿單的父親掃羅王命令臣僕殺死大衛，約拿單挺身而出為大衛說情，讓他免於一死。掃羅王希望殺死大衛，因為注定成為以色列王的是大衛而不是他自己的兒子約拿單。但是，約拿單只在乎他朋友的死活，所以他告訴大衛說：「我們二人曾指著耶和華的名起誓說：『願耶和華在你我中間，並你我後裔中間為證，直到永遠。』如今你平平安安地去吧。」（撒上 20:42）因此，約拿單和大衛之間建立起兄弟般的情義，而這份情義還延續到他們的子子孫孫。

## 路得和拿俄米

可與大衛和約拿單相提並論的柏拉圖式靈魂伴侶的女人，在希伯來語聖經中卻遍尋不著，我們只能找到最接近的兩個女人，路得和她的婆婆拿俄米。當路得守寡時，她沒有返回自己的摩押族，反而是選擇隨侍拿俄米，說出至今仍受人稱頌的話：「你往哪裡去，我也往那裡去；你在哪裡住宿，我也在那裡住宿；你的民就是我的民，你的神就是我的神。」（得 1:16）雖然這兩個女人被描述為能相依為命，但她們的關係是因為有一個男人的連結才變得可能，在這個故事中他就是拿俄米的兒子，也就是路得的丈夫。但是，不論讓她做出那個選擇的動機是什麼，路得對拿俄米可說是真心真意，她將自己的命運寄託在另一個女人身上，這樣的情誼關係有如夫妻一般。因此，當我們聽見「你往哪裡去……」成為某些伴侶——異性和同性——在婚禮上的誓言時，也就不令人驚訝了。

## 妻妾

在希伯來聖經中其他內容，丈夫經常是女人之間摩擦而不是形成親密關係的來源，例如亞伯拉罕之妻撒拉和她的女僕夏甲的故事（創 16）。因為撒拉沒有生育，她請求亞伯拉罕透過夏甲的身體幫她生一個孩子，這可是距二十世紀科技昌明很久以前所發生的事，希伯來人擁有他們自己的代理孕母。夏甲生出以實瑪利，但撒拉心生嫉妒，將她趕出門。後來，上帝介入，撒拉果然懷了一個兒子以撒，但兩個媽媽之間的明爭暗鬥仍沒完沒了，接著換以撒和以實瑪利兩個兒子爭鬥，他們各自建立不同的民族：以撒傳承亞伯拉罕的希伯來世系，以實瑪利則被視為阿拉伯民族的傳奇創始人。

撒拉和夏甲符合女人為了爭奪男人寵愛的刻板敘述，和現代人沒什麼兩樣。利亞和拉結之間也有相同的爭鬥，這兩個姊妹是雅各（撒拉和亞伯拉罕的孫子）的妻妾。雅各花費七年的工夫想娶拉結，但他卻被騙娶到姊姊利亞。然後他又不得不再努力工作七年，才娶到他最初想要的女人。歷經十四年的辛苦工作後，他娶了兩個妻子過門，但利亞和拉結卻因為各種理由相互爭風吃醋。利亞嫉妒拉結，因為雅各比較愛拉結，拉結嫉妒利亞則是因為利亞生了幾個孩子，拉結自己則是沒生，因此這兩個女人展開一場生孩子大賽。拉結透過侍女生兒子，後來則靠自己也生了一個。利亞心有不甘，於是生更多兒子，當她不能再生時，她召來侍女繼續幫雅各生。總的來說，雅各成為一個小部落的父親，包括好幾個兒子和一個女兒底拿。不過，聖經作者並未將女人描繪成姊妹或朋友，在生育和養育上彼此互相幫忙，反而是選擇將她們描述成，為了爭奪丈夫的寵愛和生育，彼此相互較勁的女人。這一切在歷史上都是確有其事嗎？

希伯來聖經是在部落或種族傳承的情境下來敘述生育故事，延續希伯來人的想法也相當重要，如果妻子沒生，只要妻子首肯或甚至是催促，則丈夫透過妻子的侍女生育後代，不能說有什麼不對。但是，讓我們來看看新約聖經，個人的行為和互動開始變得比部族考量來得更為重要。因此，我們可以發現新約聖經中非家族成員與不同部族成員之間的關係，比希伯來語聖經來得更多。新約聖經對耶穌和十二使徒的描繪，則是我們現在所見兄弟情義的原型。

## 耶穌和十二使徒

耶穌的十二個使徒中，有七個使徒擁有明顯的性格。彼得是可靠的領導者，但在某些時候，他又表現得愚蠢和膽小，有時則是優秀又堅強。多馬頑固、務實。馬太工於心計。約翰最受耶穌青睞（至少根據約翰本身的說法是這樣）。猶大則貧窮。除了部族或家族關係外，這些人物背後有許多故事強化了他們的人格特質。這些使徒大都被形塑成平凡人——漁夫、稅務員，以及可能是有一個富爸爸但喜歡遊手好閒的男人。在整部聖經中，我們看見的都是男人與男人之間的友誼，只有以下兩個例外。新約聖經的男作者在其敘述中對於忽視女人並未感到內心不安。即使是聖母馬利亞，在一個明顯的場景中，也受到她當時知名兒子的冷落。耶穌強調個人所選朋友的重要性勝過家庭的價值：

> 耶穌還對百姓說話的時候，不料他母親和他弟兄（譯注：brethren一字同時有教友與兄弟（古字）的意思）站在外邊，想要與他說話。就有人告訴他說：「看哪，你母親和你弟兄站在外邊，想要與你說話。」他卻回答……就伸手指著他的門徒，說：「看哪，我的母親，我的弟兄！凡遵行我在天上的父旨意的人，就是我的兄弟、姊妹和母親了。」
>
> （太 12:46-50）

儘管新約聖經與希伯來語聖經之間有大幅差異，但這兩本書之間有關女人的部分倒是相差不大。我們確實看見有提到女人支持耶穌的宣道事工，以及那些在他過世後持續留在這個初建教會內成為追隨者的女性。這些女人提供金錢、食物、居住的地方以及開會場所，但關於她們的敘述，就連最簡單的人物發展或其友誼的描繪都很罕見。

## 伊利莎白和馬利亞

不過，有一個聖經故事真實地聚焦在女性友誼上，這是所謂「聖母訪親」的美好故事。當時年輕甫懷孕的馬利亞想探訪她的親戚伊利莎白，而伊利莎白經過一段長時間沒有生育後，終於懷了自己的孩子。說到懷孕，應該沒有人會否認女人才是主角吧。

在幾段簡單但晦澀難懂的聖經章節中，提到這兩個即將成為施浸者約翰和耶穌母親的女人的會面，聖經作者忠於他的劇本並強化天主童貞之母受孕的奇想。伊利莎白高齡懷孕相當不尋常，宣布告示的大天使加百列告知馬利亞一個證據，上帝無所不能，因此不但可以讓馬利亞懷孕，還同時可以讓她保持童貞。

馬利亞去探訪伊利莎白，馬利亞的家人對此應會感到高興，因為他們發現這個已經有婚約的童貞女懷孕了。拿撒勒人約瑟有權利拒絕馬利亞並公開羞辱她的家人。但是，不論是什麼原因，約瑟選擇接受。當馬利亞懷孕時，她「急忙」（路 1:39）造訪猶大的山城，也就是伊利莎白和她的丈夫撒迦利亞居住的地方。

當馬利亞抵達時，「伊利莎白一聽到馬利亞問安，所懷的嬰孩就在她腹裡跳動」（路1:41）。這個動作被解釋為當時在子宮內的施浸者約翰，面對耶穌的聖胎時感到快樂。伊利莎白和馬利亞對於兩個女人分享懷孕時的不舒服和恐懼沒有說什麼，一個已經懷孕六個月，另一個可能正經歷孕婦晨吐，這在懷孕初期相當常見。路加告訴我們，馬利亞與伊利莎白共處了三個月，與伊利莎白分娩的時間一致。

伊利莎白和馬利亞的故事流傳了下來，經數百年後，變成基督教最基本的一個教條：上帝創造人類並讓童貞女懷孕生子。路加將重點放在男胎的「聖母訪親」情節，但這兩個女人會面有股根本力量在暗潮洶湧。這個力量是每個人都在回應的一個主題：兩個女人如朋友般相愛的情誼，她們之間的關係為何？自古以來，懷孕與分娩，在女人有需要且被允許成為另一個女人的朋友等情形中，可能是最重要的。

這個重要故事的實際細節少之又少，這兩個女人明顯需要幫忙。我們並不知道伊利莎白年紀多大——只知是聖經時代女人被視為沒有生育能力的歲數，但我們確實知道，懷孕對任何人來說，是既複雜日困難的。從另一方面來說，當時的社會習俗可能會顯示童貞女馬利亞確實相當年輕——十二至十五歲之間。由於她身負重任，我們可以輕易推測這個女孩一定感到極為驚恐。我們可以想像這兩個女人給予彼此相當的慰藉，馬利亞年輕力壯能做粗活，同時營造愉快的氛圍，伊利莎白則是用成熟女性的實際經驗及情感上的過來人身分相互照應。

## 抹大拉的馬利亞

在新約聖經中另一個無法忽視的女人是抹大拉的馬利亞，不過我們對她的了解甚至比對耶穌的母親更少。在新約聖經頭四卷書中提到「抹大拉」的幾個句子，僅暗示她居住的地方是在耶穌的教區內。她和在耶穌的追隨者中其他兩個女人（約亞拿和蘇撒拿），「都是用自己的財物供給耶穌」——也就是提供他物質上的支援（路 8:3）。在某個時候，當馬利亞染上不明疾病時，耶穌能驅除她體內的惡靈。馬利亞陪伴在耶穌的母親和阿姨（革羅罷的馬利亞）身旁，見證耶穌被釘死在十字架上（約 19:25），並且在之後第三天，發現埋葬耶穌屍體的墳墓內是空的。的確，她是在所有四部福音書中唯一被列為第一個發現耶穌屍體失蹤的人，並且相信他已經復活（太 28:1-10；可 16:1-11；路 24:1-11；約 20:11-18）。馬可和約翰指出，抹大拉的馬利亞是向不相信的使徒宣布耶穌復活消息的人。

由於抹大拉的馬利亞都參與了耶穌的釘刑受難和復活，許多學者和創作者因此猜測她在耶穌的生活中可能不只是個小角色——不只是他的熱心學生，也可能是他的愛人或妻子。他們也在抹大拉的馬利亞非經典的福音中找到佐證，現存譯自希臘文的埃及文譯文，具體指出耶穌愛馬利亞勝過任何其他女人[14]。根據這個線索，抹大拉的馬利亞已經給予新約聖經學者寫作靈感，其中最著名的是歷史學家伊蓮·佩格斯[15]，以及小說《達文西密碼》的作者丹·布朗，和美麗的歌劇《抹大拉馬利亞的福音》的作曲家馬克·阿達莫。關於抹大拉是否為耶穌的妻子可以由以下提問得到證實：為什麼只有馬利亞、馬利亞的胞姊和抹大拉的馬利亞參與耶穌釘刑，以及為何馬利亞和抹大拉的馬利亞一起在墳墓領取耶穌的屍體。讓耶穌的妻母一起來做這些事應該是很適合的。正如同我們在上文中猜測伊利莎白和馬利亞在她們懷孕期間的友誼關係，我們同樣也可以想像這兩個女人的友誼——一個是耶穌的母親，另一個是他的信徒，也可能是他的妻子。所以，不難想像她們在耶穌被釘上十字架時，一同悲悼並試圖安慰彼此的畫面。

同樣地，如果我們回到耶穌傳道時期，我們可以想像抹大拉的馬利亞、苦撒之妻約亞拿及蘇撒拿這三個女人被指出都有提供耶穌物質上的援助。當她們準備麵包和酒——後來成為聖餐儀式——時，她們在簡陋的廚房裡彼此聊了些什麼？和其他信徒一起追隨耶穌時，她們是如何成為三個女性同伴一起行動？耶穌接納女人成為他的追隨者，絕非小事一樁。當然，這幾個女人彼此會建立友誼，可能也會與其他男人成為朋友。相較於給予那十二位男性使徒的莊嚴慎重，而使他們成為基督教兄弟會的原型，我們只能哀嘆這幾個女人在福音書中的出現只有潦草幾句帶過。

因為聖經是基督徒與猶太人的基礎經典，所以它描述友誼的文字對全世界數百萬的人來說仍具有影響。異性戀和同性戀男人都可將大衛與約拿單視為男人情誼的偶像，用詩般的語言歌頌，來表達他們在面對生命受到威脅的戰爭和謀殺時，對彼此忠誠的情感。女人在聖經中則沒有可以相提並論的偶像。女性友誼是會受到路得和拿俄米的鼓舞，但基本上那是一個家族的故事。雖然女人在馬利亞和伊利莎白的故事中會發現一種「姊妹情誼」，但它基本上聚焦於兩個胎兒的會面。如果聖經告訴我們更多有關抹大拉的馬利亞就好了，因為她對當代女性來說是最具意義的人物。一個女人可被視為耶穌的信徒並被記錄成為耶穌受難和復活的見證人——那個女人的友誼也同樣能引發想像。作家及作曲家最近針對她的故事，試圖想像抹大拉這樣的女人在基督教早期與其他人具有何種關係。

# 第二章 哲學家和神職人員

友誼是一個靈魂住在兩個身體內。
完美的友誼是具有相同美德的善良男人的友誼。
——亞里斯多德，《尼各馬科倫理學》，西元前三三五～前三二二年

如果這個世界沒有了友誼，就等於這個世界沒有了太陽。
友誼會增加快樂，減少痛苦，因為它會讓我們的快樂加倍，讓我們的悲傷減半。
——西塞羅，《論友誼》，西元前四四年

友誼是最大快樂的來源，沒有朋友，即使是最愉快的消遣，也會變得單調乏味。
——多瑪斯．阿奎納，《神學大全》，一二六五～七四年

跨越西元前六世紀至西元後四世紀的古希臘羅馬世界，可以說是建立在男人友誼的基礎上。男性公民將多數時間花在與其他男人的相處，如在體育館、市場、元老院或私人宴會上。他們的日常生活依循平等互惠的規則，必要時要求朋友協助，甚至提供物質上的幫助。這個拉丁文詞彙「manus manum lavat」通常翻譯為「這一隻手洗另一隻手」，這是根據古希臘羅馬的概念：朋友有義務相互支持，有恩報恩，尤其是在政治領域。簡單地說，希臘、羅馬人的行事原則為：幫助朋友，打擊敵人。戰爭時男人一起睡在帳篷內，在刺骨的寒風中肩並肩站在一起保衛人民，抵禦外敵。不論他們自己曾有過怎樣的朋友，都不會影響友誼的公共形象。

哲學家長篇大論撰寫有關友誼重要性的論說文，這些文獻後來成為世世代代傳統教養的一般讀物。因此，亞里斯多德與西塞羅有關友誼的看法，在基督教早期教父、中古神職人員、文藝復興時期人文主義者、十八世紀思想家，以及甚至一些二十一世紀知識份子之間一直流傳著[16]。

一位著名的學者撰寫過有關古希臘羅馬的友誼，將其定義為「兩人或幾個人之間彼此親密、忠誠和愛的紐帶」，這並非主要來自家族或部落的聯繫[17]。另一位學者則將古典友誼定義為根據互惠、選擇以及至少想像對等的私人和非正式關係[18]。希臘男人心裡有一些重要標準，他們在所謂酒宴的飲酒聚會上，用長篇累牘的文章、書信以及私下對話，討論友誼的更迭。古希臘人討論男人友誼的那種嚴肅和熱烈的態度，我們今天只會用來討論情人、配偶或家人之間的關係。

## 亞里斯多德

古典時代的哲學家不僅將友誼本身視為令人愉悅的，同時也是通往美好生活的一種途徑，他們認為這就是有道德的生活：友誼應該可以幫助人成為道德更高尚的人。亞里斯多德（西元前三八四～前三二二年）在他的著作《尼各馬科倫理學》中闡述這個理想的願景，指出友誼有三種：第一，也是最低級的，建立在實用的基礎上；第二，則建立在愉悅上；第三，也是最高階的，建立在美德之上。在第一和第二類中，朋友相愛，對彼此只能是有用的或是愉悅的：「這樣的友誼很容易崩解……如果一方不再感到愉悅或有用，則另一方會停止與他交往。」相較之下，真正的友誼是建立在高尚的品格基礎上，所以可長可久。

對亞里斯多德來說，真正的友誼只能在兩個彼此有感情的人之間產生，他們在乎對方的幸福勝過自己的幸福。理想來說，有一種心靈相通的概念：最好的朋友是「一個靈魂住在兩個身體內」。這是亞里斯多德可以想像最完美的友誼典型。以今天的標準來看，這可能過於崇高、不切實際。今天有多少人會真的想要這種「一個靈魂住在兩個身體內」所意味的完全結合呢？雖然我們經常可以看見有些人的確是有情有義，但有多少人真的會將朋友的幸福置於自己的幸福之上？這個定義如今可能只是夫妻和親子以及朋友之間的一個理想。

儘管我們對亞里斯多德關於友誼的一些看法是否可取仍爭辯不休，但它們總是值得深思的，譬如他將友情與愛情加以區隔。由於愛情主要依靠身體的吸引力和熱情，它無法——根據亞里斯多德的說法——導致持久的依戀，這就是為什麼多情的年輕人如此迅速地陷入和失去愛情。然而，亞里斯多德將友情和愛情區隔開來，並非總是那麼涇渭分明。由於對古希臘社會裡男人和男孩之間的性愛關係採取寬容的態度，他勉強承認有些愛人確實變成朋友，不過當男孩的青春年華逝去後，這類友情多數會隨之消失。

古希臘的同性戀與友情是目前許多學者研究的主題，這提醒我們今天的男女同性戀關係與過去不同。我們今天認為應該平等的關係，在古希臘卻不是如此。在古希臘社會中，同性戀關係基本上是不對稱的，年紀較長的男人需要負責照顧年紀較輕的男孩。亞里斯多德的老師柏拉圖在《斐德羅篇》中說，情人經歷熱情的欲望（eros），而被愛的年輕男孩對於他接收到的關懷，預期會感覺到友愛（philia）。當我們考慮這兩千五百年間的友情，此處和在其他地方一樣，我們有必要將它置放於一個特定文化的架構內，因為那個特定文化的標準可能與我們今日的文化相當不同。

亞里斯多德對於一個人可能或應該擁有多少朋友有更明確的看法，他堅持「要想擁有完美型的友誼，一個人就不能交太多朋友，就如同一個人不能同時與許多人戀愛一樣」。如今，一個人在交友和維持朋友上必須有多少嚴格限制，因人而異。現在臉書網友大量傳遞高度私人的訊息和想法，彼此卻只透過網路連結，亞里斯多德會怎麼看現在的臉友呢？

很明顯的是，在他對友誼的觀察中，亞里斯多德只想到男人，僅有少數幾個例外。他承認父母與孩子之間可以感覺到一種「友誼」的關係。他同意女人和「像女人的男人」在悲傷時，有一種與同伴分享心情的傾向。相較之下，「像男人的男人」則會對他的朋友隱瞞自己的情感，避免引起他們痛苦。在今天，真正的男人不哭的想法仍是西方傳統的一部分。

根據亞里斯多德以男人為中心的想法，我們很驚訝地發現他說：「男人和妻子之間，友誼似乎自然存在。」他認為丈夫和妻子住在一起不只是為了生孩子，還因為各自可以對這個家的幸福貢獻他或她的一份力。丈夫與妻子之間的友誼問題在往後幾個世紀將會變得更為緊迫，因為女人的社會地位開始提升，男女逐漸平等。

亞里斯多德對配偶之間友誼的看法，與二十一世紀的美國特別有關。在今天，即使妻子或丈夫在家庭圈外有朋友，他們也可能認為其配偶是他們最好的朋友。將友誼限制在同事間，並將自己的妻子視為最好的朋友，這樣的男人可能不覺得他需要其他朋友。這個態度可能會讓亞里斯多德感到匪夷所思，因為他相信男人需要男性朋友是為了個人的幸福，而且社會是藉由男性友誼才能撐住。

在希臘哲學家所撰寫有關友誼的各種作品中，亞里斯多德的著作涵蓋面最廣，也最為人所知，如果我們偶爾用「男女」這個詞取代「男人」，我們可以創建一個包含兩個性別的討論。不過，即使不用那樣的方式，亞里斯多德自己的文字中有許多想法對現在的男女來說，聽起來仍有些道理。讓我們再次看看列在本章開頭那幾句文字，然後在最下方加入值得我們深思的一句話：「朋友是第二個自我。」[19]

## 伊比鳩魯

伊比鳩魯（西元前三四一～前二七〇年）與亞里斯多德是同時代的人，但年紀較輕，他也將友誼（philia）視為高於其他所有關係。雖然他的寫作到今天只剩下斷簡殘編，但在他完整哲學的重建當中，友誼議題相當突出，友誼總是被呈現為「完美幸福生活」不可或缺[20]。伊比鳩魯在他的時代就有些爭議，他被誤認為是一位尋求快樂的不道德主義者，這樣的聲譽並沒有增加他死後的榮耀。今天我們用**伊比鳩魯派**（享樂主義）這個詞來指稱那些致力於追求各種形式感官享受的人，從美酒佳釀到性欲歡愉享受。不過，這是完全誤解了伊比鳩魯派。他的哲學是基於避免身心上的痛苦，淡化任何過度的事物，並強調尋求個人幸福、寧靜及伴侶的樂趣。

伊比鳩魯在一個名為「花園」的地方實踐他的哲學理念。「花園」是一個位在古希臘西入口附近的空曠區域，他在那裡與他的朋友及追隨者定期會面，純粹只是為了討論的愉悅。不過，令人驚訝的是，他們之中有些是女人。這些女人可能不是來自公民階級「受人尊敬的」妻子，甚至可能包括娼妓和奴隸在內。但是，不論她們是誰，她們的加入受到相當歡迎。那裡提供簡單的食物，哲學探討則是主菜。這些女人在那裡可能可以和男人平起平坐，探討的都是一些令人興奮不著邊際的議題，譬如是否有來生（伊比鳩魯並不相信），我們是否應該為朋友而死而不是背叛他（伊比鳩魯相信應該要這麼做）等等。

然而，在同意朋友這種利他行為的同時，伊比鳩魯毫無愧色地承認友誼往往出於自身利益與個人需求。他甚至說：「每段友誼本身都是可取的，但莫不以提供協助為開始。」[21]你可以想像亞里斯多德對這個功利觀點會有怎樣的反應，與他的核心立場——真正的友誼是立基於美德而非實用或愉悅的基礎上——相互違背。儘管如此，亞里斯多德與伊比鳩魯都生活在「提供協助」是友誼常態的時代，至少在公民階層的希臘男人中是如此。我們對於下層階級男人的生活所知不多，對於奴隸的生活知道得更少，因此難以確定這個互惠概念是否會向下滲透，或是否適用於女人。

此外，伊比鳩魯認為我們應該擁有很多朋友而非僅止於幾個好友，亞里斯多德應該也會對這個觀點提出異議。實際上，伊比鳩魯建議他的追隨者儘量交更多朋友——你不知道什麼時候會需要他們。同時提出警告，「不斷找你幫忙的人」不會是真正的朋友[22]。

對伊比鳩魯來說，哲學的目的是要成為生活的實際指引。如果他活在今天，他應該會成為一位心理治療師、教練或諮商師。如果他想直接對我們說，他會鼓勵我們：

> 去找你的朋友，他們會分享你的快樂，傷心時給你安慰，幫助你獲得內心平靜，這便是哲學的真正目的，也是生命中最大的福報。

## 西塞羅

在亞里斯多德與伊比鳩魯之後近三個世紀，羅馬雄辯家、政治家和哲學家西塞羅（西元前一〇六～前四三年）。在他有關友誼的書籍《論友誼》中，西塞羅召喚萊利烏斯的靈魂成為他的代言人。萊利烏斯是來自前一世紀的知名羅馬政治家，他與知名的軍中英雄西比歐・阿菲利加努斯是好兄弟。對西塞羅來說，這兩個傳奇人物是友誼的縮影，因為友誼不僅有助於每個人的幸福，也有助於公民的利益。

西塞羅在他的文章中，想像萊利烏斯與其他兩個人物之間的對話，那兩個人和應聲蟲沒什麼兩樣。萊利烏斯告訴他們，友誼是生活中最美好的東西，勝過健康、財富、權力、榮譽和愉悅，因為那些東西都是不可靠的，取決於變化無常的命運。他鼓勵他們將友誼置於人所有其他重要事物之上，因為「沒有一樣東西是如此符合人的天性，也沒有一樣東西對他是如此意義重大，不論是在美好的時代或是不好的時代」。他舉自己和西比歐・阿菲利加努斯長久且令人滿意的友誼關係為例，並做出結論：「我這輩子過得既富有又順利，就是因為有西比歐為伴，對於國家大事及個人私事，他跟我都站在同一陣線；我們共住一間房屋，在軍中也共用一個帳篷；我們擁有友誼不可或缺的相同價值觀，目標、企圖心和態度完全一致。」關於公民與士兵的言行態度的這段描述，代表了古羅馬人之間友誼的最高理想。

很明顯，敘述中並沒有包括女人。在西塞羅的時代，羅馬女人當然比希臘女人更自由。結了婚的希臘女人被限制在家，屬於女人的領域裡，她們當然不會出現在討論會上，但羅馬公民的妻子則可以享有女性友人和男女共處的團體活動。然而，歷經希臘和羅馬兩個時期的普魯塔克（西元四六～一二〇年）在西塞羅過世很久之後提醒我們，女人的友誼經常受到丈夫的限制。在〈婚姻箴言〉一文中，普魯塔克甚至說道：「妻子不應該擁有自己的朋友，而應該與丈夫有共同的朋友。」[23]雖然我們應該會將這種說法視為古老的歷史，但今天世界上仍有許多地方，女人嫁入夫家後，夫家就會期望她不僅要放棄娘家，還得放棄婚前的朋友。

回到西塞羅有關友誼的看法：他的代言人萊利烏斯同意亞里斯多德，美德是真正、完美友誼的基礎。萊利烏斯舉出實例，說有道德的朋友在某些情況中會如何行動。我們不應要求朋友做任何道德上會受到指責的事，特別是在公共場域中，貪求權力與金錢有時會讓友誼受到考驗：「即使是為了朋友，做錯事也不應該原諒。」有道德的朋友——這些是西塞羅尊敬的人——必須遵守一個原則：我們只要求朋友做正當的事。

在道德的約束下，允許朋友完全控制他們的個人互動。朋友應該「在毫無保留的情況下，彼此分享所有關心的事物、計畫及目標」。當對方有困難時，應該提供援助。友情隨著時間與困阨不斷增強，如經典名言所說，想了解友誼的全部意義，就必須一起同甘苦、共患難。

萊利烏斯／西塞羅甚至還建議關於如何結束已經走偏的友誼。如需要與朋友分道揚鑣，他傾向於「應該讓友誼逐漸淡去，而不是衝動絕交」，以免產生不好的感覺或甚至是變成不共戴天的仇敵。即使友誼已經變調，「我們還是必須給予友誼一定程度的尊重」[24]。

西塞羅和伊比鳩魯一樣，當然意識到在他那個時代的友誼是建立在互惠互利之上，但這似乎有違不求回報的理想。在他的私人信函中，西塞羅有時自己侃侃而談使用友誼的言詞作為尋求幫忙的開端[25]。不過，西塞羅堅持自己的理想友誼願景，並在過去兩千多年透過《論友誼》傳承給無數的讀者。在中世紀這本書具有廣大的影響力，當時神學家試圖將西塞羅的友誼觀點併入基督教的情境當中。在文藝復興期間，年輕人的教育經常包括用背誦方式來學習《論友誼》的篇章。即使當基督教價值超越古代的價值，友誼變成個人與上帝的關係之後，萊利烏斯、西比歐．阿菲利加努斯，希臘更早以前的阿基里斯和帕特羅克洛斯，以及奧瑞斯和皮拉代斯，可詮釋為後來耶穌與他的使徒那類親密的男性友誼的典型[26]。

## 聖奧古斯丁

希波的奧古斯丁（三五四～四三〇年）是最早撰寫有關友誼文章的基督徒之一，他出生於非洲北部，在迦太基大學接受教育，加入一個名為「摩尼教」的非基督教教派，過著他後來所謂「錯誤與罪惡的生活」，直到他移居義大利米蘭並於三八六年改信基督教。大約三九四年奧古斯丁在自己撰寫的自傳式《懺悔錄》一書當中，描述在面對某個摯愛的朋友過世時所經歷痛徹心扉的傷痛，他向上帝傾訴衷曲：「在僅有一年的友誼後，祢從此生將他帶走了，這段友誼帶給我的快樂，勝過我這一生中所知的任何快樂。」在經歷過友誼的愉悅——一起聊天、談笑、嬉鬧和閱讀之後，奧古斯丁遭受空前的嚴重打擊。

朋友的過世讓他悲痛不已，讓我們聯想到愛人或配偶失去一輩子的伴侶時的那種情況。用現代話來說，他變得相當沮喪：「我的眼睛到處搜尋他，但依然不見他的蹤影；我討厭世界上所有一切東西，因為沒有一個東西藏有他的身影。」由於太晚了解他朋友的靈魂，他自己的靈魂已經變成「一個靈魂住在兩個身體內」（呼應亞里斯多德的名言），奧古斯丁發現「只有一半存活著」令人難以忍受[27]。

奧古斯丁的友誼概念與古希臘羅馬前輩們的友誼概念不同之處，在於他加入了基督教的色彩。舉例來說，當他的朋友於瀕臨死亡時，在不知情的情況下接受了浸禮，才讓奧古斯丁開始變得重視浸禮。在接受浸禮後不久，他的朋友隨即復原並充滿了基督徒良知，使得他斥責奧古斯丁——當時是個異教徒，因為他嘲笑浸禮。後來，當奧古斯丁自己也接受浸禮後，他才相信，如果不與上帝的愛聯繫在一起，不管友誼有多深，都是易敗壞的。古希臘思想家認為友誼歸因於道德，奧古斯丁卻將之歸因於上帝。正如道德在古典哲學中是團結兩個朋友的必要元素一樣，對奧古斯丁來說，對上帝的愛就如同無所不在的陽光，不斷照耀在真正的友誼上。對上帝的關注優先於任何血肉之軀的關係正是基督教的標誌。

## 聖多瑪斯・阿奎納

中世紀偉大的天主教神學家和哲學家多瑪斯・阿奎納（一二二五～七四年）在他的教義中賦予友誼至高的地位。回顧奧古斯丁與亞里斯多德，他在跨世紀鉅著《神學大全》一書中有關愛的章節，劈頭就問基督徒的慈善美德是否可以被理解為友誼。阿奎納首先對這個假設持反對意見，這是他一般的論證法，最後切入他的核心論點，也就是耶穌對他的門徒的臨別贈言：「我不稱你們為僕人……乃稱你們為朋友」（約 15:15）。假若耶穌將他親愛的夥伴們視為朋友，則想要效仿他的基督徒也應該那樣做，將朋友置於人類其他關係之上。

阿奎納再次跟隨亞里斯多德的腳步，將友情與愛情加以區別。他認為愛情是以自身欲求某物為基礎，友情關注的則是一個人欲求另一個人的益處。雖然友誼和愛欲都可被視為愛的形式，但根據阿奎納的說法，只有友誼具有互惠的性質，使之比愛欲更勝一籌。

如同聖奧古斯丁的靈性模式，阿奎納主張對上帝的愛是愛他人的門戶；只有通過對上帝的愛，才能將真正友誼所必需的精神內化。根據二十一世紀一位天主教發言人的說法，與上帝

「建立友誼」，然後與其他人類建立友誼，即為《神學大全》的總結[28]。

對於任何未受過哲學論證與神學辯論訓練的人，阿奎納的著作讀來可能頗為困難、煩瑣、枯燥乏味。他沒有奧古斯丁的個人風格，也沒有西塞羅的務實個性。不過，他的筆下偶爾會出現相當直白的字句，透露出他人性的一面，也讓他受到當代讀者的喜愛。他寫道：「友誼是最大樂趣的來源，沒有朋友，即使是最愉快的追求，也會變得單調乏味。」

## 隱修院的友誼：以聖安瑟倫為例

多數中世紀神職人員住在市區或郊區社區內，對信徒講道並與教區內的男女居民往來，不過有些人則選擇離「塵」索居，住在隱修院內。在第三和第四世紀時，基督教隱修院與女修院已經在埃及建立，接著在歐洲設立，歐洲的隱修院後來變成權力強大的機構。從第六世紀以後，努西亞的聖本篤（約四八〇～五四七年）撰寫的《聖本篤會規》為多數歐洲隱修院男女修道士定下教規。聖本篤擁有自己的隱修院卡西諾山，他為建立一個井然有序的隱修院而訂定準則，讓所有成員可以遵循一起生活、飲食、夜寢、祈禱及工作。由於重點強調共同活動，不鼓勵個人或「特定」友誼，因為那會破壞共同利益。聖本篤的第二條會規特別警告院長的愛不可以「偏心」。

不同於古典哲學家——尤其是古希臘人，基督教思想家譴責男人之間的同性戀。不過，這無法阻止某些男性基督徒因彼此吸引而如同愛人般互相表白。以安瑟倫（一〇三三／三四～一一〇九年）寫信給兩個親戚為例，他們來到諾曼第的貝克修道院造訪他，但不巧，他已早一步前往英格蘭：「當我聽說你們長途跋涉就是為了見我一面，我無法表達心中有多麼欣喜……最親愛的，我的眼睛渴望看見你們的臉龐，我的雙臂已經伸展準備將你們擁抱入懷。我的嘴唇盼望你們的親吻。」[29]另外，讓我們來看看他寫給修道士莫里斯的信：「雖然我愈愛你，愈想與你在一起，但因為我不能擁有你，我因此更加愛你。」[30]對於他的修道士同袍甘道夫，在甘道夫離開他們長久一起生活的貝克隱修院後，安瑟倫寫道：「不論你走到哪裡，我的愛都會跟隨你；不論我在哪裡，我對你的渴望都會圍繞著你。」[31]

這些字句我們幾乎不會期望是來自一個禁欲的修道士。如果從這個情境抽離出來，這些文字似乎在傳達同性戀者的欲望；不過，如果我們將這些文字置於安瑟倫的所有通信中，我們可以發現某種情感模式，安瑟倫總是關心著其他人與其所屬整個隱修院的幸福。撰寫過中世紀修道士間友誼長文的作者布萊恩．麥奎爾這麼說：「他將友誼視為豐富修道士生活內容的一種方式，安瑟倫認為這是到達天堂的最佳且通常是唯一的途徑。」[32]麥奎爾從這些信函中愛的語言追溯出十一世紀後半葉源自於某些法國和德國大教堂學校的「友誼的重生」，尤其是在沙特爾、漢斯、波維、沃姆斯和希爾德斯海姆[33]。根據對拉丁文文法，以及亞里斯多德與西塞羅等古典時期作家的研究，這些學校的新課程尊崇友誼為崇高、自然的關係，可以，也應該將之融入基督徒的生活中。世俗和宗教學生都根據手冊練習寫信，手冊教導他們表達友誼的適當修辭，無論是公式化的問候或是熱情的愛情宣言。來自這個時期由學生與老師以及各個教會人士等所撰寫的書信，已經被保存於德國和法國檔案中有一千年之久。

我們不應該忘記，所有這些書信都是要大聲朗讀出來，先由收信者唸，接著由其他收到副本的人唸。聖安瑟倫用半公開的方式寫信給他的朋友，除了表達他對個別男人的私人情感，也展示兄弟之愛的理想畫面。

安瑟倫擔任貝克隱修院副院長和院長時，他都鼓勵轄下修道士之間的私人友誼。後來，一九〇三年當他擔任坎特伯里大主教時，他將此想法擴及整個教會（一〇六六年，當征服者威廉入侵英格蘭時，來自法國的教士身居英吉利海峽兩岸高級職位；拉丁語將他們與英國弟兄聯合起來）。安瑟倫的書信是隱修院內再度頌揚友誼的見證。儘管先前禁欲團體警告過友誼有危險，但安瑟倫仍擁抱友誼，只要個人對對方的情誼不會影響其對院內其他所有教友的情誼。雖然他以新的方式、新的語言表達了對個人情感價值的雄辯，但他始終將此種情感置於愛上帝及愛所有凡人的整體目標之下。

今天，聖安瑟倫不如其靈修後輩亞西西的聖方濟各有名。當我們想到愛，尤其是對所有生靈的愛，我們的心裡立即浮現聖方濟各。美國舊金山的英文名 San Francisco 就是以他的名字命名，通常也被稱為「愛之城」（City of Love）。舊金山各種族裔的人聚集在一起，卻有相當程度的容忍與和諧。離舊金山二十英里遠的聖安塞摩鎮（San Anselmo）也被稱為「愛的社區」（Community of Love），它的英文 San Anselmo 就是以守護聖人聖安瑟倫為名，聖安瑟倫大幅改變了教會歷史的友誼地圖。

由於安瑟倫和追隨他腳步的其他人——如克萊爾沃的伯納德、里霍的艾爾雷德、沙利斯伯里的約翰和布洛伊斯的彼得，他們全都活在教士之間的個人友誼獲得新認可的十二世紀。因為神職人員不能有妻子或情婦（雖然大家都知道有許多人納妾，通常被稱為「教士娘」），教會慣例允許他們可以相當公開表達他們對彼此的情感。他們遺留下來的書信可以追溯到一個朋友的人際網絡，從教宗、大主教、主教、樞機主教、修道院長和副院長，以及教會階級下層的教區神職人員及修道士。不論他們是為了尋求教會的影響力、爭論神學觀點，或傳達個人信息而寫作，他們都互相尋求情感和智識上的支持。友誼再次變成一個非常珍貴的東西，和它之前在耶穌的門徒之間一樣。為了效仿最早期的基督徒，中世紀的修道士們在一起工作、祈禱和用餐時，扮演了愛弟兄的角色。不論在他們之中經歷了什麼樣的差異和競爭，都會置於他們的最初目標之下，用聖奧古斯丁的話來說，就是「和諧地生活在隱修院內，一心一意追尋上帝」[34]。修女也是依賴女性成員之間的友誼而形成一個女基督徒社群，為服侍上帝而奉獻，在下一章中將詳細解說。

# 第二部分

# 當女人的友誼進入歷史

# 第三章　前現代的修女

我對某個高尚的年輕女人有一份深深的愛……她主動與我結交成為親密的摯友，並在我所有考驗中不斷安慰我。

——賓根的希德格，《聖希德格的一生》，約一一七〇～八〇年

姊妹們不要互相擁抱或觸摸對方的臉龐或手，姊妹們不應該有特別的友誼，應該將一切併進彼此的愛當中，如同耶穌經常告誡他的使徒們的一樣。

——亞維拉的德蘭，加爾默羅聖母聖衣會規章，一五八一年

在整個歷史中，多數女孩和女人住在家中，先是與父母和兄弟姊妹一起住，然後與丈夫和子女一起生活。在一夫多妻的社會中，子女經常與多個「媽媽」同住，妻子則與其他妻子住在同一個屋簷下。女人的朋友從以前到現在主要都是親戚——姊妹、堂表兄弟姊妹、姑嬸姨舅和

妯娌——而不是家族外的人。

當一些早期基督教會為修女們保留隱修院一個獨立的地方，女人可以有其他選擇。在這些性隔離、遺世獨立的地方，修女和修道士一樣，與社會隔離，獻身於貞潔、貧窮和服從。由於修女與修道士誓願放棄性行為，因此不可能成立新家庭。

如一位天主教修女也是歷史學家所說，性別隔離的優點是「讓女人接觸彼此友誼的愉悅和回報」[35]。修女們原本可以在俗世交友，但在發了誓願之後，她們現在幾乎只能完全依靠修女姊妹們了。

有獨立區域專供女人使用的隱修院和女修院，到四世紀時已經散布在埃及和歐洲部分地區。聖奧古斯丁鼓勵先前由妹妹領導的女修院內的修女相親相愛，但也惟恐友誼可能變質成為親密的性行為，因此他指示修女到公共澡堂時，以三人以上為一組，並且當某個修女因故必須離開女修院時，必須由女修院長挑選某人陪同，不能自行選伴。早期這種對同性戀友誼的恐懼，隨後在基督教隱修院和女修院的歷史中迴盪了幾個世紀[36]。

當聖本篤在六世紀創立卡西諾山隱修院時，他的妹妹與一群女信徒在附近建立一座女修院。在後續幾個世紀裡，附設女修院的聖本篤式隱修院從義大利擴展到法國、德國和英國。而十二至十三世紀間創立的其他教派——聖伯納德的熙篤會士、聖方濟各的方濟各會和嘉蘭修女會，以及聖道明的道明會——也都附設有獨立的女修道院。

這些女修院有許多只接受上層階級的女人，只要她們帶來豐厚的「嫁妝」。這類女修院對出身名門的人相當有吸引力；他們知道自己的女兒只會與門當戶對的其他女人交往並從事符合她們身分地位的工作，如閱讀、寫作、吟唱及刺繡。雜活和勞動則留給來自背景卑微且沒有捐錢的僕役修女或有工資的凡俗僕人。僕役修女不一定要宣誓入教，她們一般會被限制在廚房和工作區域內。只有來自富貴人家戴上面紗或「聖詠團」修女，可以參與女修院行政事務並可升遷到會計、新進生講師、隱修院副院長和女修院院長。如此一來，世俗的社會階級系統也被複製到女修院中[37]。

我們對這些女修院中的女性友誼了解多少呢？由於當時社會期望中世紀修女會讀、會朗誦拉丁語聖餐禮儀，有些修女甚至要會寫拉丁文及方言，所以她們留下相當多的信札、回憶錄、神學論文等等。這個等級的女性讀寫能力在整個中世紀相當特殊。的確，這些受過教育的女人，正是十三、十四世紀期間由法國與義大利男人所懼怕的，他們撰寫的建議手冊明確指出，女人不應該學習閱讀或寫字，「除非她們要當修女」[38]。除了修女留下的文字紀錄外，現存一些有關聖詠團女人的生活紀錄則是由男人所寫，例如進行彌撒和聽取這些女人告解的地方神職人員，或是做年度視察時的主教和大主教，以及其他負責監督這些女修院的教會單位所做的紀錄。根據這些文字記載，我們可以從女修院這些女人之間錯綜複雜的關係抽絲剝繭，整理出幾位重要人物。

## 賓根的希德格

賓根的希德格聰明、熱情、有創意，留給我們對她和其他修女一些時空上的遐想。希德格出生於一〇九八年，她來自今日德國萊茵黑森區的一個上層階級但無頭銜的家族，排行第十。八歲時，家人將她交託給斯龐海姆伯爵家族的優塔作為稅捐抵稅；優塔是一位貴族少女，她曾表達想當修女的職志。在一一一二年，優塔發願要當隱士，有意前往狄士博山的本篤隱修院，居住在女隱修室。希德格當時年方十四，同年隨優塔前往[39]。

隱修意謂優塔與希德格除了上小禮拜堂以外，都不准離開隱修室。她們可能透過有格柵的窗戶或門取得食物和日常用品。根據修道士沃爾馬經由希德格的協助所撰寫有關優塔生活的紀錄《優塔的一生》，書中並未提供很多具體細節。不過，我們可以確定的是，希德格與優塔彼此相依為命，並在極為困難的情況下發展出友誼。

較年長的優塔教導希德格宗教生活的基本知識和吟唱聖詩。她們一起遵循本篤會的祈禱、工作、讀書、用餐和休息等日常作息安排。希德格從優塔那裡學到拉丁文，並達到讀寫程度，不過她後來抱怨優塔沒有進一步教她更多。此外，她們幫忙為教堂縫紉的工作。她們一定也會依靠彼此來處理諸如月經、日常垃圾、排泄物等等實際事務。當然，文字紀錄不會包含這些不值一提的細節。

不過，確實有提到希德格經常生病，以及她在生活中很早就開始經歷異象，這些異象在當時被視為上帝選定之密契者（mystic）的可能標誌，最後會被寫入她非凡的寫作與音樂中，但作為一個女孩和年輕女人，她將這個祕密埋藏在心底：沒有人知道這些異象究竟是來自上帝或惡魔的作為。然而，她無法隱藏這些異象所帶給她的痛苦——比較像是我們現在所謂的偏頭痛。我們可以想像，優塔在這些時候應該會待在床邊陪她，可能是用手蓋住希德格的眼睛並為她祈禱。當可以起床走動時，希德格應該會以助理的身分服侍亦師亦友的優塔，尤其是當優塔成為一位聖女後，她的聲名將想要了解她隱修生活的其他貴族女人吸引到隱修院來。過了不久，優塔建立了一個以她自己和希德格為主的小型女修院，優塔甚至接受隱修院內女修院的院長職位。

優塔在狄士博山隱修了二十四年，於一一三六年過世，享年五十四歲。希德格和另外兩名婦女根據古老的儀式為她的埋葬做妥準備，包括清洗大體並安置好四肢。優塔應該是安葬在隱修院內，後來被重新改葬在小教堂神龕前。

當年，希德格被指派繼任優塔的女修院院長職位，這個職位賦予她相當大的權力，不過她仍繼續擔任庫諾院長的下屬。上任後，她首先譜寫宗教樂曲，也寫歌讓修女們吟唱。這些樂曲有些留存至今並由中世紀音樂樂團演奏（以希德格作〈喔！耶路撒冷〉為例，聆聽戴勒合奏團所演唱的全女生版本，十分激勵人心）。我們必須想像，當她們準備在日常禮拜儀式（也就是所謂「每日頌禱」）上唱歌時，她教導修女們複雜的樂譜和發聲，而且不難想像修女們從一起練唱中產生的團契感。

在這樣的氛圍中，一一四〇年在狄士博山居住的這十八名婦女有許多共同之處，她們都來自貴族家庭，並且以耶穌新娘的角色帶來嫁妝。她們或是自己選擇或是被她們的家人逼迫而遠離世俗，來完成本篤的貞潔、貧窮和服從誓願。不過，談到貧窮誓願，她們似乎都不傾向於放棄原本的奢華服裝及長髮。狄士博山這些貴族女人可以留長髮，但在其他女修院的低階女人則不行，她們一年必須剪髮數次。希德格准許修女們在宗教節日頌唱讚美詩時，可以用金冠套住未綁的頭髮，可以穿長及腳踝的白袍。這些場景都來自於她的內心異象，之前她已開始藉由修道士沃爾馬的協助將這些異象記錄下來；沃爾馬是她逾三十年的精神導師兼慈愛好友。有關希德格看見異象及神學寫作的消息，隨即從庫諾院長處傳到他的長官大主教美因茲，美因茲因此派遣一個調查團前往調查：希德格究竟是貨真價實的先知抑或騙子？調查結果發現她真的是先知，因此調查團將報告呈報給教宗。教宗本人也相信，希德格是真真實實上帝選定的密契者。

約一一五〇年，在教宗支持及隱修院院長同意的情況下，希德格說服當局讓她設立一座專供修女使用的修道院。希德格試圖在一座如廢墟的隱修院中建立一座新的隱修院，位於遙遠的山上，名為魯伯斯堡，不過那只是她許多特別的成就之一。她在那裡繼續過著女修院院長的生活，包括栽培出她最得意的門生史達德的理查迪絲。這個「特殊」友誼例子被詳細記錄在希德格撰寫的信札以及她的回信中，顯示一名修女對另一名修女的感覺有多麼強烈，儘管在《聖本篤會規》中明確規範反對私人友誼的存在。

## 希德格和理查迪絲

史達德的理查迪絲亦出身貴族，與斯龐海姆伯爵家族的優塔有親戚關係，比希德格小二十歲。她不只收到來自其女修院院長宗教方面的指導，也協助製作希德格的第一份手稿《認識主道》。希德格這麼形容她：「當我在撰寫《認識主道》這本書時，我對某個高貴的年輕女孩產生深深的愛意……她在一切事物上都回應我以深情款款的友誼，並在我所有考驗中安慰我，直到我完成那本書為止。」[40]

希德格與理查迪絲之間所謂「深情款款的友誼」可能有點疑慮，因為她比希德格更為年輕，階級也更低。不過，我們在這兒及其他地方都可見到，無論亞里斯多德的觀點如何，年齡與身分地位相當，對友誼來說並非總是必要。希德格將理查迪絲稱為她的「女兒」，即使當理查迪絲被選為巴蘇姆另一座本篤隱修院的女修院院長，她仍拒絕放棄「媽媽」的控制欲角色。希德格無法承受她摯愛的好友從她身旁被帶走。她寄出一連串信函給理查迪絲的母親、大主教，甚至教宗，試圖將理查迪絲留在魯伯斯堡。她在一封給理查迪絲胞兄不萊梅大主教的信函中描述她的困境：「請您聽我說，我是如此地沮喪，可憐地哭倒在您前面，我實在極為悲傷，因為有某個可怕的男人將我的欲望踩在腳底下……魯莽地將我們摯愛的女兒理查迪絲拖出隱修院。」[41]

理查迪絲自己又是怎麼看這件事呢？我們並不清楚，不過她似乎自己選擇前往新隱修院。當她在約一一五一或五二年某天收到希德格充滿悲傷的信函時，她一定感到非常憂慮。希德格寫道：

女兒啊，請聽我這個母親說，當我跟你說話時，我的悲傷已飛到九霄雲外去了。我的悲傷正摧毀我曾經對人性的信心和慰藉……
現在我再說一次：我這個母親好苦啊，女兒，我真是苦啊！你為什麼拋棄我了呢？……我曾經是如此愛你的高貴性格，你的貞潔、你的靈魂，當然還有你生活的點點滴滴……
現在，讓所有和我一樣悲哀的人跟我一起悲傷吧，我們以上帝之愛，內心裡對某人——就如同我對你一樣——有著如此偉大的愛，可是那個人在一瞬間就被搶走，就好像你從我身邊被奪走一樣。[42]

當然，這是一位受到委屈的朋友之心聲，甚至可能是一位心煩意亂的愛人之絮語。在我們對女性友誼的研究當中，我們一再發現一個女人熱情地愛著，甚至是肉體上——藉由愛撫、親吻——愛著另一個女人，但不一定跟性愛有關，這些就是我們所謂「深情款款的友誼」。雖然希德格明確要理查迪絲留在魯伯斯堡隱修院內，可是卻無法如願。理查迪絲在巴蘇姆隱修院待了兩年之久，後來罹病並過世。理查迪絲的胞兒，不萊梅的大主教悲傷不已，但忍住悲慟通知希德格這個噩耗。不過，他極為後悔告訴希德格，在臨終儀式時，理查迪絲曾淚流滿面地表示想要回到魯伯斯堡，至少看一眼也好。他還卑微地說：「因此，我認真地問，我想知道你愛她是不是和她愛你一樣多……你對她的所有付出，甚至超過你的親朋好友，希望對善有善報的上帝可以在此生和以後完全補償你。」[43]

這個令人感動的故事描繪出存在於兩個修女之間的情感深度，跨越了實際年齡與身分地位的距離。它還證明，強烈的友誼還是可以在禁欲的隱修院內發展出來，儘管修女們受到警告：這種情感依附恐怕會削弱人對上帝的承諾。此外，由於彼此相互鍾愛，這樣的友誼可能會破壞隱修院內和諧所需要的凝聚力。甚至更糟的是，友誼情到濃時會點燃乾柴烈火，變成性欲罪惡。因此，從一開始，教會便猛烈抨擊同性戀關係。舉例來說，除了聖奧古斯丁和聖本篤表達憂心外，亞爾勒的凱撒留（四七〇～五四二年）明確向隱修院內的年輕修女提出勸告，避免與其他人建立「不當的親密關係」。他說：「大家都不應該有任何形式的祕密親密關係或情誼。」寧願與他人保持距離，也不要落入情感依附激發出來的肉欲陷阱[44]。

多數修女的朋友只限於隱修院內，不過，偶爾她們會與來探訪的家人及其他熟識友人建立友誼關係，但他們只能在窗口的兩邊相會，有如現在安全性相當高的監獄。有些修女則透過書信方式，與其他女修院的修女建立友誼關係。

## 希德格和辛奴的依麗莎

以下我們來看看賓根的希德格和年紀較輕的辛奴的依麗莎（一一二九～六五年）之間的關係，後者是辛奴雙隱修院女修院的院長。她們從某座本篤女修院寄到另一座修道院的書信，內容涵蓋密契經驗、教義討論、表達同情以及出自於類似職位的各種關心。

和希德格一樣，依麗莎年輕時就在隱修院內當學生，並在那裡度過一輩子。但不同的是，希德格的異象是從兒時即開始，依麗莎的異象則是要等到她成年後。大約一一五二年，當時她二十三歲，依麗莎開始出現她在寫給希德格信中所謂「入神」的現象。在那些劇烈的時刻，她的姊妹修女們悉心照顧她，後來有些人協助她將那些異象記錄下來。不久，在依麗莎胞兄艾克博的宣傳下，她的名氣變得響亮[45]。

初次寫信給希德格尋求建議時，依麗莎已經歷到成名帶來的好處和壞處。她抱怨有人冒她的名字寫假信，她的名聲受到八卦和謠言的抹黑。依麗莎認為，彼此都有「入神」體驗的密契者希德格應該會了解她的困境。希德格用母親般的口吻回覆她，深表同情。她們相信如果被上帝選定，被選定者就必須保持謙卑並相信上帝。即使希德格對內心的動盪不安並不陌生，她對自己的信仰沒有動搖。她向依麗莎坦白表示：「我渺小的思緒太過於畏縮，我的焦慮和恐懼使我非常疲憊。不過，我不時會來回思索，像是來自生命之光的隱約號角聲。願上帝幫助我，讓我可以繼續為祂效勞。」[46]這兩位女人將對方視為知己，互訴心衷。畢竟，如果一邊訴說煩憂一邊擔心因此會有不好的下場，那這樣還算是好友嗎？

女修院的生活激發出我們今天所謂的師徒制，年長的修女理當照顧年輕的修女，帶領她們適應修道院的生活並努力成為名實相符的耶穌新娘。正如優塔指導希德格，希德格輔導理查迪絲，也遠距開導依麗莎。年輕的修女命中注定要遠離家人與凡俗，住在一起，依靠年長的修女來教導她們集體生活所必需的宗教活動及最後獲得救贖，資深的修女不會隨便敷衍了事。一段時間後，隨著年輕修女融入修道院生活並且變得更有博愛的精神後，年長和年輕的修女便會變成知心好友。

即使當修女離開最初的女修院到另一個女修院時，她對先前的年長修女可能仍懷有依附感並會請教她的建議。艾黛莉的情況就是如此。和她的親戚史達德的理查迪絲一樣，艾黛莉想接受另一間女修院的院長職位時，也遭到希德格的反對。她接任新職後寫信給希德格，請求她重新回到她們「先前的友誼關係」並為她和她的信徒們祈禱。她的言語既溫柔又親密：「您應該經常惦記著我，因為眾人皆知，我和您在愛與虔誠的親密關係中結合。那朵花往昔被你那樣溫柔地照顧著，我不要它在您的心中枯萎了。當您溫柔地教導我時，這朵花在我們之間曾經是生意盎然茂盛地生長著。」[47]希德格對艾黛莉文情並茂書信的回應並未被留存下來，不過後來根據一封信顯示希德格和艾黛莉魚雁往返長達二十年的時間，在此期間年長修女持續輔導年輕的修女。

其他大、小型女修院院長以及各種修女團體，不論她們與希德格是否有私交，都會寫信給她請求祈福及意見。有一位十分悲傷的女修院院長堅持她對希德格感覺有一份「深深的愛意」[48]。也有一位小型女修院院長想知道她應該如何處理自己束手無策的指正，因為她說：「我有義務糾正我的姊妹們的任性——儘管我幾乎無法抵抗我身旁來自四面八方的危險。」希德格建議她在能力範圍內，持續「在這些上帝的女兒之間努力」。她總是以權威的觀點建議修女們堅持不懈，而不是放棄她們的管理義務[49]。

基特辛根的女修院院長索菲亞寫信給希德格，通知即將會和另一位修女造訪。她這麼描述她的同伴：「我想要帶一位出身名門的同事來拜訪您，她是一位值得讚揚的修女，這位姊妹在各方面的表現都令人滿意，天父創造了她成為我的心靈姊妹，上帝希望我們兩人與您相識。」[50]這位女修院院長為她如明星般知名的好友感到驕傲，以及她想在希德格認同的眼神前炫耀這段友誼，這些是如此地人性，如此地永恆。索菲亞院長無疑地認為與這樣一位令人讚賞的人結交，提升了她的自我價值。但是，我們不應嘲笑透過結交來做自我認同的企圖，今天我們有多少人可以誠實地說，我們從未因為同樣理由高攀一位有聲望的朋友？

從這些給希德格等人的信札來看，很明顯修女們彼此尋求支持、情感及友誼。像聖安瑟倫，他的信札在他們在世時已經在流傳，他們也沒有避諱用**愛**、**心**和**忠誠**等字眼來描述他們的情感。像希德格這樣更年長、更成熟的修女，明確受到混雜著愛與尊重的對待。有名氣的聖潔女人有責任不僅直接向她們負責的修女提供建議和安慰，對來自遠方尋求精神指導的修女也是如此。

## 赫克本的麥琪蒂和聖大格達

魯伯斯堡在希德格的領導下達到鼎盛。一百年後，德國另一間隱修院也由於聖潔修女和她們的博學多聞而變得知名。十三世紀時，德國薩克森北部赫福塔聖馬利亞的本篤隱修院達到黃金時期，當時一位可以見識異象的赫克本的麥琪蒂（約一二四〇～九八年），她與另一位密契者聖大格達亦師亦友。透過她們的文字，我們可以一窺她們的親密友誼，年長的修女教導年輕的修女，同時雙方也啟發了她們的同伴。

麥琪蒂七歲便進入隱修院，當時她的母親帶著她前往位於住家附近的修道院，探訪她十六歲的胞姊赫克本的格達（數世紀以來許多人將赫克本的格達與大格達混淆，其實她們是兩個不同的人）。接下來十年，麥琪蒂在她胞姊的照顧下，與其他孩子一起長大成人，她的胞姊於一二五一年成為女修院院長。當隱修院在一二五八年從羅德斯多夫遷移到赫福塔時，麥琪蒂也隨同前往。

麥琪蒂教導在赫福塔修院學校的學童，也教修女音樂。她因為嗓音突出和指揮唱詩班而出名，讓她贏得女吟唱者的非正式頭銜。比麥琪蒂年輕的大格達稱她為「耶穌的夜鶯」[51]。

麥琪蒂與這大、小格達相處長達近四十年的時間，協助她的院長胞姊處理修院行政事務並擔任大格達的精神顧問。麥琪蒂和大格達及其他修女一起吟唱禮儀，並私下一起閱讀聖經。這兩個唱詩班修女一起做日常生活事務，包括紡織和刺繡。她們也固定照顧病患並協助醫師放血治病。

一二九一年，當她超過五十歲時，健康情況不佳，麥琪蒂將神示透露給格達知曉，最後允許她和另一名修女將之記錄下來。如果沒有她的姊妹修女們的協助，麥琪蒂的神示就無法變成《特別恩典之書》。在這個個案以及其他許多例子中，修女負責將她們能看見異象的同事的口述記錄下來[52]。

麥琪蒂的異象成書後三百年，加爾默羅修會的瑪達肋納（一五六六～一六〇七年）也在集體撰寫過程中被記載。當她在入神狀態時，她在修院的朋友將她的口述記錄下來。接著，她們比對經典，在瑪達肋納過世後，才進行最後的編輯並出版[53]。重建修女異象的這項任務，可被視為女性主義學者在二十世紀末，將女性經驗回歸歷史，所採取集體合作的先驅。

同樣地，由於赫蘇斯的伊莎貝爾（一五八四～一六四八年）本身不識字，如果不是一位女性友人記錄下來，後世就不會知道她的生活史。伊莎貝爾出身於西班牙農家，兒時除了看羊外，還經歷神祕的異象。後來，她嫁給一位較為年長的男人；在她成人初期守寡後，她到一家女修院當僕役修女。她來自一個富有的上層階級家族，她將在那裡的生活和異象口述給一位識字的修女，神聖的伊內斯。這兩位修女彼此扶持：一位擔任教育和抄錄的角色，另一位則在保護者生病時照顧她。後來，伊內斯成為女修院的院長，伊莎貝爾被拔擢進入唱詩班，社會階級的界線被跨越，讓兩位來自社會背景差異極大的修女相互受益[54]。

這意味著全部或甚至多數修女都可以作為好朋友，不會有敵意或不和嗎？絕對不可能。無論何時何地，在隱修院內看見不和情事並不是罕見的事。修女之間明爭暗鬥，包括鬥毆，甚至謀殺等等，顯示在神聖之地背後隱藏的黑暗[55]。只要是一群人生活在一起，不論他們的心靈多麼崇高、純潔，必定會出現異議、較勁、偏袒、嫉妒等情形，以及諸多破壞社群融洽的突發事件。

## 不當行為

針對中世紀女修院諸多指控中，有不少是關於女修院允許修女與造訪的神職人員之間發生性行為，不時有嬰兒出生更坐實了這些指控，譬如法國聖歐班修道院一位修女，生下三個孩子，其中至少有一個孩子的父親是神職人員。大主教從一二四八至六九年將這些事件記錄在他的記事本內，嚴斥這間女修院的修女，說謊並相互掩飾[56]。由於我們不知道這些修女對這些事件的說法，因此我們只能懷疑她們為什麼以及如何聯合起來幫助她們的姊妹修女從懷孕到分娩，她們口風相當緊，即使對當事人的蒙羞也一樣。或許她們之中有些人無意識地認同這個性欲旺盛的女人，並羨慕或同情她的所作所為，也或許當她們懷裡抱著新生嬰兒時，使她們產生母愛。即使知道性愛對修女或修道士來說是可贖的小罪，她們似乎團結女性的力量來對抗主教，因而將他激怒。

到文藝復興時期，某些女修院道德敗壞，聲名狼藉。對於記載義大利現代早期修女的異性戀，歷史學家布朗相當熟悉，她稱之為「司空見慣」，但她卻很驚訝發現，從一六一九至二三年進行的一項大規模基督教會調查，竟然包括女修院院長和年輕修女之間的性關係描述[57]。

本尼蒂塔．卡莉妮出生於托斯卡尼大公國，有一對純樸的父母，當她五歲時，給寄養在佩夏鎮一群有宗教信仰的女人當中。三十歲時，她被其他修女遴選為迪雅田女修院真正合法的院長。她早就有基督異象的經驗，最後不但讓她成名，也導致她身敗名裂。像之前的其他女密契者一樣，當異象降臨在她身上時，她不但會陷入一種入神狀態，身體還會經歷相當大的痛苦。對於在其他修女甚至鎮民之中獲得異象名聲，卡莉妮並未感到滿足，她舉行了一個精心準備的儀式，在儀式期間她與耶穌在女修院教堂內神祕婚禮上公開結婚，讓人聯想起幾個世紀前瑟納貞女聖加大利納的婚禮，但這對教會當局來說太超過，因此決定展開調查。

他們的調查結果證明他們更加害怕的是：如卡莉妮所述，她所聲稱的異象不僅疑點重重，還引誘一名年輕的修女巴托羅米亞．克雷維立來到她的床前並做了「不當的行為」。根據克雷維立的證詞，院長親吻她「彷彿她是個男人」並對她說一些愛的甜言蜜語。「她會壓在她身上，使她們兩人做出墮落的行為。因此，她會強行將她留住，有時一小時，有時兩小時，有時甚至三小時。」[58]卡莉妮和克雷維立承認，她們做了約兩年的情人。

我們放進這個故事，不是因為它具有代表性（正如一些十八世紀的醜聞讓我們相信的那樣），而是因為它代表一個友誼越界的例子，亦即從友誼變成了性關係。在這個年齡段的一些女性，已經朝著這個方向轉向，尤其是在同性的女修院內，不論她們是自己選擇抑或被強行隔離。

調查這兩個女人的教會神職人員並不了解這兩個修女對彼此有什麼樣的情感。雖然有上百件有關神職人員與修女之間性愛的案件，以及修道士之間的同性戀已經提交教會法院處理，但他們以前從未處理過兩個女人之間性滿足的機制。最後，她們判定卡莉妮和克雷維立之間的行為是惡魔所為，兩名當事人也同意。因此，最好將她們的「不當行為」歸因於惡靈附身而非她們自己的自由意志，否則可能會招致死刑。在最後，克雷維立輕鬆脫罪，不過卡莉妮下半輩子三十五年的時間在女修院內須與其他修女隔離。

如此完全隔離的情況相當罕見。建立有意義友誼關係的機會，在歐洲女修院差異相當大，依國家、時期、教會當局，以及負責女修院院長或室長的個性而定。舉例來說，十三世紀的西班牙，雖然教會禁止下棋，但修女還是可以玩。根據國王阿方索十世在一二八三年出版的巨著《遊戲之書》，內容有一張圖像顯示一個年長修女在棋盤一邊，教導著在對面的新進修女遊戲規則。

有些修女的專長是醫療救護，她們加入須到外面社區的醫療小組，譬如有些人在巴黎主宮醫院工作。一份十五世紀名為《主宮醫院修女們的積極生活之書》的手稿描述她們的活動，還含有一張詳圖顯示四個身穿黑袍的修女照料臥床的病人，同時數名身材只有她們一半的年輕修女在一旁觀摩著。我們再次自問：當這些女人從宿舍走到病房時，她們會建立怎樣的友誼關係呢？工作在一起，睡在同一個房間內，可能會讓修女們有機會可以討論她們共同關心的事項（病人、主治醫師）以及她們的私人故事。

## 聖女大德蘭

根據西班牙亞維拉的聖女大德蘭（一五一五～八二年）在《聖女大德蘭自傳》中敘述個人的故事指出，她具有不凡的友誼天賦。事實上，由於她既友善又健談，在她擔任修女有很長一段時間，她與朋友之間的關係和她與上帝之間的關係相互衝突。她說：「從我開始祈禱以來，在這二十八年之中有超過十八年的時間，我經歷與上帝友誼和與凡人友誼之間的交戰及衝突。」[59]

大德蘭在亞維拉加爾默羅修會道成肉身修道院擔任修女長達二十年之久。接著，一五六二年，在她感受到異象使她想要讓加爾默羅修會會規變得更完善之後，她和幾個朋友在亞維拉聖荷西女修會成立改革派，取名為「赤足加爾默羅會」。她們在那裡設立嚴格的修道室限制與外界親朋好友的接觸，以便更加專注於祈禱與內修。

同年，她在其宣信者的要求下撰寫《聖女大德蘭自傳》，以便對廣大信眾說明她的異象和她的「心禱」法。這本書的確從她的修道室傳到了廣大的外界，讓神職人員、神學家、俗人，和甚至亞維拉的主教都可以讀到。如果她的異象把她帶到未來，她會看見她的書在二十一世紀的今天仍被閱讀，不只是在亞維拉，還有全世界呢。

大德蘭寫第二本書《靈心城堡》來為其他加爾默羅修會的修女釐清心禱的某些面向，如她所說，因為「女人最能了解彼此的語言」[60]。她自己當然知道如何清楚、有同情心地與其他女人說話。根據大德蘭自己的說法，她是一個高明的健談者，個性外向，從小就熱中於交友。在《聖女大德蘭自傳》一書中，大德蘭提到多位朋友，有的指名道姓，有的沒有，她們在大德蘭碰到極大困難時提供援助。有一個來自道成肉身修道院的年長修女，當大德蘭病重時，她陪大德蘭到一個以治癒聞名的地方。大德蘭說：「我的父親、姊姊及朋友焦慮地帶我到那裡，讓我舒服點，我的朋友來陪伴我，因為她非常愛我。」[61]

接著有「高貴的寡婦」之稱的烏路亞的朵娜．古伊歐瑪，當大德蘭正經歷第一位耶穌會宣信者離開所引起的隱修院危機時，她提供住宿給大德蘭好幾天。朵娜．古伊歐瑪從她的丈夫那裡繼承了一筆小財產，她將這筆錢作為慈善之用，並協助建立大德蘭的新聖荷西女修院。在大德蘭的鼓勵下，這個富有的寡婦也想嘗試聖荷西的加爾默羅修會生活，不過她身體不夠健壯，因此無法勝任。

大德蘭還與一位宣信者成為朋友，結果他向她告解比她向他告解更多。大德蘭說：「由於他對我有強烈的愛，他開始向我說明有關他的不良道德情形，這不是一件小事，由於他在那個相同地方因對某個女人的情感和往來，使他有約七年的時間一直處在危險的情況下。儘管如此，他想做彌撒。」大德蘭承認，她也「愛他很深」，並且害怕他們經常的談話會使他更加愛她。回顧他們的互動，大德蘭說有點像西塞羅所說，如果友誼使人做錯事，那就不該堅持那段友誼。她說：「就是這種愚蠢的舉動在世上不斷上演著……我們認為最好不要斷掉友誼關係，即使有違上帝。」最後，這個神職人員不再去找那個女人，在大德蘭初次遇見他一年後，他過世了。她將他們這段過去做了總結：「我從未想過他對我那麼深的情感是不對的，雖然應更純潔才對。」[62]雖然大德蘭稱他們的關係為友誼，但這段友誼卻有萌生愛意的印記——幸好她夠理智可以抗拒。大德蘭與登徒子型（Lothario-esque）的神職人員預示了現代女人與男人形成的無性行為但有親密的關係。在更早的時代中，社會對這樣的關係會大表驚訝，但即使是今天，「只是朋友」的說法亦令人堪憂。

經過多年規律地祈禱後，大德蘭終於達到一個境界：她可以將對人類的友誼和對上帝的虔誠互相協調。她說：「除了那些我了解的愛祂並努力服侍祂的人之外，我再也無法與任何人建立任何友誼聯繫，或從中找到慰藉或特別的愛意。」[63]和她的精神導師聖奧古斯丁一樣，他的

《懺悔錄》對她產生共鳴，很少有其他作品會這樣，大德蘭發現，只有當友誼蒙上上帝的愛時，友誼才是有意義並且可以持久。

像她許多男性前輩一樣，大德蘭也提防親密的友誼關係變質成為肌膚之親，她甚至警告女性之間常見的友愛的撫摸動作：「請姊妹們不要相互擁抱或觸摸對方的臉或手。」她要修女們「將所有人包括在一起彼此相愛，如同耶穌經常告誡他的使徒們的一樣」[64]。

大德蘭晚年在加爾默羅修姊妹會中的親密好友，包括聖巴爾多祿茂的安納、聖荷西的瑪麗以及赫蘇斯的安納。第一位安納是卡斯提亞一個農民，她在大德蘭設立的一間女修院學會寫字，後來她成為大德蘭的私人助理、祕書、知己和護士。在大德蘭的引導下，安納也開始經歷宗教異象，強化她的信仰。在她的「精神母親」過世後，安納撰寫《大德蘭傳承之辯護》，承認大德蘭對天主教教會獨特的貢獻，而且，理所當然地，她自己成為了大德蘭的精神繼承人[65]。

大德蘭的其他兩個來自更高貴背景的忠誠好友。聖荷西的瑪麗在當修女前是某貴族的侍女，赫蘇斯的安納則來自於貴族階級較低的家族。兩人協助大德蘭在西班牙國內、外拓展赤足加爾默羅會，瑪麗在塞維亞和里斯本，安納在薩拉曼卡和法國。這些女人及其他人等追隨大德蘭並致力於教會改革，立下友誼典範，為更大的目標努力奮鬥。

## 悲謹會

在整個歐洲，女修院中不需要隱修的女性宗教社群突然出現，其中最知名的是「悲謹會」，她們是為了追求靈性目標而住在一起的單身或已婚女人。這個運動從荷蘭、比利時、盧森堡等國開始，最後擴散到德國和法國。悲謹會在一棟房子內過著集體生活，即所謂「悲謹會會院」，每個女人擁有自己的公寓或房間。所有成員都致力於貞潔、貧窮、慈善和祈禱，不過每個團體有各自的會規。女修院裡的修女大都來自貴族，但悲謹會的女人則來自社會各個階層，她們靠著照顧病人或在紡織工廠工作來賺取她們微薄的生活費。自願貧窮與承諾拯救靈魂是這些虔誠女人的特色，但教會卻傾向於對她們採取懷疑的態度，因為她們不受現有修會的約束。一二一五年第四次拉特蘭會議禁止設立新宗教修會後，教會對悲謹會採取敵意態度，甚至針對她們其中一員瑪格麗特．波芮特，即《單純靈魂之鏡》的作者，以異端之名將她綁在木柱上活活燒死[66]。

由於這些女人當中有許多人識字並留下許多信札、詩文或論文，因此我們得以一窺她們的生活。有些人加入悲謹會，因為其他兩個選項——婚姻或女修院——對她們來說不可能：在中世紀結婚或當修女，通常需要大筆嫁妝。中世紀社會不允許女人公開住在一起，但悲謹會提供女人一個合理、尊重的方式讓她們可以這麼做。如果可以，有些人寧願與其他女人生活在一起，也不願被限制在婚姻或女修院中。一位德國學者甚至讚賞這種獨立的精神，因為她們形成歐洲歷史上第一次女性運動[67]。有些悲謹會團體，尤其是在法國，受到神職人員、權力強大的贊助人或甚至法國皇帝保護，但悲謹會的成立通常只依靠自己，致力於愛上帝及萬象生靈。

與悲謹會一樣，其他歐洲女人聚在一起是為了提升自己的心靈，不想與世隔絕。她們在每個國家有不同的名稱：在義大利被稱為「第三級教士」（tertiaries），在西班牙則被稱為「被賜福的女人」（beatas）。對於不想結婚或離過婚的女人來說，在這些沒有隔離的宗教團體內所建立的友誼具有替代家庭（ersatz family）的功能。在比利時和荷蘭，有些悲謹會至今還存在著呢。

## 胡安娜

到了十七世紀末，在歐洲社會不僅常見女修院，在美洲新世界西班牙殖民地也經常可見。在那裡，一般可見的社會分類也反映在女修院中。擁有西班牙上層階級背景的修女被送進女修院時，會附上嫁妝、傭人或甚至奴隸。雖然女修院至少會對來自富有家庭的新進修女提供基礎教育，不過這項福利並不提供給僕役修女，更別提奴隸了。還有，女修院傾向於依種族和血統隔離：有專門針對在西班牙出生的純種女修院；針對「克里奧爾人」（criollas），在殖民地出生的純種西班牙人；針對「梅斯蒂索人」（mesrizas），為西班牙和印第安人混血；以及針對具有當地印第安或黑人背景者。

在胡安娜·伊內斯·德拉克魯茲（一六四八／五一～九五）這個女人身上，體現了這個新西班牙的階級矛盾和機會。她是一個克里奧爾人母親和據說是巴斯克人的未盡責的父親的私生女，胡安娜開始了她非凡的人生。這個年輕女孩在墨西哥市郊的一個農場長大，在所謂「女導師」（amiga）學堂內讀書，這個學堂的目的是鼓勵當地婦女向農村兒童傳授識字基礎知識。胡安娜是一個喜愛閱讀的女孩，當她被送到墨西哥市與親戚同住時，她成為一位天才兒童。透過阿姨的關係，她在總督府擔任總督夫人萊昂諾爾·卡雷托的侍女。

胡安娜在這裡與兩個官夫人建立不錯的友誼關係，她們也注意到她的聰明才智、寫作天分、機智，以及順帶一提，非凡的美貌。關於她與總督夫人的友誼，墨西哥詩人帕斯寫道：這是個上對下、伯樂與千里馬的關係，但這也是對這個優異年輕女孩價值的認可。她們的「靈魂之交」和對藝術的愛好，讓帕斯聯想到其他更為知名的男性友誼[68]。

服侍總督及總督夫人四年後，胡安娜卻選擇當一名修女。為何她在十九歲的花樣年華做下這個大決定？原因不明，因為她似乎不曾以宗教為志業。但是，由於她想擁有讀書與寫作的自由，女修院可說是她最佳的選擇。不過，我們確實得知，她最初在一間嚴格的加爾默羅修會女修院擔任修女，後來進入較為寬鬆的聖赫羅尼莫女修院，這是一家專為克里奧爾人所設頗富聲望的修院。她在那裡撰寫讓她一舉成名的文學著作，其中最著名的是宗教戲劇《水仙神》。

即使她當了修女之後，胡安娜仍與總督府內一位官夫人保持緊密關係：巴瑞德斯的伯爵夫人——拉古納的瑪麗亞．路易莎。瑪麗亞當上新總督夫人後，不但變成胡安娜的閨密和贊助人，也成為多首熱情、風趣幽默詩文中的人物。由於胡安娜身為名氣愈來愈響亮的作家，加上女修院規定，允許她接待許多達官貴人，包括瑪麗亞及總督府內的許多官夫人。與外賓會客本來是應該透過一個小木窗將院內修女與外界隔離，不過對貴客則是大開方便之門，可以在所謂「接待室」（locatorios）接待他們。還有，眾所周知，總督和總督夫人出席修院的教堂禮拜後，會花滿長時間與他們的保護人胡安娜閒聊。

在墨西哥待了八年之後，瑪麗亞返回祖國，她特別叮囑《水仙神》一定要獻給西班牙宮廷。她還親自監督胡安娜作品集的第一本著作《靈感泉源的氾濫》（一六九〇年）出版。為了遠在半個世界外，一個難以控制的內陸深處殖民地女修院的修女著作，而如此大費周章，在今天看來可說是匪夷所思。瑪麗亞與這位才華洋溢的女人道別後來到大西洋的另一邊，事實證明瑪麗亞是位格外忠誠的朋友。

收錄於胡安娜《詩作全集》中的二百一十六首詩中，有五十二首，或說約四分之一，是獻給「拉古納侯爵」，也就是瑪麗亞與她的丈夫。這些詩無疑地表露了胡安娜對她貴族朋友的情感。的確，它們可以說是遵循前輩詩人傳統，去稱頌女主人或贊助人：胡安娜直接稱伯爵夫人「菲麗絲」（Filis），這個名字是十七世紀西班牙和法國詩人一般對情人的暱稱。但是，在詩中後幾行，描述了胡安娜和瑪麗亞的特別情況，詩人認為雖然她們性別相同，但和隔開她們的地理上的距離一樣，並不影響到她們的永恆的愛。

你是個女人，你離開了：
但這兩樣都無法阻止我對你的愛
因為你很清楚明瞭，
靈魂不在乎距離與性別。[69]

這可能是將「性別」（sex）這個詞用來作為指涉兩個女人的性別標徵的第一首詩歌。在原文西班牙文中，用這個直言不諱的字「sexo」，讓人大吃一驚，尤其是它就用在虛無飄渺的

「almas」（靈魂）一字正下方。在這裡及其他地方，胡安娜對瑪麗亞表白的愛意真心真意，躍然紙上。不過，她仍然說得很明白，她的感覺構成純粹的愛慕「火焰」，與肉體的折磨大不相同。

在詮釋胡安娜對公爵夫人的感覺時，帕斯提到同性之間「新柏拉圖式」的友誼，熱情但純潔。她們的關係符合這兩個女人的需求：一個是童貞的修女，另一個是人妻和人母，各自在彼此身上找到情感的出口，因為她們的情感無法從宗教或婚姻生活中完全滿足。

瑪麗亞似乎相當聰慧且活力充沛，對文學具有敏銳的鑑賞力，因此她在胡安娜身上找到姊妹精神，她盡一切可能來維持她們在墨西哥那八年的情誼。在她返回西班牙之後，瑪麗亞仍透過魚雁往返保持聯絡。可惜，胡安娜寫給瑪麗亞的信札已經遺失，我們得再依靠她的詩來搜尋有關後續友誼的發展。在某首詩中，胡安娜因尚未回信，所以祈求原諒；接著她再次確認她的情誼並提到「您的愛的祝福」，顯示她與公爵夫人的情感是互相的[70]。從胡安娜以及在她之前許多修女的情況來判斷，我們通常與浪漫愛情做連結的情感，在友誼中也可找到。

二〇一三年，一齣由莎拉秋編劇、名為《第十位繆思》的戲劇，在美國「奧勒岡莎士比亞戲劇節」公開首演，劇情從一七一五年胡安娜過世後二十年，三個新修女來到聖赫羅尼莫女修院開始說起。她們在一個櫃子中發現一本由胡安娜所寫的粗俗劇本，於是她們決定將之製作演出。這齣戲中戲對這三個年輕女人造成戲劇性的效果，在面對壓迫她們的力量時，她們建立緊密的姊妹情誼。她們彼此之間的情誼可能受到胡安娜作品的感召，這似乎與劇情相互呼應；胡安娜的戲劇的確是在她在世期間於聖赫羅尼莫女修院時所編寫，她身為修女與作家的經驗，也包含了她與另一個女人如戲劇般的友誼。

## 志趣相投的姊妹情誼

前述由修女建立友誼的例子，是從十二至十七世紀蒐集而來，不過這只是這些女人經歷友誼關係的一小部分，我們無法得知修女是否像多數人一樣需要有同理心的朋友來分享她們的負擔與快樂。我們所取得的個案偏向於那些知名的女修院院長、密契者及作家——她們不但識字且社交關係不錯。無論如何，她們的友誼之手不但伸向同在修院內的那些女人，也伸到了修院圍牆之外。

許多修女可能是在他們家人的壓力或堅決命令之下，被迫來到修道院，因為將女兒送到修道院遠比把豐厚嫁妝交給一個合適的丈夫要便宜得多。對於這些修女，當她們聽到修道院門關在她們身後時，她們的內心並不是那麼心甘情願，甚至是很反抗的，而其他女人的友誼和指導可能有助於舒緩她們過渡到隱居生活的過程。

對出於真正宗教使命而選擇女修院的女人，志同道合的姊妹情誼應該會讓她們過得更加愉快。由於選擇作為耶穌的新娘，這些女人決定彼此相互支持，過著模範生活——不論有多麼辛苦，希望過完此生後，會有美麗的來生。

作為西方世界體驗傳統家庭情境外成年生活的第一群女人，這些早期的修女學習對她們而言很重要的結盟關係，就像她們原本可能與丈夫、孩子及其他親朋好友建立的結盟關係。與原生家庭分離後，她們在女修院內發現一個支援系統，讓她們找到自己的一片天地與生活意義，以及教會當局有時認為相當令人擔憂的「特殊朋友」。

一般大眾汲汲營營於世俗事務，卻不知道在女性友誼中有這個多彩多姿的小世界存在。但修女們的私人關係大都只維持在修院圍牆之內——如同修女自己也囿身於修院圍牆之內一樣，對歐洲男女形塑友誼概念的方式影響不大。

# 第四章　八卦和靈魂伴侶

通常可以斷言說：朋友的婚禮就是友誼的葬禮。

——凱瑟琳・菲利浦寫給查爾斯・科特雷爾，一六六二年

在女修院外，友誼的故事繼續由男人所寫，完全聚焦在男人身上。法國哲學家蒙田受到他對艾蒂安・博耶提柏拉圖式的愛啟發，寫下他頗具權威的論說文〈關於友誼〉，迅速加入亞里斯多德與西塞羅著作的行列，成為嚴肅探討友誼議題的三個基礎文本。其他十六世紀人文主義者如蒙田，繼續將理想的友誼概念化為品德高尚的男人透過個人、宗教、軍事和公民關係表現出對彼此的忠誠，這成為一種向上提升的經驗。

不過，在蒙田的一生中（一五三三～九二年），女人友誼的實際情況正變得愈來愈明顯可見。一五八〇年代，英國一位人士觀察寫道，城市裡有錢人的妻子穿著精美服裝坐在門前，有時散步，有時騎馬，有時與其他女人玩牌，她們閒來「找找朋友陪伴談天，或是左鄰右舍串門

子閒聊，甚至在分娩、洗禮儀式、上教堂和葬禮上也盡情歡樂；不過，這些舉止可都有獲得她們丈夫的首肯，因為這是習俗。」[71]。「閒聊」（gossip）一詞是女性朋友在十六世紀一個常見詞彙，並不像現在有流言蜚語或說長道短的貶損意涵。閒聊可以交換私人或社區有用的資訊，以不良行為為例，她們的談話會形成一種執行社會規範的方法。如果她們對某事的關心具有足夠的強度，鎮上的行政官員可能會倍感壓力，必須對違反者採取正式行動。「閒聊」一詞也被用在遺囑和法院紀錄等文件上，伊莉莎白時代閒聊者的形象也經常出現在舞台戲劇的表演當中。

## 莎士比亞世界中的女性友誼

莎士比亞（一五六四～一六一六年）觀察過社會各階層為數不少的女性友誼，從皇室到酒館都有：《溫莎的風流婦人》福特太太與佩吉太太、《冬天的故事》赫敏皇后及她的忠心友人寶琳娜、《仲夏夜之夢》赫米婭和海麗娜、《亨利四世：第二部》奎克莉夫人和達爾．提爾須特、《亨利五世》法國公主凱薩琳和婢女愛麗絲、《皆大歡喜》羅莎琳和表妹希莉雅、《安東尼和克莉奧佩特拉》克莉奧佩特拉及女侍、《無事生非》總督的姪女畢翠絲和總督的女兒希羅、《威尼斯商人》鮑西亞和貼身女侍奈莉莎等等——這些女人都只是幾個莎士比亞創造出來，做為巷弄街坊和出身名門女士等閒聊的角色，她們相互協助擊敗男性的愚蠢、誤解及公然的暴力。莎翁在這些作品中有絕大部分是在確認女性友誼的存在，同時也給予她們的友誼一些權利。為了處理情節，他經常藉由兩個女人相互配合的效果，產生圓滿的結局[72]。以《溫莎的風流婦人》中福特太太與佩吉太太為例，這兩個女人遏阻了法斯塔夫想要誘惑她們的企圖。那個傲慢、嗜酒成性又迷人的無賴，對女人之間的關係所知不多，他寄給她們兩人各自一封情書。經過比對後，她們發現兩封情書的內容居然一模一樣，於是她們想出一個復仇妙計，要讓他難堪到無地自容。

在《威尼斯商人》中，鮑西亞喬裝成一位法學博士，她的貼身女侍奈莉莎則裝扮成她的助理，她們在法庭上為安東尼奧提出答辯。安東尼奧答應放高利貸的猶太人夏洛克，若無法還錢就割下自己的一磅肉抵債，於是這兩名女人相互支援，一搭一唱，使出詭計，讓安東尼奧脫身，讓他免受割肉之痛。

《冬天的故事》讓赫敏皇后及她的好友寶琳娜與國王雷昂提斯相鬥，雷昂提斯誣指他的孕妻通姦，把她送進牢裡。寶琳娜試圖將赫敏剛出生的女兒，帶到固執的國王面前來安撫他的心，不料他竟罵她是私生子，命令將她丟到宮廷外受風吹日曬雨淋。當然，由於這是一齣喜劇，劇終時母女兩人都獲救。最後，在赫敏忠心友人寶琳娜的努力不懈下，國王幡然大悟，一家三口終於團圓。

在《皆大歡喜》中，羅莎琳和希莉雅是表姊妹關係，也是閨中密友，她們兩人從小感情就非常要好：

我們睡在一起，
一起起床，一起念書，一起玩，一起吃飯，
我們的感情如膠似漆，不論我們去哪，
我們都一起去，難分難捨。[73]

然而，最後她們的親密關係逐漸淡化，各自發展男女之愛——在真實生活與在文學世界中一樣，男女之愛經常取代了女性友誼。我們可以看見，女人的友誼與婚姻起衝突，不僅在莎士比亞的舞台劇中上演，也在真實的生活中上演著，這個見色忘義的戲碼直到二十一世紀依然沒變。

傳記作家艾克洛德提醒我們，莎士比亞的母親有六個姊妹，她是么女，在家裡女人國中集三千寵愛於一身[74]。莎士比亞可能從傾聽他母親與眾姊妹及女性朋友們的談話中，感受到女性團結的氛圍。在他的故居史特拉福，女人與男人一樣，和鄰居進行日常商業活動並相互幫忙，尤其是婆婆媽媽們被視為「社交行動派」，她們設立許多小組，作為一種非官方的警力在運作。

一份紀錄（意謂歷史上有許多類似的案例遺失）描述當鄰居的丈夫企圖謀殺他的妻子時，伊麗莎．妮爾由於介入其中，被她鄰居的丈夫殺死。這兩個女人是朋友嗎？根據伊麗莎墓碑上的墓誌銘，我們至少可以假設她們正在尋找彼此：「為了救她的鄰居，她流了血／和救世主一樣，她為了做善事而捐軀。」[75]

尤其在婚前，伊利莎白女王時代的女人，絕大部分時間都與其他女人相處。五個女人之中約有一個終生未婚，這表示有相當多女人不結婚。進入二十世紀，與在莎士比亞時代一樣，單身女人睡同一個房間，甚至睡同一張床。在工人階級女人當中，當女孩離鄉背井來當學徒，擔任幫傭，或找其他工作時，沒有親屬關係的其他女孩經常取代姊妹床伴。

對十六世紀的十幾歲女孩來說，在郊區紳士階層家庭當女傭，或在十六世紀之後在倫敦大家庭做幫傭，乃司空見慣的事。她們在婚前平均花費約四年時間擔任傭人。社會不允許單身女人獨居，這可由一五六二年一項國會法案「技工法」獲得佐證。該法規定所有未婚女人必須就業，否則會被送入監牢。當然，這個極端法案並不是針對中、上層階級家庭的女孩。[76]

勞工階級女孩彼此間同病相憐，需要互相扶持。我們不難想像，經過一天的辛苦工作，當蠟燭吹熄後，她們可能跟對方說些親密的悄悄話，安慰彼此，嘲笑其他人的怪癖，透露小祕密，相互取暖。白天時，兩個年輕女人一起做些家務，如清潔、煮飯、紡織、縫紉、洗衣、整床等等，或是當她們從市場、水井或教堂肩並肩走路回家時，或是在她們休假，在當地節日加入其他年齡相仿的女孩一同慶祝時，可能就有親近的機會。

當然，女人之間也難免會有爭吵發生，可以從涉及個人與家庭的法院爭議中得到佐證。尤其是成熟的女人被法院傳喚在審判中作證，在賣淫或巫術等「不當行為」案件中做出不利其他女人的證詞。女性證人經常對彼此家中的情況相當了解，通常只有要好的親朋好友才會知悉；她們沒有事先告知或不須俗套就跟左鄰右舍串門子，如果隔壁發生了什麼事，女人會先聽到風聲並可能私下探聽了解。有時比較卑劣的動機，像是嫉妒，會點燃女人對昔日閨密的妒火，相互指控對方性生活不檢點，甚至當眾演起全武行。這類事件偶爾會在好姊妹之間發生，甚至破壞婚姻，讓社區變得不安寧，這提醒我們：即使是生活中最要好的姊妹情誼也是很脆弱的。

除了爭風吃醋外，鄉下女人在河岸邊洗衣或是在市集販賣蔬菜，可能會在路邊停下來時跟其他女人聊聊最新的八卦消息，抱怨自己的丈夫或是哀悼孩子不幸早夭等等。許多女人依賴鄰居在緊急需要時伸出援手，如當她們分娩、生病或孩子需要保母照顧時。生產後坐月子期間——生女孩四十天，生男孩三十天，給予新手媽媽臥床好好休息，適應哺乳，陪嬰兒玩，通常須有產婆、女性鄰居和嬰兒的外婆——如果有的話，在一旁陪伴著。坐月子是「女人的時間」，不須配合丈夫的需求，丈夫不但禁止與妻子同房，還必須挽起袖子幫忙做家事。坐月子即將結束時，新手媽媽會接受「淨化」儀式，也就是與她的嬰兒一起上教堂，嬰兒則由產婆抱在懷裡。教堂儀式完成後，新手媽媽的家裡會舉辦派對慶祝，她的朋友會提供蛋糕、啤酒等等食物[77]。

遠親不如近鄰，因為女人通常嫁到遠離母親姊妹的他鄉，很少能回娘家，不論是步行、騎馬或搭乘二輪或四輪馬車，都需要長途跋涉。那些會寫字的女人——可能十個之中不超過一個，至少能透過書信與娘家的家人保持聯繫。但是，大多數不識字的女人主要還是依靠左鄰右舍的人情幫忙、相互慰藉，以及交換消息。

說話是女性展開友誼之所賴。說話的女人——可說是一個亙古永不過時的話題！所以我們將個人的第一語言稱為「母語」，也就不令人意外了。母親從嬰兒出生的那天開始，就對他說話、唱歌、唱兒歌，將從她母親和祖母那裡聽到的口述傳統傳承下去。在過去，男孩和女孩最初在嬰兒時期是從母親或女性照顧者學會說話。之後，某些男孩——如莎士比亞——被送到文法學校，少數女孩則上女子學校，她們在學校裡學習閱讀、縫紉，甚至寫字。在英國新教環境中，男孩和女孩都要能念聖經，但寫字只是非常少數人的一個選項。一六〇〇年時，只有約三分之一的男人和十分之一的女人可以寫出自己的名字。

話大家都會說，但不同的地方和階級有不同的口音，到今天仍然如此（記得百老匯曾有一部熱門並曾拿下奧斯卡獎的電影《窈窕淑女》，是改編自蕭伯納的戲劇《賣花女》）。尤其是女人，是眾所周知愛說話、八卦、喋喋不休、嚼舌根、嘮叨、碎碎唸、造謠、健談等等，用一句話來說，就是滔滔不絕。相較之下，一般男人，特別是英國人，刻板印象是沉默寡言、含蓄拘謹。男人善於公開演說及書寫表達，女人則被視為天生的社交高手，因為她們熱中於跟姊妹淘聊天及大談八卦。

英國女人思考並撰寫有關她們自己交友的情形，在十七世紀會更容易觀察到，當時更多女人會寫字，留下大量的文字紀錄，從信札、日記到詩詞及戲劇都有。在過去以男性作者為主的文學世界中，有兩個題材是多數男作家沒有提到的，現在浮上檯面：女人身為媽媽和女人身為朋友的角色。英國女詩人凱瑟琳・菲利浦就在她的詩集中針對這兩個題材，寫到女人之間的友誼無人能比，彷彿在她之前英國沒有作家知道一樣。

## 凱瑟琳・菲利浦

凱瑟琳・菲利浦（一六三二～六四年）本姓為佛樂，是一名富有的倫敦商人和第二任妻子所生。八歲時，她進入哈克尼的莎曼夫人學校，在那裡她認識了幾個重要的朋友，第一個是瑪麗・奧布瑞，凱瑟琳在詩中稱她為「羅仙娜」。父親過世後，母親改嫁，她就搬到威爾斯。凱瑟琳當時未滿十七，嫁給一個五十四歲的鰥夫，名叫詹姆士・菲利浦。她生下兩個孩子，一個兒子出生兩個禮拜便夭折，一個女兒長大後生了十六個孩子。雖然這段婚姻明顯既穩定又幸福，但對她來說更重要的人似乎是其他年輕女人[78]。

在凱瑟琳成為人妻後，她的筆更是動個不停，目的就是為了讚美羅仙娜：

我靈魂的靈魂！我的喜悅，我的冠冕，我的閨密！

……

我只想毫不保留地對你揭露，
你也別想對我有所隱瞞。
你的心將我豐富的祕密鎖了起來，

我的胸部是你的私人儲櫃。[79]

凱瑟琳強調兩個女人之間自由分享的私密話。亙古以來，最要好的朋友經常被定義為可以向對方訴說一切，即使是最私人的祕密。

當羅仙娜結婚時，凱瑟琳選擇安．歐文作為她新的最好閨密，並在她的詩中幫她取了「露卡西亞」的暱稱。凱瑟琳則為自己取名「奧林達」，以下我們就稱呼她這個名字。在〈論羅仙娜的變節與露卡西亞的友誼〉中，奧林達對於失去從學生時代到她結婚這段時期的朋友，感到悲嘆不已，讓她想從羅仙娜那裡取回自己的靈魂，讓她可以將它送給露卡西亞：

偉大的友誼靈魂，你跑去哪了？
你現在要何去何從，才能讓我的心頭平靜？
……………
然後只能投向偉大的露卡西亞，
在那裡，重新振作，找回卓越與力量。
……………

露卡西亞和奧林達會給你
永恆，甚至讓友誼長存。[80]

為了露卡西亞，奧林達寫了一封最熱情的詩。她對她大喊：「我們都信仰愛情。」多虧了露卡西亞，她從未曾感到孤單，因為她們兩人的心「可說是合而為一」[81]。在另一首給露卡西亞的詩中，奧林達表達出的感情相當接近同性朋友可容許的情欲之愛：

直至此時此刻，我才知道我從來沒有活過，
我是全世界最幸福的人，
希望我這麼說沒有罪過：
我不是你的，而是你。[82]

她覺得可以自由宣布她對另一個女人的愛而不怕遭到報復，因為，如她所說，她和她的朋友是合二為一，也就是一個靈魂。因此，她很確定沒有人會將她柏拉圖式的願景誤當成肉體的渴望。

英國查理一世的皇后亨利埃塔．瑪麗亞推展的新柏拉圖概念，在英國宮廷相當受到歡迎，奧林達因此對女性友誼的本質相當清楚。柏拉圖式的愛的概念來自柏拉圖的《饗宴》，受到十六世紀新柏拉圖人文主義者的信奉，將性愛降級成為純粹的踏腳石，然後拾級登上神聖的愛。根據一般的了解，女人可以和她最要好的閨密共享一個靈魂，然而卻很少會和她的丈夫這麼做。

當露卡西亞也決定要結婚時，奧林達理所當然害怕她會失去第二個靈魂伴侶。雖然她發現露卡西亞選擇的丈夫沒什麼好羨慕的，但奧林達陪著露卡西亞到她在愛爾蘭的新家，結果證明這是一次相當不令人開心的造訪——丈夫有時擋在兩個好姊妹之間，經常讓妻子抱怨不已。奧林達在露卡西亞婚後直率表達了這個衝突：「我發現在這個世界上友誼很少有不受婚姻影響的……我們通常可以做出這樣的結論：朋友的婚禮就是友誼的葬禮。」[83]

根據女人的經驗，婚姻與友誼水火不容，這絕非十七世紀獨有的現象。我們發現在說英語的其他地方也有。舉例來說，十八世紀末的美國，當露西．歐爾寫信給她的朋友波麗，大聲叫嚷說，婚姻是「女性友誼的毒藥」。她希望「如果我們結婚」，那個情況不會發生在她們身上[84]。英國傑出古希臘學者珍．哈里森在她一九二五年的《學生生活回憶錄》中加入個人的哀悼：「婚姻至少對女人來說，妨礙了我生活中兩件光彩的事……友誼和學習。」[85]在今天的流行文化中，小說《BJ單身日記》和電視影集《六人行》就是玩恐婚的哏：怕婚姻會摧毀珍貴的友誼。最近在舊金山，一個三十好幾的單身女人充滿信心地談到她多數已結婚的好姊妹身上的改變時，並說出了這個罪魁禍首：「我的朋友正在快速流失。」

雖然奧林達造訪新婚友人露卡西亞在愛爾蘭的家是一次相當令人沮喪的經驗，卻意外讓她多了一本著作——完成法國劇作家皮耶・高乃依的《龐培之死》的翻譯，這讓她立即一炮而紅。不過，她享受文學盛名的時間相當短暫，不久之後即於一六六四年死於天花，享年僅三十二歲。

## 才女

奧林達對友誼理想的奉獻，不只是一對一地投入。一六五〇年代初，她成立「友誼協會」，成員包括一群志同道合的女人及幾位精挑細選的男士[86]。之後，其他十七世紀英國詩人，如阿芙拉・貝恩、瑪麗・摩妮琉、珍・芭克、安・基利格魯和安・芬奇，承擔使命並協助建立忠誠友誼的模式，後來英國和美國女人在生活和藝文中仿傚這個模式，直到十九世紀末。

女人友誼的話題不只存在於詩中，還外溢到前女性主義哲學家瑪麗・艾斯泰爾（一六六六～一七三一年）的散文，她探索她所謂男女身為朋友之間的差異。艾斯泰爾相信，女人更有可能產生真正的友誼，因為她們比較不易受到影響，像男人在公共場域中因私利而被左右。她說：「由於我們〔女人〕較少參與一般世俗事物，所以我們來自利益的誘惑也較少，不會因此背叛朋友……我們女性交朋友一般比男人更熱心、誠實，男人通常有對過多嗜好的關注和拘泥死板的自尊心。」[87]

在瑪麗．艾斯泰爾之後，接著便是「藍襪會」，這是一群有知識的女人聚集在倫敦進行藝文性的討論對話，主持人為伊莉莎白．蒙塔古（一七一八～一八〇〇年）。「藍襪」一詞係指當時有位學者與植物學家班哲明．史汀弗利受邀加入蒙塔古的討論會時，所發生的一樁事件。由於他買不起這些女士們穿的黑色絲襪，所以他與會時穿著他日常穿的藍色長襪，因此這個討論會被戲稱為「藍襪會」。不久，這個詞開始被用來描述十八世紀英國女士，帶有嘲弄的意味，後來也泛指渴望追求智識的任何女人。

甚至更有害的是，在十八世紀初醜聞文學發軔之初，對女性朋友的不道德指控。匿名小冊將女人的友誼比喻成與古希臘女詩人莎芙有關的性實踐，或者土耳其女人在後宮出名的親密行為[88]。一個世紀前凱瑟琳．菲利浦驕傲地公開她的柏拉圖式的友誼，不過不同的是，有些女人對於任何可能會引起負面討論的情況感到極為緊張。舉例來說，有一個「藍襪會」會員對於她的兩個熟識朋友想要同居，感到相當惱火，於是寫信給她的姊姊：「這會讓男人更加嘲笑那種友誼，我承認我認為那種閒言閒語傷害到我們所有人……我不能去想L太太和R小姐炫耀她們的感情有什麼意義，她們應該知道那會招致謊言。」[89]不論多麼有知識、多麼有教養、多麼受人尊重，女人經常參與藍襪會可能被影射有「不當行為」。

上述討論的所有女人，都是有錢有閒，且可以與其他同樣有錢有閒的女人定期在她們家中聚會。不過，藍襪會不禁止男人，只要他們是對的男人，也就是願意承認女人與其他女人的關係不亞於任何人的關係。這些女人見多識廣，習慣都市的便利設施，其中最重要的是與抱有同情心的朋友們分享她們生活點滴的愉悅。

## 美國殖民時期的友誼

在大西洋的另一岸，讓我們來看看新世界女人友誼的證據。我們必須記住，十七世紀時的美國在地理上和文化上都與祖國的國際中心隔離。首先，我們可以在男人留下來的許多紀錄中，發現各種女性作家的文本，當然沒有任何文本可以與英國女人對友誼的稱頌相提並論。十七世紀唯一（被記得）的美國女詩人安妮·貝瑞德史翠利用她相當好的文學天分，在一六五〇年出版的詩集《第十位繆思》中，將自己呈現為一位深情的妻子與溺愛子女的媽媽。當她的書問世時，她已經在美國麻薩諸塞州住了二十年並育有八個孩子。她身兼人妻與人母，料理日常家務，以及每週上教堂，她當然沒空與她的英國同胞交朋友。在清教徒時期的新英格蘭，如果女人挑戰婚姻和家庭居於絕對第一優先的地位，而將時間和精力花在朋友或更別說讚頌詩上，一定會被視為愚蠢。

安妮．貝瑞德史翠在一六三〇年時，與丈夫賽門、父母及姊妹們，從英國來到新世界。他們搭乘一艘名為「阿拉貝拉號」的客輪，此船名係根據安妮小時候的朋友阿拉貝拉．強森夫人的名字來命名。而阿拉貝拉也與她的丈夫來到新大陸。在他們抵達後幾個月，阿拉貝拉和她的丈夫雙雙過世。失去了最要好的朋友對安妮是一個嚴重的打擊，尤其是她面對的這個新世界，缺乏適當的居所與種種基本便利設施，遑論她所謂的良好禮儀了。很幸運的是，她擁有丈夫、家人以及金錢等等，這意謂他們可以舒服地在麻薩諸塞州伊普斯威奇和北安多弗，這兩個小到所有居民彼此相識的小鎮定居。

歷史學家蘿瑞爾．柴契爾．尤里奇在她具開創性的書籍《賢妻》中，重新定下美國殖民時期女人友誼應有的條件。如在英國鄉下，朋友幾乎都是鄰居，形成「整個社區的女人聊八卦、交易、協助生產、借用工具，如有家暴虐待情況時，互相關懷、留意、保護」[90]。鄰居成為多數友誼的起點，因為女人彼此串門子，借用刷鍋布或鐵鍋等等，不用在意禮數。如果她們聽見有人尖叫，她們會立即跑過去，介入丈夫與妻子之間的爭吵。她們人數眾多，可配合產婆和嬰兒的外婆，協助生產。有些人甚至提供自己的奶水給新生兒餵奶，因為初乳（新手媽媽首次分泌的乳汁）在當時被誤以為不適合。她們協助新手媽媽學習餵乳，定期探視，直到恢復正常生活為止。希望當自己生產時，受過幫助的媽媽也同樣會伸出援手。一個女人最多生八個、十個，甚至十二個並不罕見，但其中有一半可能因為生病等因素早夭。此時，交情好的鄰居便會過來幫這個悲傷的媽媽，最後一次為她的孩子穿好衣服，然後收殮在小棺木內，載運到墓地安葬。

鄰居可能是多數友誼的起點，但社會階級也同樣重要。丈夫是地方官員、部長或是有錢的船長等等大戶豪宅人家的女人，只會彼此往來。相對地，社會階級較低的，如小地主和工匠的妻子，也只跟同樣階級的女人交友。居住在租來房子的窮女人，可能在基本需求和情感支持上彼此互相依賴。

儘管社會階級存在差異，但各個階層的人也有所互動。農夫的妻子有時挨家挨戶叫賣她們的農產品，這意味著她們可能與離她們簡樸農舍不遠處的大戶人家裡的「上等人」交談。窮人家的妻子可能會帶著她們的女兒在其他女人家裡的廚房揉麵糰，因為她們願意順便借火給窮人家的女孩兒烤麵包。女人在一起工作、聊天、唱歌、分享心事祕密，並對彼此生活上的喜悅及困難給予同情，自然會形成友誼。

有時，女人會要求好友調解感情或婚姻事宜，為她們自己無法做的事情伸出援手幫忙。莎拉·伍德沃德曾經請一位朋友寫信解除婚約，當時婚禮已經宣布。莎拉可能不識字，而她的朋友顯然可以代筆。即使有朋友幫忙，但婚禮並未取消，莎拉對於嫁給一個她不愛的男人感到懊悔不已[91]。

相較於十七世紀倫敦的文學才女，私下集體相互支援，美國女人的友誼則仍然是一對一，須等到一個世紀或更久以後才能迎頭趕上那些倫敦前輩。

# 第五章 女雅士

當人們感受到溫柔的友誼，真誠、熱情、強烈，使得他們所愛的人的全部歡樂與憂愁，也變成自己的了。

——史居德里小姐，《克雷莉婭》，一六五四～六一年

不信任朋友，比被他們欺騙更為可恥。

——弗朗索瓦．拉羅什福柯，第八十四號格言，一六六五～七八年

十七世紀，法國國王路易十三和路易十四以及英國國王查理一世和查理二世統治期間，這兩個國家之間的文化關係相當緊密。一六二五年，路易十三之妹亨利埃塔．瑪麗亞嫁給英國的查理一世，她從法國帶來大批的僕從，以及在某些法國菁英圈相當流行的柏拉圖式愛情的信仰。亨利埃塔．瑪麗亞與更有名的伊莉莎白一世等英國皇后，以及瑪麗．麥迪奇和奧地利的安

妮等法國皇后，維持大批對皇后忠誠的宮女。不論她們經歷什麼明爭暗鬥（這些宮女可都是她們的軍團！），宮女的友誼模式可是讓身為平民百姓的女人既羨慕又嫉妒。

如果宮廷為社會與政治上有用的友誼立下黃金標準，城市對決心在家庭外建立更緊密關係的女人來說是一個更為重要的場域。倫敦的藝文圈和巴黎的沙龍提供另一個場域讓友誼在女人之間或甚至在男女之間綻放。沙龍最初只是巴黎的一個現象，最後則在整個法國甚至全歐洲成為模仿風潮。的確，我們可以說，當時的法國藝文沙龍成為後來所有女人會所的始祖：英國十八世紀藍襪對話；德國十九世紀浪漫沙龍；美國讀書會、花園俱樂部、投票權俱樂部、女青年會、美國婦女猶太復國主義組織哈達薩等等。

## 朗布依埃侯爵夫人的每週沙龍

正當亨利埃塔．瑪麗亞在一六四四年內戰前數十年在英國宮廷舉辦各種藝文活動，以及她的丈夫在一六四九年被處以死刑的這段期間，法國社會也同樣被朗布依埃侯爵夫人家主辦的精采沙龍向上提升。她的每週沙龍是法國的第一個沙龍，女人不但和男人一樣都可以參加，還可以用明確的女性風格接受社交生活。固定與會者包括後來成為作家的史居德里小姐、拉斐德夫人，還有已經成名的男性作家如夏普蘭、高乃依和梅納以及上流社會本身沒有藝文企圖心的人。朗布依埃夫人鼓勵所有與會者將語言和行為提升到被視為適合精緻上層階級社會的境界。因為這些女人避免使用她們認為的粗俗詞語，改以委婉的表達取而代之，所以她們全都被稱為「女雅士」（précieuses），與那些附庸風雅的人和那些不附庸風雅的人之間有所區隔。不幸的是，莫里哀的戲劇《可笑的女雅士》（一六六一）大肆嘲笑她們，以致對今天多數法國人來說，「女雅士」一詞後面會被自動接上「可笑的」。

這些成為新時尚的優雅語詞中，有些確實本身惹來笑柄。在索枚士的《女雅士大辭典》，一本據說含有各種女雅士們所使用的表達語詞的辭典中，月亮被稱為「沉默的火炬」，眼淚稱為「痛苦與快樂的女兒」，舌頭稱為「靈魂的詮釋者」，死神稱為「全能者」等等。一般人說「請坐」，她們卻偏要說：「懇請接受這張椅子需要擁抱你的欲望。」[92]女雅士們是否真的在朗布依埃侯爵夫人的巴黎宅邸使用這些或其他婉轉的說法，仍然是今日學者們爭辯的議題。

更重要的是，女雅士一開始就故意改變我們一般對朋友或情人的概念。的確，友誼的法文字「amitié」已經擴大範圍並演變成包括戀人與朋友期待彼此會感受到的溫柔情感。根據「女雅士」所設想的那樣，友誼是兩個相似靈魂的非肉體結合，可視為跨越性別的。友誼甚至有時跨越階級，不論超級富有的王公貴族（如侯爵夫人本身）和只有少許財產的有才華作家（如史居德里小姐）之間財富與地位有多大的差距。不久，甚至一些中產階級也被接受加入女雅士圈。儘管如此，不論它擴散到中產階級或省級地方有多深入，附庸風雅仍主要是巴黎上流社會的現象，其語言、服裝、禮儀等等行為規定，將在一個更複雜的環境中慢慢形成。

## 史居德里小姐

聚集在朗布依埃寓所「藍廳」內的各式各樣人物，在《阿塔梅納，或居魯士大帝》一書中被描繪得維妙維肖（《阿塔梅納，或居魯士大帝》是史居德里小姐所撰寫的一部十冊的影射小說）。她用名為克雷麥雅的人物將朗布依埃侯爵夫人呈現為一位美貌、機智、高雅、慷慨、有品味、有判斷力、高標準等受人欣賞的女人，同時也令人敬畏。克雷麥雅比其他有相同出身背景的巴黎女人更少做社交性的拜訪，不過她身邊隨時賓客成群，因為「在宮廷中只要是有相似智慧或美德的人，必定會造訪她的宅邸」[93]。

侯爵夫人與她的女性友人為兩性定調，女人饒舌不遜於男人，參與文學討論、彼此辯論的能力也不差，有時甚至辯論到快失去禮貌。在經過一場針對某齣義大利喜劇（義大利人阿里奧斯托的《偽裝者》）的熱烈討論後，史居德里小姐試圖利用侯爵夫人的女兒朗布依埃小姐來緩煩，不過朗布依埃小姐並未發表她自己對這齣戲劇的高見[94]。史居德里小姐如果想繼續待在藍廳的小圈子裡，她就必須與這對母女維持良好的關係。

在《阿塔梅納》其他地方，史居德里小姐以費藍奈這個名字讚賞這位小姐的對談、寫作、知識、舞蹈、個人魅力，以及在宮廷上如魚得水。但是，她也很狡滑地對這個年輕女人以及太多朋友的膚淺關係提出質疑。以下這段值得思量：

還有，她擁有很多女性朋友和男性朋友，遑論她的追求者，多到讓人驚訝她要如何同時應付這麼多朋友……我相信，不論她說什麼，她絕對不可能愛這麼多人……我很確定，有很多人她只是感覺尊重、禮貌以及一些感激。不過，大家跟她在一起很快樂，也很愛她，彷彿她是真心對待他們。[95]

一個人可以有這麼多朋友嗎？史居德里小姐和亞里斯多德似乎都認為可以的。儘管她試圖奉承這位莊嚴的侯爵夫人的女兒，至於對每個人都表現相同友善面孔的做法，史居德里小姐暗示有些不可靠。

儘管被諷刺為做作、賣弄學問、裝規矩，法國這些十七世紀的女雅士在提倡現在所謂原型女性主義（protofeminist）議題上相當有助益。她們為自己創造的社交生活，與她們的丈夫相對獨立，使她們不但能與女人和男人建立友誼，還開展先前被男人主導的藝文活動。她們創設法國沙龍絕非小事一樁。沙龍最初係以女性為中心，往後三百五十年也是如此。因為有一個地方可以讓史居德里小姐等女文青試展羽翼，所以用友誼提供支援網絡，甚至讓她們一些人在婚姻或女修道院外成功是可能的。

史居德里小姐終身未嫁。在《阿塔梅納》成功之後，她在巴黎時尚的瑪黑區自宅內成立自己的藝文沙龍。在那裡，她的朋友不僅有貴族的男女性作家（他們經常造訪朗布依埃寓所），也有來自附近鄰居的中產階級女人（波貴夫人、阿拉剛奈夫人等多位女性）。這些女人有多位以假名再次出現在她的第二部長篇鉅著小說《克雷莉婭》中，這當時在法國與全歐洲成為最暢銷的小說。

不過，今天沒有人會閱讀史居德里小姐的小說，因為太長、太「雅」。如女主角克雷莉婭所觀察：「我從未聽說任何人提到溫柔的愛，我總是想像這個親切又意義深長的詞彙被神聖化，使愛完美，只有在提到它時，人們才會用溫柔這個詞。」根據克雷莉婭的說法，溫柔讓我們能從另一個人的視角來看事情，此種能力我們今天稱為**同理心**。溫柔讓我們寧願花時間與一個心情不好的朋友在一起，而不是去別處度過更快樂的時光。溫柔讓我們原諒朋友的過錯並放大他們的優點[96]。

如果一定要回答，史居德里小姐應該會將友誼置於性愛之上。她和其他志同道合的人有足夠的理由提防，在她們當代如此多人中，多變的英勇行為被誤認為愛情。如果她們像史居德里小姐一樣單身，塞維涅夫人，或是身體和情感上與丈夫分離的人如拉斐德夫人，她們可能會在友誼中找到她們在婚姻中找不到的東西——不受到肉體欲望控制的靈魂伴侶[97]。

## 塞維涅夫人和拉斐德夫人

在上層階級社會中許多女性友誼如雨後春筍般產生，塞維涅夫人和拉斐德夫人之間的友誼可說是其中的模範。她們倆認識了超過四十年之久，當她們人在巴黎時，幾乎每天到對方家裡串門子。當她們分隔兩地時，會透過書信聯絡。她們相互支持，一起度過生活中美好與困難的日子。她們也幫忙各自家庭，與路易十四在位時期許多其他朝臣一樣，她們也絕不放過任何與高官以及國王本人的關係，來提升她們所愛之人的福祉。正如在其他歷史時期一樣，亞里斯多德所謂「利益之交」，對塞維涅夫人和拉斐德夫人來說，卻是與真正的、相互的關心緊密結合。

由於每個女人都是聰明絕頂的作家，她們的友誼紀錄也特別詳細：塞維涅夫人變成當代最知名的書信代撰人，拉斐德夫人則成為最有成就的小說家，不過她的書籍在她有生之年是以匿名方式出版。雖然她們都是已婚，也有孩子，與其他許多有類似社會背景的人經常往來，但她們卻是將彼此視為最好的朋友來關心。的確，在她晚年時，拉斐德夫人寫信給塞維涅夫人時，說道：「相信我，親愛的，你是我在世界上最愛的人。」[98]

塞維涅夫人（一六二六～九六年）初遇瑪麗馬德萊娜．拉韋爾涅小姐（也就是後來的拉斐德夫人，一六三四～九三年）時，已經是人妻，有兩個孩子。塞維涅夫人比拉韋爾涅年長八歲，舒適地居住在她生長的巴黎瑪黑區，當時她已是朗布依埃寓所的常客，並與當時一些更知名的作家有不錯的交情，其中最知名的就是博學多聞的詩人吉爾．梅納。這兩位女人在一六五〇年時因為結婚的關係，彼此成了遠親。不過，即使她們沒有相同的親屬，她們注定要成為朋友，因為她們同屬一個社交藝文圈，而且打從一開始就對彼此頗有好感。

## 塞維涅夫人、拉斐德夫人和梅納

像塞維涅夫人一樣，瑪麗馬德萊娜與詩人梅納建立重要的友誼。擁有女性朋友並不排除也可以有男性朋友，尤其法國上層階級圈子並沒有像其他國家一樣把兩性分得一清二楚。在一六五〇年時，當梅納三十八歲，瑪麗馬德萊娜近十七歲時，他很高興將揮霍在塞維涅夫人身上的殷勤獻給她。作為一名修道院院長，雖然不是神父，但他可以用在法國與英國都很流行的柏拉圖式的方法，隨意花時間在追求女人上。一六五一年時，塞維涅夫人對他的殷勤特別留意，因為她丈夫惡名昭彰、喜歡在女人堆中廝混，最後為了小三的面子，在一場決鬥中遭到殺害。

梅納曾經在一張寫給胡埃的紙條中，試圖澄清與他們的關係：「我想你過去聽過我在詩中說我愛拉斐德，我在散文中說我愛塞維涅夫人。」[99]似乎他與塞維涅夫人的關係一直是穩定、可靠的，就像散文一樣，而與拉斐德的關係更為浪漫、感性，有如一首詩一般。以他們互相指責對方為例，拉斐德夫人抱怨梅納有時沒告訴她在他們朋友間大家都知道的事：「我們的交情已經到現在這個程度，但很可笑的是，我卻總是最後一個知道你的事，我恥於讓他們知道我一無所知。」[100]

對後代子子孫孫來說，很幸運的是，梅納保存了大量拉斐德夫人的信札，不過很不幸的是，她寫給塞維涅夫人的信件多數已經遺失。塞維涅夫人絕大多數的信札，從大約一六七〇年開始寫給她已經結婚的女兒格里尼昂夫人，這些信札後來成為文學和歷史的寶藏。這些信札不但生動有趣，且鉅細靡遺，以致有多個版本發行。塞維涅夫人的姪子、仰慕者、同時也是朋友羅傑・布西拉布丹，收到她的信時感到相當愉悅，回信時如此寫道：「姑姑，昨天我收到你的信，有五頁，我跟你說，我覺得太短了……你的信彷彿有某種我從未見過的魅力，不是由於你我之間的情誼，使這個魅力如此閃耀，因為許多不認識你但眼光敏銳的人（也）相當欣賞此種魅力。」[101]

當瑪麗馬德萊娜・拉韋爾涅在一六五五年變成拉斐德夫人後，她和塞維涅夫人不能像以前一樣，可以輕易相見。喪偶的拉斐德伯爵年紀幾乎是他新婚妻子的兩倍，他在遙遠的奧維涅擁有房地產，他們夫妻一年當中多數時間可居住在那裡。但是，拉斐德夫人試圖返回巴黎久一點時間，最後她可永久居住在沃吉拉爾街的家，她的丈夫則待在奧維涅管理他的房地產。在十七、十八世紀，貴族人士會如此安排並不算是不尋常，因為當時婚姻考慮的不是只有愛或不愛的問題，還有家族與財產。對女性貴族來說，這樣的安排有一個好處，就是有更大的自由追求擁有兩性朋友的活躍社交生活。

返回巴黎後，拉斐德夫人可以與塞維涅夫人及詩人梅納和以前一樣相見。當拉斐德夫人不得不尋找巴黎的居住地時，她希望他們兩人可以幫忙（她自己的家已經出租）。她對梅納明確地說：「我很希望住在靠近塞維涅夫人的地方，也就是皇家廣場（現在的孚日廣場）附近。」[102]最後，她搬回自己位於沃吉拉爾街的寓所，一六五八年三月時她的兒子在那裡出生。孩子出生後，根據當時女性社會階級的傳統，她在房間內床鋪到牆壁之間的空間，所謂「胡同」（la ruelle），接待塞維涅夫人、梅納以及一些好友。因為富有貴族女人的房間通常寬敞，「胡同」可以容納眾多親朋好友沒問題，後來這個詞變成與藝文沙龍同義。

當拉斐德夫人可以起床到處走動後，她迫不及待又開始參與「女雅士」會社的活動；「女雅士」會社固定在巴黎瑪黑區史居德里小姐的「星期六」會所聚會。她也開始透過與英王查理一世之女英格蘭的亨利埃塔的關係，也就是路易十四之弟的妻子，不時造訪宮廷。早在亨利埃塔還只是個小女孩時，這段友誼就已經萌芽。當父王查理一世被送上斷頭台後，她和在法國出生的母后已經在流亡。雖然亨利埃塔比拉斐德夫人年輕十歲，但這兩個女人卻是心有靈犀，這段友誼一直維持到亨利埃塔在二十六歲時突然過世為止。拉斐德夫人悲從中來，於是著手撰寫亨利埃塔傳記《亨利埃塔夫人傳》，這位年輕的公主自己也曾經建議過。這本傳記原本是要作為私人回憶錄，在拉斐德夫人有生之年也一直都是如此。

拉斐德夫人第一本出版的是描繪塞維涅夫人的著作[103]，拉斐德夫人用一個不知名的男人作為偽裝來歌頌一個不知名的女人，但大家心知肚明那個人物就是塞維涅夫人：「你的靈魂巨大、高雅，能釋放出珍寶……你重視光榮與企圖心，你也重視愉悅……喜悅是你靈魂的真正狀態，懊惱世人皆有，你卻不知它為何物。」

這個作者仍假裝成一個男人，繼續說道：「你天性溫柔、熱情，但讓我們男人蒙羞的是，這個溫柔對你而言一無是處，你只把它限制在你們女性當中，你把它給了拉斐德夫人。」[104] 這段文字令人十分驚訝！拉斐德夫人讓全世界知道，是她，不是男人，主宰了她最要好朋友的心。她公開確認她們的友誼，當時「友誼」（amitié）達到時尚頂點，可以是同性情誼，也可以是異性情感。

就像英國詩人凱瑟琳．菲利浦在她的詩中所表達的感受，塞維涅夫人對拉斐德夫人的情感是純真毫不修飾的，除了她對女兒癡迷的愛。她的女兒弗朗索瓦絲－馬格麗特出生於一六四六年，後人稱她為格里尼昂夫人。塞維涅夫人的冗長信札在二十世紀由知名的七星詩社出版厚厚三大冊，格里尼昂夫人是主要的收件人，她在法國文學與社交歷史上具有獨特的地位。

讓她女兒靠近她並讓她最親密的朋友環繞，是塞維涅夫人的天堂樂園理想。時為一六六七年夏天，她們都住在鄉間，她給一位友人寫道：

> 我有昂迪伊夫人在我的左手邊，也就是在我心的那一邊。我有拉斐德夫人在我的右手邊；普萊西夫人在我前面，她畫了些小圖像來取悅自己；莫特維爾夫人有點更遠，她正在深深的夢鄉中；我們的賽薩克大叔，我怕他，因為我幾乎不了解他；卡德魯斯夫

人是她的姊姊，她是新來的，你不認識她；塞維涅小姐嗡嗡嗡滿場跑，像一隻忙碌的小蜜蜂。105

像這些菁英女子，她們有財力可以讓交友變成一個「移動的宴會」，經常在她們的鄉間宅邸內舉辦，遠離她們市區的家。和下層階級不同的是，她們並未受到距離的限制而將友誼局限在鄰居。

但是，不久後塞維涅小姐不得不將她的女兒嫁了出去。拉斐德夫人迅速提供援助，借給她一大筆錢五百里弗爾（譯注：法國革命前的一種貨幣，之後改用法郎）作為她女兒的嫁妝。當然，這是真正友誼的展現，因為這筆錢可能要好幾年才還得完。一六六九年時，塞維涅夫人的女兒嫁給格里尼昂先生——一位四十歲、兩次喪偶的伯爵，後來被任命為普羅旺斯省長。這個新職務意謂他的妻子必須陪他遠赴法國南部上任。塞維涅夫人感覺這個消息有如晴天霹靂，傷心欲絕，還好有沃吉拉爾街好姊妹的陪伴，她才比較沒那麼傷心。

## 拉斐德夫人和弗朗索瓦・拉羅什福柯

此時，拉斐德夫人已經與拉羅什福柯展開親密的友誼關係；拉羅什福柯是回憶錄和格言的傑出作家。這段異性友誼象徵一些貴族女人可以擁有的新關係，她們可以努力在智識上與男人平起平坐。當她們也可以讀、可以寫，甚至可以討論文學、藝術及音樂時，誰還會否認她們也是文化核心的一部分呢？由於是女人創設沙龍，所以男人最好與他們的女主人及女社員保持良好關係。拉羅什福柯和梅納等出版作者，毫無保留地將拉斐德夫人與塞維涅夫人視為有價值的討論對象，甚至是潛在的作家，不過據了解，和他們同社會階級的女人只會匿名出版。

當塞維涅夫人與拉斐德夫人「共享」梅納後，拉斐德夫人則與塞維涅夫人「共享」拉羅什福柯。儘管他對人性有相當刻薄的看法，但塞維涅夫人開始依賴拉羅什福柯的同情與傾聽她一直努力減低她女兒遠離家鄉的衝擊。為了讓格里尼昂夫人不停出現在他們的生活中，她將她女兒的一幅精緻肖像贈送給拉斐德夫人。

當塞維涅夫人離開巴黎去探訪她住在普羅旺斯的女兒時，和拉斐德夫人道別卻感到極為痛苦：「拉斐德夫人的嬌弱天性無法承受像我這樣一位朋友要遠離的痛苦。」[106]所謂嬌弱，她是指拉斐德夫人的細微敏感以及她長年承受的各種疾病，也就是「鬱氣」及發燒，隨著她年紀漸長，病情更為嚴重。

就她本身而言，拉斐德夫人絕不錯失機會在她信中說些有關格里尼昂夫人的好話。一六七三年七月十四日，她寫給在普羅旺斯的塞維涅夫人說：「請代我親吻格里尼昂夫人，她實在是太美好了。」[107]數月後，當她聽到塞維涅夫人將延後返回巴黎的消息時，她寫道：「假使您要將格里尼昂夫人帶回來，我不會抱怨的。」[108]

母親的朋友，也是女兒的朋友，甚至也是兒子的朋友。查爾斯經常遭塞維涅夫人忽略，正如拉斐德夫人忽略她自己的兒子一樣。她們以女人為中心的友誼，包括格里尼昂夫人作為「第三個我」，不包括男性親朋好友在內，兒子和丈夫都一樣被排除在外。結束她短暫、不如意的婚姻後，塞維涅夫人從未想過再婚，而拉斐德夫人的丈夫好像變成隱形人一樣，當他過世時，彷彿溜走一樣，沒有人注意到。

拉羅什福柯是萬紅叢中一點綠。他和拉斐德夫人成為「班對」，主要是因為他們的藝文興趣，還有他們的健康都欠佳，只要塞維涅夫人在巴黎時跟他們在一起，就很容易變成三人行。當她人在普羅旺斯時，拉斐德夫人不時將她和拉羅什福柯在巴黎的活動告訴她，讓她知道她錯過了多少東西：「我希望你會等不及要回來，那才是真正的朋友啊！」[109]當她回巴黎那天，塞維涅夫人受到一群朋友熱情迎接，包括拉斐德夫人和拉羅什福柯在內。當她後來因為旅途疲累回到房間休息時，拉羅什福柯則扮演護花使者，確保她待在那裡兩天好好養足精神。

這兩個女人又在巴黎相見了，在她們的自家或是朋友舉辦的晚宴上，她們經常造訪對方。有時，她們一起去聆聽音樂會，譬如歌劇，她們會感動得淚流滿面[110]。她們也會抽空去附近鄉間走走。由於下午和晚上幾乎都要留給她們的朋友，所以拉斐德夫人一定得在早上找一些時間寫寫東西。

一六七八年，《克萊夫公主》以匿名方式出版。雖然拉斐德夫人從未承認自己是作者，但根據可靠的說法，這本小說是她撰寫的，可能與拉羅什福柯一起執筆。這部小說在法國立即成為銷售冠軍，次年更翻譯成英文版。身為作者最親密的友人，塞維涅夫人對這本小說感到極為興奮，她要她認識的所有人（包括好幾位神父）都買來看看[111]。所以，如果說她不知道這個匿名作者的身分，那絕對不可能。

不過，不久，塞維涅夫人必須通知她女兒一個不幸的消息，拉羅什福柯將不久於人世。她花了好幾天，「幾乎是她所有時間，待在拉斐德夫人的家，拉斐德夫人對友誼的喜悅和內在柔情的領會，與她的痛苦成正比」[112]。兩天後，拉羅什福柯離開人世。塞維涅夫人感受到她「可憐的好姊妹」的痛苦，有點誇張地問道：「拉斐德夫人要到哪裡才能再找到像這樣一位朋友？」她很敏銳地觀察到，兩人長期為病所苦，「讓他們彼此互相需要」，她真心相信，「沒有什麼東西可以比得上他們友誼的信心和魅力」[113]。

拉斐德夫人後來在這個世界上繼續度過十三年時光。很幸運的，她隨時可以依賴塞維涅夫人。進入晚年後，兩人與她們兒子的關係變得親近，而歷經二十年的疏遠，梅納回去了，讓她們想起年輕時曾享受過的殷勤待遇。拉斐德夫人是第一個對他打破沉默的人：「先生，我有件事想要跟您說，我們的長久友誼並沒有讓我忘記關心您的健康。」[114]在拉斐德夫人與梅納和解後，她告訴他說，友誼在她身體逐漸耗弱之年對她有特殊的意義：「我想要告訴你，我有多麼受到你的友誼感動……時間與衰老已經帶走我全部的朋友。」[115]友誼很重要，尤其是在老年，死神不斷消滅你朋友的人數。

塞維涅夫人持續將消息傳給她的女兒，彷彿她是拉斐德夫人生活的正式記錄者。在某封經常被引用的信函中，她寫下這些吸睛的文字：「拉斐德夫人的朋友來自三教九流、四面八方，她是如此地長袖善舞……」[116]拉斐德夫人的確有許多朋友，但當梅納在一六九二年七月過世後，她就未曾走出傷痛，多數時間都是臥病在床，直到一六九三年五月她過世為止。

對她最具意義的朋友是塞維涅夫人，不過當時她人在普羅旺斯，只能遠遠地為她悲悼。塞維涅夫人將她的悲傷化成一封冗長的信函，寄給她們社交圈的另一個成員：「你知道拉斐德夫人的長處……我發現她把我當好姊妹時，我高興了好長一段時間，我們的友誼之間沒有任何雲翳……」[117]塞維涅夫人繼續待在普羅旺斯三年後，在那裡過世，過世時她的女兒在她的床邊陪伴著她。

由於來自法國和英國上層階級的女人識字程度相當高，所以至今保存了大量有關她們的友誼紀錄，包括信函、回憶錄、詩集、小說等等。確實，這些大多數最初只屬於一小部分人——最上層的女人，她們幾乎把所有時間都花在互相往訪、互相取悅。社會地位和財富是進入這個世界的必要條件，一起休閒娛樂似乎是維持長久友誼必不可缺少的方式。不過，從各方面來說，她們的友誼是真正的友誼。個人根據距離遠近、長相是否吸睛、相似處、是否擁有類似興趣等等來選擇朋友。無疑地，有許多友誼是從自利和相互服務作為出發點，從亞里斯多德到拉羅什福柯的男性思想家都認同這樣的動機——但這並沒有阻止朋友用更無私的方式來相互照顧。以塞維涅夫人和拉斐德夫人為例，她們相親相愛，相互幫忙，友誼維持超過四十年的時間。

十七世紀代表女人友誼故事的轉折點。在英格蘭和法國的上層階級中，在交友及分手方面，女人處在較優越的地位。正如在五百年前源自法國的「宮廷愛情」（courtly love，譯注：係指當時騎士或較低階級貴族對較高階級女性的愛慕之情。）中，女人扮演主要角色，沙龍女主人（Salonnière）同樣也變成菁英男女社交生活的主導者[118]。在知名女主人的主持下，這些高文化的成員精煉他們的社交技巧，並發展精緻的言語和行為，成為後來上流社會中社交禮儀的規範。最後，在英國和法國最上層階級流行的這些文化也擴展到西歐，接著以更民主的方式，甚至跨越大西洋，來到了殖民時期的美國，進入上流圈子中。

# 第六章 愛國友誼

愛國主義可以存在於一顆容不下友誼的心裡面嗎？

——凱瑟琳·麥考莉寫給墨西·華倫的信札，一七八五年七月十五日

我永遠無法忘記老朋友。

——艾碧該·亞當斯寫給墨西·華倫的信札，一七九七年三月四日

在政治動盪和戰爭期間形成的友誼關係，可以說是人類經歷最可歌可泣、最蕩氣迴腸的情誼。男人以及近代的女人，經常以一種一生難得一見的忠誠，來將他們的軍中同袍牢牢記住，即使他們後來並未繼續定期相見。同樣地，政治因素也可以成為友誼的催化劑，從政者搭檔成為永久的好哥兒們。即使在政治因素消失後，老友珍重他們曾經一起為理想而戰，使他們產生一種患難與共的感覺，讓他們的生命變得更有意義。

十八世紀期間，當多數法國與英國人民支持君主政體的統治時，共和政體的情緒卻在殖民時期的美國生根。到了一七七〇年代，美國支持民治或代議士的人士開始發聲。用墨西·華倫的話來說，自由的吶喊從「私人情誼的輕聲細語」開始，最後讓整個世界都聽見。

墨西·華倫是居住在美國麻薩諸塞州普利茅斯一位博學多聞的作家，在由同情共和政體人士所聚集的女人圈子中，她變成那裡的中心人物。像會社裡的男人一樣，她們尋找古代的英雄與英雌，並為她們塑造一個愛國與自由的理想模範。她們將自己視為創立模範共和國的參與者，因此她們願意以身為女性的角色犧牲奉獻。她們抵制進口茶葉，作為對英國徵收稅賦的抗議，還為軍事防衛募款[119]。

在波士頓周圍地區，愛國女性主要透過書信聯繫，偶爾會造訪彼此的寓所。她們之中有許多人來自富裕人家，並在自己家裡接受相當不錯的教育，即使她們未曾像她們的兄弟一樣上哈佛大學。她們的友誼有一種特色，那就是她們的丈夫也有參與。有些書信甚至由夫妻合寫，而彼此造訪經常成為全家事務，丈夫及孩子會陪在一旁接待客人。

墨西·華倫出身於政治世家，她的父親及兄弟也是政治人物。她的女性通信友人同樣也擁有卓越的家世背景：舉例來說，漢娜·溫斯羅普是哈佛大學數學教授約翰·溫斯羅普的妻子，約翰·溫斯羅普的祖先是麻薩諸塞灣殖民地的創建者之一。艾碧該·亞當斯是紳士農夫和政治家約翰．昆西的孫女，後來成為總統約翰．亞當斯的妻子。還有，墨西．華倫的書信範圍橫跨大西洋，來到同情美國獨立建國的英國知名歷史學家凱瑟琳．麥考莉。因為墨西．華倫、漢娜．溫斯羅普與艾碧該．亞當斯都嫁給知名男人，且因為墨西．華倫和凱瑟琳．麥考莉都是出書作家，她們的書信保存得相當不錯。提到書信，尤其是與革命年代公眾及半公眾人物有關的那些書信，目的都是要分享、朗讀並大量流通，與一百年前法國塞維涅夫人的書信並無不同。

## 墨西．華倫和艾碧該．亞當斯

墨西．華倫與艾碧該．亞當斯兩人之間的情誼，始於亞當斯夫婦某年夏天造訪普利茅斯的華倫夫婦，後來這段友誼主要透過通信維持著。艾碧該．亞當斯的傳記作家愛迪斯．蓋利斯曾經寫道：

> 對於後續四十一年期間，由於社會和宗教背景，身為女人的忠誠與同理心，以及互相對彼此智慧的重視，這兩位卓越的女人將彼此視為好姊妹。但她們並非每次對議題都

持相同意見；她們經常爭辯，有時甚至很長一段時間鬧不和。不過，後來她們還是和好如初，主要是因為兩人都希望這段友誼持續下去。[120]

她們兩人的年紀相差十六歲，墨西在當地已經是知名的文學作家，她們的友誼從開始就不對等。如果最初艾碧該將墨西視為良師益友，後來隨著艾碧該愈來愈有自信，她卻學會了對抗她令人敬畏的朋友。

相較於卓越有公職的丈夫，即使只是當個家庭主婦，她們的責任在於教養孩子（墨西有五個，艾碧該有四個）成為善良的公民，每個女人都將自己視為愛國人士。雖然每個女人重視自己身為人妻與人母的角色，但與十七世紀安妮・貝瑞德史翠不同的是，這些十八世紀女人參與了以前一直被視為男人專屬的公共事務討論。因此，在她們初會面不久，艾碧該即寫信給墨西，討論當時轟動全美國的波士頓茶葉事件。為了抗議英國國會徵稅，美國的愛國人士於一七七三年十二月十六日當晚，將一整艘船的茶葉倒入波士頓港內。艾碧該和其他義憤填膺的美國殖民者一樣，正確了解這個以自由為名的反抗行為會造成更大的破壞：「茶葉這個有害的雜草已經抵達，太好了，我希望當它一落地，可以對它展開有效反制……火點著了，接著它有如閃電般，讓一個靈魂接著一個靈魂著火了。」[121]

在整個美國革命中，艾碧該向墨西透露，她對美國革命抱持熱情的希望，同時又感到相當恐懼。墨西回覆她也有相同的看法，不過她的散文特色較為不自然，偏向說教。在丈夫積極參與革命奮鬥期間，她們擁有相同的愛國主義及宗教信仰，更加強化她們的友誼。當約翰·亞當斯扶搖直上成為費城的創國元老，留下妻子管理麻薩諸塞州布倫特里的農場時，艾碧該發現墨西是一個富有同情心的人；墨西的丈夫也是麻薩諸塞州眾議院的議員，眾議院離他們普利茅斯的家相當遙遠。但費城和布倫特里之間的距離更遠，至少須兩個星期的旅程，也就是說，艾碧該在接下來兩年將很少有機會能見到約翰。

不過，由於這兩個女人認為，透過她們自己的愛國理想與犧牲，她們已經恢復古羅馬婦女的美德，美國男人將希臘羅馬軍人和人民英雄視為他們的典範，女人則是將羅馬婦女當成她們的模範，也就是有良好的貞潔名聲、有尊嚴、犧牲自我、有學問的已婚女人[122]。為了加強這個關聯性，墨西提議艾碧該使用筆名波西亞，也就是布魯特斯（譯注：古羅馬暗殺凱撒者之一的名字）的妻子，她則為自己取名馬西亞，可能是指涉小加圖的妻子（編注：小加圖〔Cato the Younger〕是羅馬共和國末期的政治家和演說家，馬西亞是他的第二任妻子）（我們之前看過文學上使用綽號的例子，比如在凱瑟琳·菲利浦的詩集和史居德里小姐的小說中與很常見）。但後來，當艾碧該抱怨丈夫不在讓她受苦，墨西卻認為她朋友的寂寞不過是自卑自憐罷了：

「你的身邊不乏姊妹，身旁也有許多合得來的朋友，我則一個都沒有。自從我從布倫特里回來後，除了一兩次騎馬外出，我常常一下午沒見過一個朋友。」[123]墨西是指她最近造訪布倫特里的艾碧該，她在那裡看見艾碧該的身旁有許多姊妹及朋友。由於家中遭逢許多困難，包括財產損失和幾個兒子打仗受傷，墨西變得比較沒有同理心。

一七七六年大陸會議期間，艾碧該大膽寫信給約翰——那封信現在變得相當有名，要求他「記住那些女士」。提醒他：「如果可以的話，所有男人都會變成暴君。」她建議，女人應該和男人一樣從革命中獲益，並受到法律保護，限制家父長統治。當約翰將此事當成笑話時，艾碧該立即向墨西發洩怒氣：「我冒昧地代表我們女性說句話，英國法律幾乎沒有處理我們女性，但卻賦予丈夫無限權力去剝削他的妻子。」她希望某些法律的訂定可以「根據公平、自由原則，有利於我們女人」，甚至提議女人應該集體抗議。至於墨西是否認同艾碧該的女性主義思想，由於沒有相關信函存留下來，所以不得而知[124]。

在結縭逾四十年期間，艾碧該與約翰給彼此的信函中，用「親愛的朋友」稱呼對方，傳為佳話。他們的婚姻的確像友伴式結合，「**友**（friend）」一字在他們身上真正體現。他們在彼此身上看見互補的自己，隨時關心對方的幸福，即使當分享他們情感的唯一方式是透過書信也是一樣。

因此，在一七七七年年底，當約翰被任命為與法國談判同盟條約的代表時，艾碧該無法忍受相隔大西洋兩岸的想法，她寫信給墨西希望得到同情理解，但她的朋友卻反過來鼓勵艾碧該做一個真正的愛國者來承受這個重擔：「如果你**最親愛的朋友**無能為他的國家提供如此重要的服務，他就不會被指派承擔這個職務而必須暫時離開他**親愛的妻兒**。」[125]墨西不但沒有提供慰藉給她的朋友，反而是施壓艾碧該接受這個巨大的犧牲。最後，在一番重要的情感掙扎後，艾碧該終於點頭同意。約翰動身前往法國，並帶著他們十二歲大兒子約翰·昆西·亞當斯（編注：即後來的美國第六任總統）同行。丈夫及大兒子不在身邊，艾碧該仍然相當倚賴她的朋友們，期望她們了解她因為個人的公共職責感而做了多少犧牲。

她也開始做起小生意，墨西擔任她的代理人販售一些精品，如手帕、茶組以及其他奢侈品，這些都是約翰從歐洲寄運回來。墨西也能提供給她的朋友來自普利茅斯沿海地區的藥草和織線，漢娜·溫斯羅普則是做她鄉下朋友與劍橋成品工匠之間的中間人。如此，女性朋友給予彼此實質協助，有時甚至借錢[126]。

一七七八年，在約翰及大兒子離開後不久，艾碧該鼓勵她的女兒小艾碧該前往普利茅斯與墨西一起過冬。墨西有五個兒子，很高興有一個豆蔻少女前來同住，這個女孩明顯也很樂意有一個這麼有教養的女人陪伴。墨西寫道，隨著她們住在一起愈久，她愈喜歡「娜比」。在此同時，艾碧該接待墨西的兒子們來訪，其中一人即將前往歐洲，她也給予建議。愛我，也愛我的孩子：這句真言不但適用於過去的塞維涅夫人與拉斐德夫人，同樣也適用於墨西・華倫和艾碧該・亞當斯。她們的孩子在往後數年繼續造訪他們的乾媽。同樣也印證於墨西・華倫和漢娜・溫斯羅普之間的友誼，可以從一個事實得到證明：華倫家的兒子在哈佛念書時就住在溫斯羅普家。

約翰人在國外那幾年，艾碧該有時很難跟以前一樣與墨西・華倫維持友誼，因為約翰在外交界平步青雲，詹姆斯・華倫的工作則是崎嶇坎坷，華倫一家變得愈來愈嫉妒，愈來愈不滿。他們相信約翰・亞當斯與他的政界好友在歐化的同時，也背叛了大革命——也就是說，變得更加保守，對世襲的尊崇更能接受。當艾碧該決定到英國與約翰會合時，約翰已經銜命擔任聖詹姆斯宮廷的大使，跟大革命之前相比，此時兩家的關係絕對更冷。因此當艾碧該一七八三至一七八七年人在國外時，很少寫信給墨西。

撇開受傷的感受不談，艾碧該和約翰仍繼續支持墨西撰寫美國大革命歷史的計畫。為此，艾碧該之前已將約翰的信件轉寄給墨西，現在持續從倫敦與巴黎外交中心將有用的資料寄給墨西供她寫作。墨西聚焦於歷史計畫，或許有利於她面對家庭不斷衰落的悲慘命運。華倫一家從未習慣新共和國相當強勢的中央政府，他們重視的是以地方農業為主的社群。墨西不斷抱怨一個權力強大的領導者的誕生是在向君主主義靠攏。

諷刺的是，這不代表墨西不會向約翰・亞當斯請求支持她兒子和丈夫的政治派任。但約翰不但直率給予拒絕，還批評詹姆斯・華倫（詹姆斯「沒有人緣」早就傳到約翰的耳裡），這碰觸到墨西的痛處。華倫與亞當斯兩家之間的關係降到冰點，但艾碧該繼續與墨西通信，並在約翰一七九七年就任總統前造訪她。艾碧該向墨西保證：「我絕不會忘記老朋友的。」[127]

墨西在其於一八〇五年出版的《美國革命的興起、發展與結束史》一書中，對約翰・亞當斯展開報復。她將他形容為一個沒有耐心、心胸狹窄的男人，企圖減損他身為革命家、外交家、副總統和總統的貢獻。這本書明顯影響她與亞當斯夫婦之間的友誼。不過，當墨西於一八一四年過世後，艾碧該承認她朋友的獨特價值：「總而言之，我們對她刮目相看……對我來說，她是走過五十個寒暑的朋友。」[128]

儘管最後幾年嚴重的紛爭讓她們形同陌路，但亞當與華倫兩個家族在美國歷史和女人友誼的歷史上，還是得放在一起討論。在一七六〇年代和一七七〇年代期間，當詹姆斯與墨西的普利茅斯住宅成為當地政治中心時，約翰一直隸屬於麻薩諸塞州有共和國情感的傑出人士圈子。不過，艾碧該是在華倫的普利茅斯家認識墨西，從此展開她們為期數十年的友誼。當女人身兼妻子與母親兩個角色時，艾碧該和墨西的友誼曾經（且一直是）經常以孩子為重，因而與丈夫起了衝突。到一七八〇年代和一七九〇年代，當時約翰的運勢大好，詹姆斯則開始走下坡，兩家的關係也受到詹姆斯、墨西以及約翰等負面批評的影響。艾碧該似乎是盡最大努力來挽救這段友誼，即使有時只維持「表面」而已[129]。隨著兩人之間的權力平衡不斷變動，相較於墨西忿忿不平的高傲，艾碧該的大方和主動精神，營造出一種宜人的氛圍，讓許多新、舊朋友都樂在其中。不過，她絕不會忘記她欠墨西一份人情，這位年紀較長且有教養的女人，過去曾栽培過艾碧該，最後甚至助她一臂之力。

## 墨西．華倫和凱瑟琳．麥考莉

墨西．華倫和歷史學家凱瑟琳．麥考莉的友誼，與她和艾碧該．亞當斯的友誼在同一年開始，也就是一七七三年。從凱瑟琳住英國以來，她們的友誼完全要依靠魚雁往返，除了有次凱瑟琳在一七八四至一七八五年造訪美國。在詳細研究她們的關係時，歷史學家凱特．戴維斯曾經寫道：「凱瑟琳．麥考莉和墨西．華倫在近二十年期間藉由書信往返，交換彼此的看法。從國際性大都會英國倫敦和巴斯到純樸的美國麻薩諸塞州，她們之間緊密的友誼，幾乎完全是依靠書信橫跨難以捉摸的大西洋。」[130]雖然墨西比凱瑟琳大三歲，凱瑟琳因為當時出版《英國的歷史》一書，在英國已有相當名氣，一七八三年完稿時，這本書將達到八冊。相較之下，墨西在一七九〇年前都是以不具名方式來出版她的詩劇，並且終其一生從未因她的歷史著作獲得公眾認可。不過，從一開始，她們就將對方視為智識上相當的人並且也有私交。

這兩個女人最初是為了支持美國愛國人士，向帝國統治者要求更多自由而結交。在一封給英國人民的信中，凱瑟琳寫道：「如果大英帝國與殖民地之間開始內戰，祖國奮力一搏，可能讓自己和美國玉石俱焚；或者，美國人也可以打持久戰，終將獲得獨立。」無論如何，英國人民只能留下「對多霧小島的完全掌控；並處於國內專制君主的統治中」。這些話並不是凱瑟琳為討其同胞們的歡心而說，但聽在墨西及有志一同的美國人耳裡，卻相當悅耳動聽[131]。

凱瑟琳的公開聲明及私人信函，在麻薩諸塞州男性和女性擁護共和政體者之間流傳，墨西給凱瑟琳的信函更為私密，不過卻與政治有關，她將政治視為女人的領域，也是男人的領域：

夫人，您看，除了冷漠的政治家，我也不會去理會女人的看法……當觀察是公正的，且對得起良心和品格時，究竟該意見是來自私人女性朋友嘴巴說出的輕聲細語，或是由男人在議會中用如雷般響亮聲音說出的大膽言語，我想無關緊要。[132]

「私人女性朋友嘴巴說出的輕聲細語」一語道盡一切。墨西和艾碧該一樣，總是認為女人可以透過對話媒介，在公共場域中擁有話語權，就好像男人在議會中擁有話語權一樣。而且，由於那個時代的女人被隔絕在政治圈外，她們可以比男人做出更理性的判斷。我們以前聽過這種論點，那是來自那個世紀初的英國作家瑪麗・艾斯泰爾。

一般認為女人天生比較情緒化，但凱瑟琳與墨西沒有為此點做辯解，她們反而將之轉化為她們的優點，即使是在政治場域裡也一樣。她們分享她們所謂的內心話，同意女人對家人、朋友和國家的愛，應該影響公共論述。為強調女人情感和個人關係的價值，凱瑟琳誇張地問道：「愛國主義可以存在於一顆容不下友誼的心裡面嗎？」[133]墨西和凱瑟琳超前他們的時代很多，她們原本可以輕易採用二十世紀女性主義口號：個人的**就是**政治的。

這個友誼案例幾乎都是透過書信往來，讓人聯想到一個兩百年後網友會再次發生的問題：兩個人真的可以不用見面即成為朋友嗎？如果友誼是目前情感和想法的交流，加上相互同情與尊重，則凱瑟琳・麥考莉和墨西・華倫的友誼的確是真正的友誼。許多面對面的「友誼」未曾達到類似了解的境界。還有，她們對美國獨立和一個正義共和國的支持，給予她們一個共同的動機，她們後半輩子會一直堅持這個理念。

她們的友誼在一七八四年時受到考驗。當時凱瑟琳正造訪甫獨立不久的美國。她偕夫婿威廉・葛拉漢一同前往；兩人於一七七八年結婚。由於凱瑟琳在一七六六年喪偶，沒有人對她再婚一事有任何置喙的餘地。不過，一個四十七歲的熟女，卻選擇嫁給一個二十一歲的小鮮肉，難免會讓人說閒話。對朋友忠心耿耿的墨西則為凱瑟琳辯護，嫁給一個小她二十六歲的男人是她的自由，就像男人可以老牛吃嫩草，也不會落人口舌。在這方面，墨西比她的朋友艾碧該更為寬容，艾碧該絕對會被這個女大男小的結合嚇一大跳。

不過，並不是這段婚姻引起墨西和凱瑟琳之間友誼的嫌隙，而是某件相當令人意外，甚至可以說荒唐可笑的事。在造訪新英格蘭期間，凱瑟琳經常光顧一家名為「忘憂」新開幕的酒吧，波士頓菁英們在那裡聚會，聆聽音樂、跳舞、打牌、賭博等等。這家酒吧對墨西來說，是一個消費文化和道德淪喪的場所，這個風氣已經侵蝕戰後美國社會。

不僅如此。墨西被錯誤指控編寫一部有損凱瑟琳形象的戲，兩人因為這個不快影響到她們的友誼。雖然這兩個女人先前相信她們在每一方面都很相似，但在忘憂酒吧裡當著眾人面前大吵一事，顯示出兩人在觀念上南轅北轍。來自英國世界性大都會的凱瑟琳，與住在麻薩諸塞州當地的墨西，對於什麼是適當的社交行為，看法不同。

不過，在凱瑟琳返回英國前，她們之間的友好情誼仍足以修補這段不和。兩人都很珍惜這段友誼，也都希望繼續往來；因此，她們再度魚雁往返，跨越大西洋繼續通信了六年。凱瑟琳持續出版她的政治思想直到一七九〇年為止，一年後她就撒手人寰——讓遠在大西洋對岸的墨西悲慟不已。

墨西的朋友圈先是因為革命前的熱烈討論而結合在一起，接著又由於戰爭的危險與損失而重新聚在一起。革命情感豐富了他們的私交，不僅對在建國中扮演公眾角色的約翰・亞當斯和詹姆斯・華倫是如此，對在他們背後默默奉獻支持的妻子也是如此。身為妻子、母親及朋友，愛國的女人因為愛國，所以願意奉獻，這是往後二百五十年將美國女性聚集在一起的諸多政治動機中的第一個。

## 法國共和政體的女性

美國大革命於一七八三年以《巴黎條約》正式畫上句點，由約翰・亞當斯、班傑明・富蘭克林、約翰・傑伊等人進行技術性談判。身為美國的盟友，法國將與大英帝國簽署分離協議。在一七八三年時，沒有人會預料到，古老的法國君主政體會在數年後遭到國內的革命推翻。

在法國大革命一七八九至一七九五年期間，友誼以悲劇收場。美國革命志士在愛國派與英國派之間維持些許表面上的客套；不同的是，法國革命志士陷入殘忍的階級鬥爭，由於斷頭台奪走許多人的性命，在大革命嚴峻考驗中形成的諸多友誼，注定無法持續到最後。

法國以著名的「自由、平等、博愛」口號維持友誼形象，雖然博愛的原文 fraternity（兄弟情誼）有性別歧視的意味，但理應同樣適用於男人和女人。女人之間的情誼雖然不如男性友誼來得明顯，卻在法國大革命中也扮演相當重要的角色，這是經過兩世紀的忽略後，最近學者才發現的[134]。

女性貴族在大革命中被鎖定成為全民公敵，她們紛紛逃命，有的甚至不幸上了斷頭台，因此她們的私人情誼無法持續。以朗巴樂公主為例，她是瑪麗・安東妮皇后最好的閨中密友：她的人頭被展示於眾，遊街時還經過皇后的牢房窗戶。某些女性貴族則逃到外省，那裡有友人願意協助藏匿。流亡的女人，由於以前毫無工作經驗，因此聚集在倫敦，製做刺繡衣物、畫扇等可以販賣的東西。友誼通常是階級內的門當戶對，不過有許多中產階級和農婦願意對生命受到威脅的貴族伸出援手；當母親的必須逃命或被監禁時，有些人甚至幫忙照顧她們的孩子。

友誼也發生在新成立的女人愛國社團，如「革命共和女人協會」和女性市民地方團體。和一七七〇年美國不同的是，在一七八〇年代末至一七九〇年代初的法國，某些女人公開、集體發聲，她們集結力量撰寫陳情書來表達她們的不滿，並要求新成立的政府解決。工人階級的女性，從魚販、賣花女到工匠和店員，也紛紛走上街頭加入抗爭和暴動，她們提出各種要求，從麵包降價到攜帶武器的權利等等。雖然我們有關這些女性組織的特殊友誼紀錄不多，但不難想像，從她們的共同行動所發展出來的私人情誼，後來影響了法國大革命的發展。

這些團體鬧得如此沸沸揚揚，不久國民公會乾脆宣布「女人社團和民眾會社」為非法。這個由全男性所組成的會議，在一七九三年頒布命令，規定女人不得行使政治權利，也不應在政治性社團聚會：「女人天生喜歡私下聚會，但這攸關社會的整體秩序，這個社會秩序源於男人與女人的差異。男女有別，各有適合的工作類別。」[135]這在法國往後一百五十年間成為議會成員的普遍看法，直到一九四五年，法國女人才終於取得投票權。

## 羅蘭夫人和蘇菲·格朗尚

或許法國大革命期間，愛國女性友誼最戲劇化的紀錄，是羅蘭夫人和蘇菲·格朗尚的友誼。羅蘭夫人的回憶錄於行刑前五個月監禁期間撰寫，一七九三年完成，出版後不同凡響，她在大革命後一炮而紅。如果她身後沒有留下這些回憶錄，她的一生可能只不過是歷史上內政部長之妻羅蘭夫人的身分。當然，不會有人對她與蘇菲的友誼有興趣。不過，蘇菲在她朋友過世當天證明了她的勇氣，是她將羅蘭夫人的筆記本從監獄偷偷夾帶出來。

讓我們將時間稍微往前推。羅伯斯庇爾一七九三年整肅吉倫特省的代表，其中包含羅蘭，因而羅蘭夫人被捲入該事件。雖然羅蘭先生逃到東南省份，但羅蘭夫人留下來獨自面對她先生的政敵。在代夫受到監禁後，她開始動筆寫下紀錄，這後來成為法國大革命最有名的見證。就這件事來說羅蘭夫人的情況很特殊，因為她知悉大革命政治的內情。此外，她發展出一種生動的文學風格，在那之前她僅在代夫所撰寫的私人書信和專業文件中使用此種風格。

在他們被捲入此政治事件的前兩年，羅蘭夫婦一直願意配合丹敦、馬拉、羅伯斯庇爾等革命志士的目標，他們固定在自家宅邸裡接待這些人士。不過，他們對一七九二年監獄大屠殺事件，良心上感到憤恨難平，於是與先前的政治盟友分道揚鑣，導致許多人被恐怖統治（the Terror）收拾解決。

蘇菲・格朗尚是羅蘭夫人死前兩年最要好的閨密。她受過良好教育、生性靈敏，屬於中產階級，免費教授天文、文法和文學等課程，在一八〇六年寫下自己的回憶錄，記述她與羅蘭夫人從一七九一年二月開始的親密友誼。從她的觀點來看，這有點像是三角愛情故事——兩人神魂顛倒、欣喜若狂，卻引起蘇菲和羅蘭先生之間的摩擦，因為他們為了獲得羅蘭夫人的青睞而爭寵。兩個女人之間甚至出現「情侶吵架」，到了蘇菲探訪獄中的羅蘭夫人時才和解。

蘇菲是第一個試圖了解羅蘭夫人熱情參與革命政治的心理因素的人。她相信她天賦異秉的朋友，在透過丈夫一七九一年被任命服公職才能表達自己的想法前，一直是過著悶悶不樂的鄉間生活。根據蘇菲的詮釋，羅蘭夫人心中一直「蘊藏著一個祕密的企圖心……未來某天能站上她可以發揮所有才華的舞台」，當她發現那個舞台時，她傑出地傳達丈夫的想法[136]。

如羅蘭在回憶錄中寫道：「如果那是個公告、命令、重要文件……我便拿起筆，因為我比他更有時間。」[137]她小心不說的是，她實際上是「民意辦公室」背後的操盤手，而這個辦公室是由她丈夫指揮。

在獄中，羅蘭夫人對她唯一的女性朋友透露一切。在認識蘇菲前，她的朋友一直都是來自共和政體的男性代表，他們在她丈夫擔任公職期間，在她的家中聚會。在那個小圈子當中，她可以說一直是個女王蜂，對其他女人不大在乎，她認為她們的智商不如她。但蘇菲則是一個例外，她在羅蘭夫人在世的最後幾天，在在證明自己是一位真正的朋友。

隨著行刑日期一天天逼近，羅蘭夫人請蘇菲來送她上斷頭台最後一程：「如果你在場，這段可惡的最後一程就不會那麼可怕了。我至少應該確定的是，在這場可怕的試煉中，能配得上我的那個人，對我不放棄自己的決心，必會致上敬意。」蘇菲答應了這個請求。她在羅蘭夫人離開巴黎古監獄前一小時動身出發，然後佇立在新橋的末端，身上的穿著與她們最後一次會面的那套服裝相同。羅蘭夫人被囚車載往斷頭台，當她一眼認出蘇菲時，蘇菲的眼睛也盯著她：

「她看起來活力充沛，從容不迫，面帶微笑……趨近新橋時，她的眼睛急急忙忙尋覓著我。在這個令人難忘的最後會面地點，當她望見我時，我可以看出她感到心滿意足。」[138]

面對即將到來的悲劇，這段友誼更增添了羅蘭夫人為共和政體理想犧牲，成為烈士的傳奇。其他在場的見證人，也聽見她在革命廣場（現在已改名為協和廣場）自由女神像前講出動人的話：「自由，自由，天下古今幾多罪惡，假汝之名以行！」

羅蘭夫人從未在她的回憶錄中提過蘇菲，雖然有暗示一個（未指名）女人來探監，以及三個忠誠的男性訪客。她未提到她，或許是因為她不想讓蘇菲捲入她自己已經預期到的命運中。也或許蘇菲對於羅蘭夫人想要留下來的故事，不是那麼重要。但很明顯的是，她在這段友誼中才是主角，蘇菲只是沾主角光環的配角。不過，羅蘭夫人選擇蘇菲成為她最後試煉的見證。她選擇一個願意同情她的處境，並將她悲慘命運記錄下來的女人。蘇菲信守她的諾言，當她最親愛的朋友被帶上斷頭台時，蘇菲仍然毫無畏懼地目送著她。蘇菲也是真正肝膽相照的朋友，她後來盡力讓羅蘭夫人榮耀的事蹟永存不朽。

十八世紀末，女性友誼經共和政體的理想重新形塑，不論是在美國或法國，讓許多女人為自己的生命找到一種新的價值。雖然當時女人在這兩個國家並沒有法定權利，但「私人情誼的輕聲細語」，強化了她們想要在政治上扮演更重要角色的欲望——不過，那個角色要等到二十世紀才會完全實現。

# 第七章 浪漫的友誼

我強烈地、公開地、親密地愛你，我高度尊敬你，我毫無保留地信任你。

——史碧樂・馬頓寫給阿黛勒・叔本華的信札，一八三六年三月八日

為何我們要被拆散？……一定是因為我們處於彼此太愛對方的險境中。

——夏綠蒂・勃朗特寫給愛倫・努西的信札，一八三七年二月二十日

親愛的，想像你自己被吻了十幾次。

——瑪莉・富特寫給海倫娜・吉爾德的信札，一八六〇年末

我崇拜艾莉西亞夫人，但那是一種寧靜的愛；我需要的是燃燒的熱情，我當時才十五歲。

——喬治桑，《我的一生》，一八七六年

約一八〇〇年左右，女性友誼開始變得浪漫。英國、法國和美國的女人——僅舉其中犖犖大者，開始用情人的字詞魚雁往返。對女孩和女人來說，稱彼此為**親愛的**（darling）、**心愛的**（sweet）和**寶貝**（precious），以及說要愛對方到天長地久，並不罕見。少女相擁、相親，對於她們迷戀同學也不避諱。女人相信男女關係絕不可能如兩個女人之間的親愛關係那般「真心」，當未婚夫和丈夫帶走她們的好姊妹一起私奔，會讓她們憤恨難平。

美國歷史學家卡特在她的經典著作《女人之間的紐帶》中要讀者注意這個新的心態。她寫道：「根據新英格蘭女人的日記和信札發現，從十八世紀末至十九世紀中，她們發明了一種新的自我意識、理想化的女性友誼概念。」[139]她認為這種典範轉移與女人愈來愈認同「心」（愛、同情、憐憫和同感的象徵）有關。女人應該要對情感比較缺乏的男人打開她們的心，一般的理解是男人比較堅強，也比較理性，因此可以與女人的極端感性互補。這種觀點可以將全女性的友誼提升到比以前更高的評價。

這些改變的根本原因也可以在大西洋的對岸看見，在那裡友誼的崇拜幾乎已經變成和愛情的崇拜一樣大受歡迎。文學上前浪漫運動和浪漫運動（大約一七六一至一八五〇年）鼓勵人深入感覺，並用淚水、嘆息及詩的言語，來傾瀉她們豐富的情感。從法國盧梭的《新愛洛伊斯》（一七六一年）和德國歌德的《少年維特的煩惱》（一七七四年）這兩本世界暢銷小說開始，情感被提升到文化面向的地位，與啟蒙時期的理性原則旗鼓相當。不感性、沒有「天生」的情感、溫柔、友誼和愛的傾向的女人或男人，被視為是有缺陷的人。就是在這種有利的氛圍下，浪漫友誼開始生根。

英國的浪漫作家效法盧梭，也轉向古代希臘人尋找友誼模範。他們想以希臘友誼中被他們視為令人欽佩的友誼為榜樣，但忽略同性戀這部分。舉例來說，十八世紀詩人雪萊翻譯柏拉圖的《饗宴》，提倡四海之內皆兄弟的願景。先不說雪萊的用語，這個理想並未將女性排除在外。不過即使如此，十九世紀女人之間開始流行的浪漫友誼，恐怕雪萊自己也意想不到吧。

像愛情一樣，兩個女孩或兩個女人之間的浪漫友誼，經常是熱情的、專屬的、癡迷的（對於熟悉中學女學生的人來說，這應該不令人驚訝）。少女的迷戀經常從女子學校開始萌芽，甚至在其中一人或兩人都結了婚，仍然持續著，發展成一輩子的友誼。社會不僅接受兩個女人之間有親密的情感，還實際上提倡這種關係作為女性的典範。當男人有他們的工作、俱樂部或小酒店（視他們的階級而定），那麼，對女人來說，還有什麼是比和最好的姊妹淘在一起，更好的呢？

如果兩個女人動了想同居的念頭，沒有丈夫、母親或阿姨當擋箭牌，可能就會有人開始說閒話了。如三十九歲的愛麗諾．巴特勒和二十三歲的莎拉．龐森比，兩人在一七七八年離開愛爾蘭的家，想一起私奔到北威爾斯。她們第一次私奔就遭到家人阻撓，如以下信函所述，是巴特勒小姐的一位親戚所寫：「這兩個私奔的人被逮到了……跟男人無關，看起來只不過是一樁浪漫友誼關係的策畫罷了。」[140]跟同性戀比較起來，兩個女人之間的「浪漫友誼」並不是有損家族名聲的糟糕情事。最後，巴特勒小姐與龐森比小姐的家人允許她們搬到威爾斯的蘭戈倫谷，她們在那裡同居超過五十年，用安娜．西沃德的話說，她們的「神聖友誼，亙久而純潔」，讓她們成為有名的「蘭戈倫女士」。[141]

跟巴特勒和龐森比同時代的人，不會將**浪漫**（romantic）與**女同性戀**（lesbian）畫上等號，這個詞要等到十九世紀末才開始流行。**女同性戀**（lesbianism）是用來描述兩個女人之間的性愛行為，直到一八七〇年代才收錄於社會科學家的字彙中，與男人和女人都適用的同性戀一樣（最早在一八六九年，德文用「Homosexualität」）。在那之前，女性的浪漫友誼通常不會被視為跟性愛有關，所以一個女人可以對另一個女人表達深厚的感情，甚至大膽示愛，也不會讓人懷疑這是不當行為。

美國同性戀歷史學家代米利奧與弗利曼警告我們，不要將複雜的浪漫友誼關係視為單一行為，也不要將之全部推給原始女同性戀（protolesbian）關係[142]。十九世紀時，美國某些有同居夥伴關係的女人似乎對性愛興趣不大或毫無興趣，其他女性伴侶以今天的話來說，也就是性活躍，可能是女同性戀。因此，根據歷史學家史密斯羅森伯格提議的模型，我們可將浪漫友誼視為延伸，從一端的「忠誠異性戀」到另一端的「不妥協的同性戀」[143]。

## 阿黛勒・叔本華、奧提麗和史碧樂

女孩和女人之間情感上的依戀，在十九世紀初英國、德國和法國等國家，已經是一個很熟悉的現象，在這些國家中，浪漫不但迷住讀者們的想像，還滲透到多數普羅文化中。在德國城市威瑪，環繞歌德的男人和女人的文學圈子，就是在這樣的環境中，哲學家叔本華的妹妹，也是最暢銷作者喬安娜的女兒阿黛勒（一七九七～一八四九年）發展了她的第一次偉大的浪漫依戀，她先後跟兩個女人熱戀。最近一篇詳盡的傳記以阿黛勒為例，敘述在德國知識份子的複雜氛圍中，有浪漫關係的朋友可能做到的事[144]。

我們擁有來自阿黛勒的信札和日記，以及來自與她同時代的人所撰寫的觀察等等有關她生活的大量紀錄，所以我們可以呈現比其他十九世紀歐洲或美國女人更詳細的故事，當時那些女性的熱情友誼只有被稀疏地記錄下來。阿黛勒的友誼和本章所選的所有其他範例一樣，必須與她們的特定文化背景和關鍵的歷史片刻一併了解。同時代的英國作家安娜・詹森將阿黛勒與史碧樂·馬頓的伴侶關係，視為「本質上很德國」。她壓根可能沒想到，會在一對英國女性情侶身上發現同樣的特性[145]。

阿黛勒小時候與她守寡的母親來到威瑪，她的母親迅速建立成功的文學沙龍（這個法文詞彙已經被德國人採用），甚至吸引了文學大師歌德。歌德不僅與喬安娜交朋友，也與她早熟的女兒阿黛勒有交情，他相當喜歡阿黛勒，他幫忙輔導她的文化教育，保持亦師亦友的關係，直到他離開這個世界。

阿黛勒小時候的朋友奧堤麗·帕格維什是她親愛的同伴，直到她二十六歲。在現存來自她們一生魚雁往返的信札中，其中有一封阿黛勒寫給奧堤麗，說道：「我會用盡我生命的力量來愛你……如果你不快樂，我也活不下去，因為唯有你了解我所有的想法，並和我一樣經歷過一切。」[146]友誼在這裡呈現為完全認同對方，令人想起亞里斯多德眾所周知的異體同心。

奧堤麗回覆阿黛勒的熱情，我們可以從她一八一六年七月的信函中看出，她寫道：「只要你是屬於我的，我將會永遠快樂。你會一直屬於我的嗎？有什麼東西會將我倆分開呢？」[147]諷刺的是，將她們分開的是奧堤麗決定嫁給作家歌德當時活在世上的唯一兒子奧古斯特·歌德。不過，阿黛勒在奧堤麗整個不幸福的婚姻中，一直當她最好的閨密；她甚至幫奧堤麗與別的男人發展婚外情。但是，阿黛勒在日記中抱怨說，她們比以前更少見面，沒有人會像她愛奧堤麗愛得如此之深[148]。

一八二八年，當阿黛勒遇見史碧樂・馬頓時，她改變了想法；當時史碧樂已婚，並有六個孩子。阿黛勒很快便墜入了史碧樂的情網，如她寫給奧堤麗的一封信可以佐證：「我相信除了你外，我從未這麼愛過任何人。」[149]

阿黛勒與史碧樂的關係剛開始的前四年，阿黛勒與她的母親會和史碧樂在她距離波昂約四十八公里、位於溫克爾的家一起度過夏天。在那裡時，和她冬天在科隆一樣，史碧樂開設了一家與喬安娜在威瑪相似的沙龍。史碧樂對考古學和古董的興趣，讓她的交友圈子，包括作家、哲學家、音樂家、藝術家等等，多了一個特殊面向——阿黛勒在這個圈子裡如魚得水。在她與奧堤麗的來往書信中，阿黛勒列舉史碧樂的多項才藝：她讀神話、歷史，以及翻譯的拉丁文書籍；彈鋼琴技巧相當好；對藝術、雕刻和詩也有興趣。還有，由於史碧樂冷漠無情的丈夫路易斯・馬頓仍留在他們位於科隆原來的住所，專注於他的銀行家工作，阿黛勒和史碧樂才能終日相守，不受男人干擾或妨礙。

她們的友誼在第二年夏天甚至比第一年更為無憂無慮。這兩個女人於溫克爾重逢後，小別勝新歡，變得更加「難分難捨」。阿黛勒寫信給奧堤麗，她的措詞用語應該連她之前最要好的朋友都會嚇一大跳：「我不記得我一生中有過這麼值得信任的友誼……我認為你最好將我們比喻為兩個相見恨晚、接著馬上結婚的愛人。如果她不幸死了——我會立刻跳萊茵河。」[150]

她們一起唸歌德的《威廉．邁斯特》系列小說，寫詩，並很高興收到名為《混沌》的第一期週刊，這本刊物是阿黛勒在歌德的贊助下於威瑪創刊。像十九世紀大西洋兩岸許多女人一樣，她們甚至睡在同一張雙人床上，德文稱為「法式床」。有約兩個月的時間，史碧樂藉口身體欠佳試圖待在溫克爾，而丈夫和六個孩子都沒在身邊。

她們親愛的友誼關係經過四年後，阿黛勒的疑心病開始發作，懷疑她在史碧樂的心目中不是唯一。當知名詩人安內特．德羅斯特徽爾斯霍夫出現時，阿黛勒竟然醋勁大發。後來當史碧樂生大病，安內特隨侍在側照顧她時，阿黛勒更是把醋罈子整個打翻了。

另一個可能的情敵是安娜．詹森，她透過與奧堤麗的朋友關係打入她們的圈子。在她的一本書中，安娜用以下方式來描繪阿黛勒和史碧樂這對情侶，但未指名道姓：

> 在她們的內心深處是彼此對抗著……即使她們欣賞對方：兩人不但以才華洋溢與非凡創意聞名，而且都是德國人，非常道地的德國人。英國社會及英國教育下，不可能會出現這樣的兩個女人。[151]

安娜應該是要指涉她們嚴肅、不苟言笑、聰明才智超高的特質，但她也應該是在暗示史碧樂盛氣凌人的個性。安內特描繪她心中的史碧樂是一個「能幹的家中指揮官」，屬於「穿褲子」之流的女強人[152]。其他人大都將史碧樂看成是一個怪胎，但大家都同意她才華出眾。過去曾經只有少數女人敢遠離孩子、教堂及廚房，史碧樂卻對考古學有興趣，後來甚至在羅馬進行考古挖掘，並收藏許多精緻古董，其中有一批最後輾轉來到大英國博物館內。從她諸多成就來看，史碧樂可以說是一個真正的「文藝復興人」。

她與她的幾個孩子從一八三五至一八三六年待在義大利，明顯因為健康因素，因而開始了與阿黛勒的長期分離。雖然她有了另一個女伴，然而她不但在日記中表達了對阿黛勒的思念，還將這份愛意化成文字寄給她：「我因為生活的需要，來到了這個遙遠的地方，我必須對你說：我非常強烈地、公開地、深切地愛你，我非常尊敬你，我毫無保留地信任你。」[153]

阿黛勒和史碧樂直到一八四二年才真的再次相聚，當時路易斯．馬頓已過世，讓她們可以一直高枕無憂在一起。此時，阿黛勒已經成為更有名氣的故事和小說作家，不過她的名氣永遠不如她的母親，更別提她的哲學家哥哥叔本華——他在過世後更是聲名大噪。史碧樂由於繼承丈夫很大一筆遺產，所以生活也變好。現在她可以在她最愛的義大利過冬，身旁有阿黛勒陪伴。她們過著規律的生活，參觀教堂、宮殿及博物館，讓她們倆心花朵朵開。阿黛勒後來寫信給她的哥哥時說，與史碧樂一起住在義大利讓她無拘無束，她可以追求新的興趣和想法。

史碧樂從一八四五至四六的冬季，在羅馬中部租了一間小房子。阿黛勒占了旁邊兩個房間，不過多數時間她們共處一室。根據熟悉這類集會的德國作家芬妮·萊瓦爾德的說法，史碧樂創立一間國際沙龍，成員號稱有「沙龍女士、博學的紳士、神職人員、優良的管家、藝術家、音樂名人、旅遊玩家、主教和女作家、商人和王子、大使和律師、醫生及優雅的女士」[154]。

就連奧堤麗·歌德也來參加史碧樂創立的「星期二」沙龍，為其增光。在失去女兒後，對奧堤麗來說，比沙龍更重要的是她兩個朋友的慰藉；她之前搬到維也納，她的女兒在那裡因罹患傷寒而一病不起。奧堤麗從安娜·詹森感情上的支持受益；自她們十幾年前認識後，安娜就是一個很親密的朋友。她在維也納待了兩個月幫助奧堤麗度過悲痛的時期，她離開後，安娜立即寫了一封充滿愛意的信給奧堤麗：「親愛的奧堤麗，當我與你道別時，我比以前更深深地感覺到我有多麼愛你。」[155]

這些話代表英國和德國女人在親密的友誼中習慣使用的言詞。當一個女人向另一個女人傳達她們內心深處的情感時，「我愛你」（德語：ich liebe dich）以千百種說法躍然紙上。我們應該把這些用語視為我們現在所謂女同性戀關係的暗示嗎？這有關係嗎？顯然只有女人可以感受到不一定是屬於性愛的愛意。可以確定的是，和阿黛勒及史碧樂一樣，當奧堤麗需要她時，安娜便來幫助她悲傷的朋友。浪漫的用語撇開不談，以前的女人就是這麼為朋友做的，現代的女人仍然如此。

阿黛勒的晚年——她在一八四九年過世，多數時間在義大利與史碧樂一起過冬，其餘時間則在德國。這些年間，她主要在和史碧樂的子女處理複雜的法律問題，他們看見自己的媽媽緊緊黏住阿黛勒，感到十分氣憤。阿黛勒本身也與她的哥哥叔本華有金錢上的來往，不過叔本華與自己的妹妹則保持距離，也與他們的媽媽有距離，因為他們的媽媽企圖要分到更多遺產。而叔本華與女人的關係（或是與男人，就那檔事而言），是沒什麼好說的。他討厭女人是出了名的，他在寫作時表明他對女人的輕視，尤其是在《附錄與補遺》中。和阿黛勒的女性朋友不同，他甚至在她臨終時也不願去見她最後一面。

阿黛勒很不幸有如此厭惡女人的哥哥，但她也有幸在她三十五歲前認識歌德，歌德對女人可一點都不敵視。相反地，他很愛女人，心胸也夠寬大，可以了解阿黛勒愛的是其他女人。私底下，德國人會稱這樣的女人「違反天性」或「怪胎」，但他們在公開場合上不會將她們排斥在外，尤其是她們之中有些人才華洋溢且相當富有。

阿黛勒最後的日子是在史碧樂波昂的房子裡度過。史碧樂每天摘取新鮮的玫瑰花放在她的床邊，當阿黛勒疼痛難耐時，史碧樂便給她喝烈酒和吸鴉片。阿黛勒即將離開人世時，她的初戀情人奧堤麗趕來見她最後一面，讓她十分開心。奧堤麗與史碧樂也成為朋友，當阿黛勒過世後，她們的友誼仍持續著。阿黛勒於一八四九年八月十日立下遺囑，除了一大筆錢指定給哥哥叔本華外，所有財產全部留給史碧樂。八月二十五日，她在親愛的伴侶懷中撒手人寰。

史碧樂將阿黛勒的大體洗淨收殮在棺木內後，接著下葬於波昂舊公墓內。她在墓碑上用義大利文刻上：「阿黛勒・叔本華（Luise Adelaide Lavinia Schopenhauer）長眠於此，享年五十二歲，她心靈高尚，才華出眾，事親至孝，待友真誠……此碑係由她悲傷欲絕之友史碧樂・馬頓所立。」在墓碑上刻下這些文字作為女性友誼的見證，不論在任何語言中，都屬罕見。

## 喬治桑

文學人物的生活當然比其他人更好記錄。在其自傳中，知名法國作家喬治桑（一八〇四～七六年）用大量篇幅描繪幾位女子，她們在她還是個少女時，一起在巴黎一所女修院學校就讀；她的同學稱她為奧羅爾・杜潘[156]。奧羅爾最要好的三個女同學——蘇菲、芬娜麗和安娜，她們都被一個規定約束，她們必須根據年代用不可改變的順序寫出一份最要好朋友名單，不論以後是否有變心：「一旦我們決定讓一個女孩排第一，我們就無權把她的第一奪走並給予別人。排資論輩的規定與法律無異。」[157]

她的朋友芬娜麗．布里薩克在名單上雖然只排到第三名，但在她的心目中卻是第一名。喬治桑後來寫道：「儘管有這份名單，儘管有資歷規定，儘管有交換承諾，我不禁感到我愛芬娜麗勝過所有其他人。」她將芬娜麗描述成一個藍眼、如天使般美好的人，「個子小、金髮，如玫瑰般鮮豔，活潑、開放、親切，光是看著她就令人愉悅」。即使在女修院畢業後她們沒有繼續來往（在歐洲和美國，在離開寄宿學校後，有無數的女孩都是這樣），喬治桑對於她們的感情會長久保持是毫無疑問的：「有一件事我非常確定，就跟我確定自己的存在一樣，那就是芬娜麗仍然溫暖而溫柔地愛著我，沒有任何烏雲遮蔽我們三十年前對彼此無法抗拒、完完全全的理解，只要她想到我，她就會知道她愛我，而我也愛她。」[158]喬治桑是屬於最早指出青春期是充滿純情、不同於其他年齡層階段的人，這份情感對個人的記憶相當珍貴，因為它是如此自然、純真。

事後回顧，她批判女修道院不必要誇大貞潔與恐懼親密的友誼：「我們被禁止不得成雙成對步行；聚會時，規定至少須有三人；我們禁止親吻；校方對我們天真的寫信行為有疑慮；如果我們天性有一絲邪惡的話，所有這些禁忌反而會帶給我們想像的空間。」[159]早期教會警告不得有「特殊友誼」，這個想法在女修道院中早就灌輸在她們的腦海中，直到永遠。

當喬治桑成人後，有關她與演員瑪莉．杜瓦關係的謠言不斷傳出；這段親密友誼從她二十九歲，瑪莉三十五歲時開始。根據她們之間的通信和喬治桑的自傳紀錄顯示，兩個熱情的靈魂被她們磁吸般個性的純粹力量吸引在一起。她們發現對方有一種互補的藝術家性格，和一顆對最親密女性私密敏感的心。當然，喬治桑因為與許多男人的浪漫感情更為有名——詩人繆塞及作曲家蕭邦，這些只是其中最知名的兩個男人。

但是，早在她成為知名作家喬治桑很久之前，她跟許多在鄉間長大的女孩一樣，可以和男孩與女孩一起自由遊玩。當她十三歲被送往巴黎並生活在全部是女人的世界時，她將感情投注在身邊幾個女孩，甚至幾個優秀的修女。她對艾莉西亞修女的敬愛「孤獨地閃耀著，勝過她們所有人」，就像太陽一樣[160]。迷戀同齡的女孩以及年長媽媽型人物如艾莉西亞修女，是女修道院學校內被性別隔離的女孩常見的事。當法國在一八八〇年代開始實施義務教育時，如果市政當局無法支付兩所小學的費用，就會允許男女合校的教育。不過，所有中學都是男女分校，特意將男女隔開。女孩被限制在同性別的團體中，將青春期釋放出來的爆發情感投射在彼此身上，實不意外，今天我們仍然可以看見這樣的現象。

後來，當喬治桑結了婚並為人母之後，她返回巴黎開始寫作，與丈夫相隔兩地。她有許多要好的朋友，男女都有，包括知名小說《包法利夫人》的作者福樓拜。這種情況毫無疑問地相當不尋常。婚姻和家庭占據了法國女人全部時間，和全世界絕大多數女人一樣。如果她們有時間交朋友，首要對象也是自己的親人，姊妹、堂表姊妹及阿姨姑嬸，接著才是住在同村、同鄉或同一個城市的女人。距離遠近在十九世紀仍然很重要，對女人交友來說也不例外。在小時候及青春期時認識的朋友，那些曾經有過尷尬私密、自然地擁抱的朋友，和聲明做一輩子朋友的人，她們會被記在女人的內心裡，而且經常一記就是一輩子。

## 夏綠蒂·勃朗特

在英國和美國的學校中，激烈摯愛的友誼同樣也很流行，最早從一八二〇年代和一八三〇年代開始，當時是浪漫主義的極盛時期。據知，英國知名作家、《簡愛》作者夏綠蒂·勃朗特（一八一六～五五年）與愛倫·努西在寄宿學校時就已經建立浪漫的友誼關係。後來，當夏綠蒂二十一歲時，她在她們一起念過的學校裡擔任助教，她寫給愛倫以下這段文情並茂的文字：「為何我們要被拆散？當然，愛倫，那一定是因為怕我們愛得過火——怕因為對**受造物**（the creature）的崇拜而看不見**造物主**（Creator）。」[161]身為英國國教牧師的女兒，夏綠蒂由於對另一個凡人的愛太過強烈，因此不是太在乎她所愛之人的性別，更別提怕會減少她對上帝的虔誠之心。她們一生情感上的羈絆，主要是透過書信往來維持，直到夏綠蒂因為懷孕併發症而很年輕時就離世為止。

## 兩個女人之間的浪漫愛情詩篇

十九世紀的英美文化鼓勵女人寫作和出版有關她們女性朋友的性靈詩篇，這是遵循兩個世紀前英國女詩人凱瑟琳・菲利浦的腳步。就溫柔、渴望和永恆承諾等等的表達來說，這些詩篇的熱情可不輸異性之間的情詩。這些詩篇經常包含過去的甜美回憶及未來相會的幻想，也有不時的嫉妒或對愛人離開人世難以忘懷的悲痛。

桃樂斯・華茲華斯（英國桂冠詩人華茲華斯的妹妹）在一八二七年寫了一首詩給她的閨密茱莉亞：「我很樂意敞開我的心／對一個親愛的朋友，在所有的愛和所有關懷中／以及深藏在那裡的每一份喜悅／都有她的參與。」這種無憂無慮的感情注定是沒有結果的，以前和現在許多人都是這樣，因為茱莉亞結婚了：「我們分開了，真是令人憂愁萬分；責任所使；／我的朋友，不久就要成為幸福快樂的人妻了。」未嫁的桃樂斯將她甜美的回憶呈現出來，這是與她朋友遠方跳動的心連結的唯一證明：

你沒有問，也不需要問
我寫的詩了；你也不會再留心
我絞盡腦汁押韻掩飾的一聲問候
我的心依然駐守
隨著你的心在跳動。162

其他十九世紀英國作家，包括伊莉莎白．巴雷特．勃朗寧和羅塞蒂，從一八三七至一九一〇年在維多利亞統治期間，都不斷提倡這種浪漫友誼的狂熱崇拜。試舉一首來自羅塞蒂的詩〈走過〉，這在她的閨密過世後所寫：

她最像一朵玫瑰花，綻出新芽最為罕見
她最像一朵百合花，隨風吹動最為讚嘆
她最像一朵紫羅蘭，在河岸旁最為甜美
現在的她只像白雪，既寒冷又任憑風吹
……………

這個世界待你不夠好，親愛的，我的摯愛；
一生對你似乎很長，對我卻是飛逝不再。
如果許我一個願望，我不希望你回來：
我只盼望傳達給遠在天堂的你——我的愛。[163]

死亡作為朋友之間的最後分離，以及基督徒希望在天堂再度相聚，是這首詩以及羅塞蒂同時代許多其他維多利亞詩篇的共同主題。

美國詩人也不落人後，他們挑起女性友誼的話題，用各種不同的藝術價值的文字表現出來，一個有代表性的例子是法蘭絲·歐思葛於一八五〇年所寫的〈友誼花園〉：

我正在我的友誼花園除草，
直到只剩下花兒為止。
……………
而你，你嬌嫩的花朵，有愛，
純潔、溫柔、優雅以及天真，

應成為我花園裡的女王玫瑰，
讓愛的陽光與露水來滋潤你。164

《姑蒂淑女書》是十九世紀當時最受女人歡迎的美國雜誌，這本雜誌在許多文章、故事及詩篇中，歌頌女人之間的情感關係，尤其是詩篇，讓年輕女人抄進她們朋友的簽名相簿中，或是縫到閨密的被單上。社會普遍相信女孩和女人可以也應該彼此相親相愛，直到一個適合的白馬王子出現為止。

## 美國女學生

和英國一樣，美國寄宿學校，從南到北，從東到西，都是親密女性友誼的天然溫床。這些中上層階級的女孩在十幾歲時就離鄉背井，家人鼓勵她們與同學及老師保持緊密的關係。在《史嘉蕾的姊妹》一書中，安亞·賈巴爾記錄了美國南北戰爭前，女生之間浪漫友誼的普遍現象，她呈現出一幅令人信服的南方女孩全景畫。在她們那個享有特許的青春時期，女孩們不再受父母親的直接監督，也還沒有受到為人妻和為人母沒完沒了的要求，她們在彼此身上尋找感情上的滿足。她們的信札、日記、自傳以及簽名簿，都充滿了渴望「熱情的愛」、「唯一一個真正的朋友」[165]等等諸如此類的話。

來自阿拉巴馬州的羅拉・坎達爾，對她的「親愛的」、「甜心」蘇西傾瀉激烈的情感：「我如此熱情地愛她。」當她們要分離時，羅拉抱怨感覺不到她朋友「甜美的紅寶石色的嘴唇」貼在她自己的嘴唇上。當蘇西畢業後，她們承諾「每當暮光時分時，都要想念著對方」[166]。

和喬治桑的情況一樣，這些南方女孩對於心上人有她們自己珍貴的儀式。根據了解，女孩可以和最要好的姊妹共用一張教室桌子、宿舍房間，或甚至是同床共枕。有些女孩互送花朵或糖果，或甚至可作為永恆紀念的物品，如一綹頭髮或戒指。有些人則是寫詩或唱深情動人的歌曲，來送給她們的心上人。她們公開相互擁抱並親吻，一起牽手讓全世界都看見。當學期結束要放寒、暑假時，所有人都依依不捨，淚流兩行；當畢業時，她們甚至嚎啕大哭，有如生離死別。

畢業要離開學校時，年紀大約十七歲，她們互相交換畢業紀念冊簽名，證明友誼在她們的少女時代中是在首要位置，即使從今以後將各奔前程，仍表達友誼會持續的期望。一八五九年時，一個來自北卡羅來納州格林斯博羅女子學院的同學，將瑪莎・安・柯帕翠克一首相當知名的詩抄錄到畢業紀念冊中：

上帝保佑愛將讓我們再度相逢
我們將永不分離！
或許日後我們將天各一方，
但我仍希望我們心心相印。[167]

畢業紀念冊在美國寄宿和公立學校進入二十世紀時，蔚為風潮。

路西・凱普哈特回顧她一八五〇年代在北卡羅來納州在聖瑪莉女子中學就讀時，她以懷舊的心情追憶似乎已經消失的一種友誼形式：「我不知道現在〔一九〇六年〕女學生擁有『女朋友』是不是依然風行，但在當時的確是；這種熱愛你難以想像……我的女友是愛倫・皮爾森；看見她笑……讓我快樂似神仙。」[168]

路西・凱普哈特的評論再次提醒我們，即使某些我們認為是永恆的事，像是友誼，也會因為時代不同而出現不同的樣貌。她一生中，見識到女孩的交友模式發生巨大變化。到了一九〇六年時，不再「流行」女學生熱烈追求同性別的女生。在路西・凱普哈特年輕時，這種追求可是讓美國中上階級的女孩趨之若鶩，而且不會受到責罵。

## 盧愛拉・凱斯太太和莎拉・埃哲頓小姐

在少女時代體驗過無所不在的友誼後，美國女人有時會在成人時期形成同性依戀，和一般女人對男人的感情可說不相上下。以盧愛拉・凱斯太太和莎拉・埃哲頓小姐為例，她們住麻薩諸塞州，也是一八三〇年代及一八四〇年代頗有抱負的作家。根據兩位博學的學者所詮釋，她們的親密伴侶關係是「用情愛語言來表達，這也是十九世紀女性友誼的特有風格」[169]。

就像許多這個時期的美國女人一樣，凱斯太太和埃哲頓小姐兩人是在教會認識，她們參加普救論教派教會並為普救論教派刊物撰寫文章。不久，她們開始寫一些文情並茂的信札給對方，表達相同的感性，進而有想在一起的念頭。凱斯太太以哲學的口吻說道：「人生苦短，能遇到知己的又有幾人……人真是可憐啊，有如此多的雜音，最後友誼才是值得被信奉為理想的善，勝過真實且可能的事物。」[170]埃哲頓小姐的文字則是充滿了詩意的幻想：「當花兒盛開，鳥兒飛來時，請來到我的身邊，我們會和牠們一起住在綠色森林的遮蔭處——我們會帶著紙和書，一起閱讀及討論，擬定計畫，成為有史以來看顧花兒最快樂的編輯森林女神。」[171]凱斯太太在這個田園般的幻想上繼續發揮，用手對黃蜂一揮——明顯是指她的牧師丈夫，想把牠嘘走：「如果我們可以住在一起，工作在一起……當你從我的嘴唇吸走一些憤怒的黃蜂的毒液後，我就會非常快樂。」[172]

這兩個女人的深情友誼關係維持了五年，直到一八四四年為止，當時埃哲頓成為一個神學院的學生。一八四六年時，她嫁給一位甫接受任命的牧師，至於凱斯太太則離開了她擔任神職人員的丈夫（原因不明）；她過著與丈夫分居的生活，直到十年後過世為止。至於埃哲頓則是年紀輕輕就離開人世，令人錯愕：一八四八年，在生下女兒之後一年，她突然撒手人寰，讓她的丈夫悲慟不已，也與曾經一起分享最初神職人員夢想的朋友永別。

## 波士頓婚姻

當兩個女人之間是柏拉圖式的關係時，如同上述這段關係，可能會看起來像是社會可接受程度的異性戀情。不過，同性關係（在這裡被視為浪漫友誼的不同版本）無法在十九世紀的美國和英國女人之中公開進行。的確，有時她們可以同居，卻被視為是「清白的」，也就是沒有性愛關係。在美國，這樣的結合就是所謂「波士頓婚姻」。

波士頓婚姻允許兩個單身女人，通常是來自中產階級的有工作的女人，同居生活在一起。女同性戀歷史學家先驅莉莉安・費德曼已經大量研究過這種方式的結合，她認為這種關係「表現上可能不是用生殖器官」，儘管其關係當然是「非常熱情」[173]。社會將波士頓婚姻視為合法婚姻的合算替代方式，正因為它看來似乎沒有性愛關係，因此不會對異性戀構成威脅。

由於過去女性的性愛關係需要保密，歷史學家必須大費周章尋找信札、日記、回憶錄或詩詞，記錄史密斯羅森伯格所謂女人之間的「不妥協的同性戀」。不過，學者研究有時還是會有驚人的發現——完全意想不到的文件，剛好可以填補空白。譬如發現安妮·李斯特的日記就是這樣。

## 安妮·李斯特、瑪麗安娜·貝坎比·羅頓和安·沃克

安妮·李斯特的日記寫於一八〇六至一八四〇年間，共計四百萬字，其中有些用密碼寫成。這些日記原封不動放在安妮位在英國哈利法克斯鎮的施博登大廳的家中，直到一八八七年時，她的一個遠房親戚約翰·李斯特決定出版這些日記的摘錄。在一位古文物朋友的協助下，約翰·李斯特才能解開編碼片段，但他發現這些片段太過驚人，以致他連一個字也沒有公開過。他將施博登大廳內這些日記放回原處，這些日記保持原封不動，直到一九三四年時，這棟房子贈給哈利法克斯鎮民並改裝成一間博物館。當時，鎮書記聯絡古文物商，他在心不甘情不

願的情況下提供金鑰的密碼。不過，即使研究人員擁有此把金鑰，日記中包含的祕密又被隱藏了半世紀。接著，一九八〇年代初，一位當地學者海倫娜・惠特伯瑞德開始研究這些日記，產出兩個版本給一般大眾閱讀，後來英國廣播公司（BBC）甚至根據這些日記製作了一齣電視影集[174]。

如果你沒有讀過那些編碼的段落（大約占日記的六分之一），你很難想像像安妮・李斯特這位小有地產的仕紳階級，是一個有點古怪但受人尊敬的人。她自己也承認，她的「怪僻」主要是偏愛和女人在一起，發誓一輩子不結婚，並只穿著黑色衣服。早在一八〇六年她的日記中記錄她只喜歡女人，當時她住在寄宿學校，在那裡展開了她的第一次浪漫友誼。後來，她跟幾個女人有過親密的關係，包括她一生的摯愛瑪麗安娜・貝坎比・羅頓。在瑪麗安娜結婚後，這段關係仍然持續著。如果有人想將安妮・李斯特的友誼解釋為柏拉圖式的愛情，而讀到她充滿希臘文字及代數代碼這些段落時，他可能會踢到鐵板；這些代碼是安妮在少女時期發明的。這些段落赤裸裸地描述她與女人的性愛關係：她所謂「戀慕」（amorosos）經常包含性器官的接觸，達到高潮，則用吻或X等字來表示。雖然安妮一生中（一七九一～一八四〇年）有許多情愛經歷，但她與瑪麗安娜的往來似乎最為刻骨銘心。她在一八一二年愛上瑪麗安娜，當時她們都是單身，儘管後來瑪麗安娜結婚帶來阻礙，但她們仍持續相愛。她們的浪漫友誼發展十年後，安妮在施博登大廳用代號寫在日記中：「M——今晚心情相當低落，我們坐著聊天&彼此撫慰&後來邊玩邊調戲&愛撫的興奮。我們心心相印，兩顆心變成一顆心。我們從未這麼深愛&信任對方&承諾從現在開始，要在一起六年，希望上天讓我們如願。」[175]希望生活在一起六年是有根據的，因為瑪麗安娜的丈夫查爾斯·羅頓比她更老，應該會早她一步走。

當她的叔叔在一八二六年過世，安妮·李斯特繼承施博登大廳時，瑪麗安娜短暫離開查爾斯。日記生動地記述了這兩個女人再度相聚時的細節：「昨晚睡得很少，幾乎一直在聊天，直到早上約四點左右。去瑪麗安娜的房間四次，最後一次是起床前。她說吻了八次，我算則有十次。」[176]這兩個女人明顯過著幸福快樂的日子，性生活方面也相當契合；但是，或許是怕如果離開她的丈夫過久，會馬上惹來閒話，所以瑪麗安娜只能無奈地先回到查爾斯身邊。

安妮仍決心要找一個人來做伴侶兼實際上的妻子，分享她的生活。此時她更為實際，也更有成就。她糾纏住一個稍微年輕、性情有點不穩定的女人，名叫安·沃克，她是擁有附近房產的富有繼承人。雖然她們的關係缺少安妮·李斯特與瑪麗安娜情感上的強度，但在性愉悅上可一點都不缺呢。且讓我們來瞧瞧安妮在一八三四年一月八日寫的日記就知道：「昨晚的愛撫及緊抱：她對情愛的需索既多且久，在穿上內褲的情況下，我已經盡可能親吻。」一八三四年二月十日，再次記述：「她剛開始時疲累、昏昏欲睡，但過了不久，欲望被喚醒&在長久摸索期間，我們從未有過如此美好的體驗。」兩天後，這兩個女人決定送給對方戒指象徵她們的結合。二月二十七日，安妮．李斯特信心滿滿地寫下，她們的結合「現在可以了解確定是永永遠遠」。到了五月時，她感到完全滿意，安．沃克已經完全屬於她了：「她說她愈來愈喜歡我了，當然現在似乎對我十分關心。我想我們會相處得非常好。」[177]

一八三四年夏天時，這兩個女人將她們的收入用來做一趟法國和瑞士的闊氣旅遊。回國時，她們住進施博登大廳，像一對結了婚的夫妻般一起生活，不過還有安妮．李斯特的嬸嬸。雖然親朋好友及鄰居對這個神經質的年輕女繼承人及這個強勢的女人（有時被稱為「紳士傑克」）的同居有些閒言閒語，但當地人漸漸地還是接受了她們的安排。她們毫不掩飾的婚姻直到一八四〇年安妮．李斯特到俄羅斯旅行時早逝，才畫上句點。這個害羞的妻子將她伴侶的遺體帶回，葬於哈利法克斯教區的教堂。

在其所編輯的安妮．李斯特的日記後記中，吉爾．列丁頓評論了這兩個女人的關係：「安妮．李斯特當然利用了安．沃克的財富和她的寂寞：如果沒有將她們的婚姻視為弱肉強食，將會很難讀懂一八三三至三六年這段期間的日記。」[178]我們很好奇，這段同性戀感情與維多利亞時代其他異性戀的婚姻究竟有何差異？顯然，作為「丈夫」的安妮．李斯特關心的是她們房產的財務管理，她重視金錢似乎勝過一切，包括愛情在內。不過，她的確在乎安．沃克，由於天性溫順，安．沃克似乎也很賢淑地適應這樣的特殊安排。

安妮．李斯特有一長串的女同浪漫史，先是與瑪麗安娜，接著是安，連在浪漫友誼另一端的是，愛與性相互交織。不論我們使用什麼術語，安妮．李斯特不但能在其個人生活中找到滿足，還能有相當尊嚴地生活著，這與她堅毅的性格以及當時代人的禮貌有相當大關係。而且雖然英國是一個注重禮貌的國家，但對於怪人似乎情有獨鍾。整體來說，英國人能容忍安妮．李斯特自稱的「怪僻」，並讓她維持柏拉圖式友誼的樣貌，不管謠言如何，這兩個女人並不否認她們自己就像擁有異性戀男女的肉體之歡。維多利亞社會傾向於將女人視為無性動物，家裡的天使，沒有肉體的欲望。

在十九世紀末葉前，英國、歐洲及美國的女人能公開對彼此示愛，而不會引來太多側目。雖說女人之間的性接觸是個禁忌，必須偷偷摸摸，許多浪漫友誼都是用擁抱、親吻等公開的身體接觸，或是床上愛撫，尤其是少女之間，不過有時候也包括成熟女性在內。因此，伊莉莎．舒拉特在蘇菲．都彭結婚後，從新澤西州寫信給住在德拉瓦州的她：「我希望我可以和你在一起，我指的是身、心、靈都在一起，我會**將你的好丈夫踢下床**，並蜷縮進你的懷裡，我們會大聊一番，就像以前一樣。」[179]

## 瑪莉・富特和海倫娜・吉爾德

在年輕美國女子瑪莉・富特寫給她親密的朋友海倫娜・吉爾德的信中，很明顯也有這樣的肉體渴望。瑪莉與海倫娜於一八六〇年代在紐約市相識，當時她們在庫柏聯盟學院念藝術。這兩個年輕人對於能一起在大城市中感到十分興奮，並發展出一種穩定長久的友誼，持續了將近有一個世紀之久。此時，她們經常魚雁往返，其中有大約五百封信被保存了下來：四百封是瑪莉寫的，一百封是海倫娜寫的[180]。這些信札顯示兩個來自不同背景的女子，最後雖然各奔前程，但她們仍維持著一種親密和牢不可破的感情，跨越了時間和空間。

瑪莉是古老貴格會的後裔，貴格會在紐約州密爾頓土地耕種了五個世代。她的家族是屬於過著舒適生活的中產階級，卻相當節制，並且偏好鄉間野趣。海倫娜則出身於紐約社會的上層階級，小時候多數時間居住在歐洲。她後來嫁給一位紳士詩人出版商李察・吉爾德，因而認識許多當時最有影響力的人物，包括格羅弗・克利夫蘭總統及他的夫人。瑪莉後來嫁給一位工程師，將她帶到西部的採礦營區，他們的財務狀況相當不穩定。

在一八六〇年代和一八七〇年代期間，瑪莉從紐約州密爾頓寫信給海倫娜，當時海倫娜住在哈德遜河的另一邊，相隔了七十五英里（一百二十五公里），瑪莉變成「追求者」。她稱她熱愛的朋友為「我親愛的海倫娜」、「我親愛的女孩」、「我最親愛的女孩」、「屬於我的親愛的女孩」、「親愛的」、「親愛的女孩」等等，在信件下方署名「依戀你的朋友」、「最愛你的人」、「永遠愛你的人」、「你會永遠愛我嗎？」」等等。這些信札有許多因為瑪莉想要與海倫娜在一起的渴望所產生的悸動，也有她對將她們分隔兩地的「命運」的怨恨。幾乎有長達十年的時間，她的愛似乎都得到了回報。

然而，瑪莉最後被迫接受她想與海倫娜一起白頭偕老希望的破滅。緬懷過往，她承認她們兩人的美滿小世界已經是過往雲煙。「我永遠會記得……至少曾經，我長期幻想著我們會永浴愛河。」[181]

甚至在海倫娜結婚並成為人母後，瑪莉寫下這段話來完全表達她衷心的渴望：

今天早上菲爾和我整理好你的房間和床後不久，就收到你的來信。我想今晚在我們的床上，我親愛的女孩的臂膀會讓我的頭靠著，這讓我有一種奇怪的虛弱地顫抖的感覺，我這輩子只有過一兩次這樣的經驗。然後，我想我必須見你一面，不是要「討論事情」，我不在乎事情，我只要你愛我……我只想將全世界我最愛的女孩摟在懷裡，告訴她我要去紐約或待在家裡，她署名的是「敬上，你的朋友」或「你最親愛的女孩」，我知道我愛她就如妻子（而不）愛她們的丈夫一樣，就如要交一輩子的朋友——並且相信她，就如我相信上帝一樣。182

當然，瑪莉對海倫娜的感覺代表那種最終的承諾，一般比較像是與結婚或是宗教信仰有關而不是與友誼有關，如瑪莉自己公開說過。雖然不論在哪個時代友誼很少會達到這樣的境界，但在瑪莉和海倫娜的時代，許多女人相當深情且性感，不一定跟性欲有關。她們一起躺在床上，將頭靠在朋友的胸部，懷孕期間給彼此的身體抹油，分娩時互相幫忙，甚至睡在臨終朋友旁，直到她嚥下最後一口氣。儘管女性友誼與婚姻之間存在著潛在衝突，但新娘帶著她的好姊妹或是最要好的閨密一起度蜜月，幫助她適應婚姻生活的身體及情感上的需求的情形並不少見。

這些女人並不會受到一八八〇年代和一八九〇年代的女人所遭受到的同樣嚴厲責備，那時社會科學家開始對同性戀貼上病態的標籤。佛洛依德說，她們未能發展成為「正常」的愛男人的成年女人，克拉夫特艾賓則為她們辯解說，她們出生時有先天的缺陷。新近創造的專業術語如**同性戀的**（homosexual）、**同性戀者**（invert）和**女同性戀者**（lesbian，蕾絲邊）等等，都帶有負面的意涵，慢慢地從偽科學詞彙進入大眾的意識，造成女人之間非自我意識浪漫友誼的逐漸衰亡。

**非自我意識**（unself-conscious）是這裡的關鍵字，當然，二十世紀後浪漫友誼在女人之間繼續，只是現在她們被稱為**女同性戀者**，以強調情欲感覺和性愛行為[183]。在本書中，關於過去的女性友誼，如果有具體的性愛活動證據，如安妮．李斯特的例子，我們就用**女同性戀者**這個詞。進一步來說，我們不認為以表面上柏拉圖式關係同居的女人，例如蘭戈倫的夫人（愛麗諾．巴特勒和莎拉．龐森比），用佛洛依德的詞彙來說，是遭受到性壓抑。女人彼此強烈依戀不能變成一個詞彙或一個公式，除非是改自蒙田對於為何他愛博埃蒂的說明：因為是她，因為是我。

在浪漫詩人華茲華斯有關蘭戈倫夫人的十四行詩中，他稱她們為「戀愛中的姊妹」，這個稱號不但適合他的時代，也適合我們的時代[184]。**姊妹**（sisters）暗指一種深層的、牢不可破的結合。在完全不同的情況下，這個詞在一九六〇年代女性主義的戰鬥口號「姊妹團結真有力」中，被凸顯出來。至於**愛**（love），也就是在華茲華斯詞彙中的第二個關鍵字，不論是兩個女人、兩個男人、一男一女，或是自稱為異性戀、男同、女同、雙性戀、變性人、跨性別、酷兒或以上結合的人之間，這個字將會藏有一些祕密。在未來，無疑地會出現更多有關性別差異的詞彙以及更多複合的表達，來代替巴特勒夫人及龐森比夫人時代的人所謂「浪漫友誼」。

# 第八章 被子、祈禱、俱樂部

讀者，你曾經去過
女士們聚會縫衣的地方嗎？
她們將縫針、頂針、織線拿在手上，
老的、少的都有，非常快樂的一群人。
坐下來，聽聽她們在聊些什麼，
天南地北，無所不聊。
鞋子或沙發，歌曲或麵包，
書籍或洋裝，蕾絲或織線。
最後一次婚禮，新娘，
宛如來到了另一個世界。

——〈婦女縫紉會〉，一八五二年

讓我們鼓勵社交生活，因為它是縫紉婦女會的中心和重心，婦女會就是依靠它而存在，因為如果婦女會沒有社交功能，它就不會有合作；如果婦女會沒有徹底合作，它就不會成功。

——婦女會會員，勞動女性聯誼大會協會，一八九〇年

〔我們婦女會〕代表我們女性最親密的夥伴關係、最親愛的友誼、最認真的企圖心。

——珍．克羅麗，一八九九年

女人喜歡串門子。不論她們稱自己是什麼，小圈子、俱樂部、社團、協會、一群人、一夥人等等，她們的團體有一種魅力及一種力量，比她們個人來得更為強大。雖說並不是團體內每個人與其他成員都是「好朋友」，不過團體內所有不同關係，卻會豐富並活化內部的一對一友誼。這樣的結合給予美國女人一種社群意識，尤其是一種動力，對女性來說相當罕見。

在新世界，女性社群變成美國社會的基礎。這些社群最初因為需要才形成，給予這個新國家亟須的凝結力，因為美國住民分布既遠且廣，受到漫漫泥土道路的阻隔，尤其是在下雪和泥濘情況下，根本無法通行。雖然美國人對獨立感到自豪，但要自力更生，堅持不懈，還要工作，如搭建穀倉和收穫，就不僅需要兩隻手。當女人聚集來處理社區人力問題，尤其是經常相聚的社群，那些社群就會出現某種保護傘的特性，而成員彼此間會建立友誼，對社團本身也會有認同感。

## 女人的工作

一八〇〇年代初，和在先前每個時期一樣，美國女人在身心相聚的日常活動中，形成並維持友誼。女人的日常工作是提供食、衣、住等等所謂永遠沒完沒了的工作，還應該為這個新興國家生養所有未來負責任的公民。

女紅是每個女人必須做的事，一般從年紀大到可以拿針線時就開始了。愛迪斯・懷特回憶她小時候在一八六〇年代：「在我五歲前，我就曾經縫補過一邊被子，坐在〔媽媽的〕對面每天半小時，你可以確定她堅持針腳要打得細密。」[185]這個時期的女孩和女人經常聚成小團體一起縫紉，因而在過程中逐漸形成社會的凝聚力及緊密的友誼。

## 百納被聚會

基本上，百納被是簡單由夾在拼湊家紡布料之間的棉絮組成。不論結構和外表有多麼簡樸，百納被在美國多數地區可以為人民保暖，絕對是需要的。在縫聚會上，女人聚在一起將需要轉化成創作。縫被者會將布料縫補成具藝術性的圖案，做出極佳的縫製品，將百納被的各種元件縫好定位。圖案位在被子的頂部，經常包括不同的小圖案或區塊，每個小圖案或區塊由參與者帶到縫聚會。家庭主婦傾向於用相同顏色來做衣服及飾品，因為布料須整批購買。在縫聚會上，她們會交換布料，然後將之混成多種顏色的圖案——所謂「瘋狂的棉被」。另外，親朋好友和鄰居會將縫剩的碎料留下，將衣服剩下的碎片做成「布拼包」，一點都不浪費。布料相當珍貴，布拼包甚至會從母親傳給女兒。女人透過百納被來紀念她們的集體經驗及個別故事，就像現在的剪貼簿愛好者與主婦藝術家（包括現在許許多多縫紉機）所做的。如一個女人在一八四五年時，洋洋灑灑地寫道：

沒錯！有**百納被**！對於不感興趣的旁人來說，這些東西看起來像是各種奇奇怪怪破碎印花棉布的結合，但對我來說，卻是珍藏過去珍貴寶物的藏寶盒；一整個倉庫的貴重物品……一個象形文字合訂本，每一個都代表一些快樂或是痛苦的回憶……這裡頭也包含了一片我小時候的印花棉布睡袍，也有我媽媽和姊姊妹妹們的；而且還不止如此呢。186

有許多熱情洋溢、全社區的宴會，便是以這個浪漫版本的百納被聚會為中心形成，其實它並非常態。但是，這些聚會一般會以四到八個女人為一組（因為一個百納被架框須四個人負責），她們會一起共用燈光、生火取暖，也可能是一頓飯或烘焙點心，還有你一言我一語的快感，同時可以完成一個重要的活兒：

一個禮拜一天，當鄰居過來縫被子時，我哥會將媽媽房間內的床搬到廚房裡，然後架好床架作為當天縫被子之用，雖然這得花上一番工夫，但他從不在意……爸爸在縫棉被當天總是對媽媽感到十分驕傲。當他在外頭工作完進屋裡休息時，他會說她真是忙啊。他知道她的生活既辛苦又寂寞……他很高興她可以跟朋友們共聚一整天，樂在其中。[187]

那時候和現在一樣，體貼的丈夫認為妻子與好姊妹們相處，會讓她覺得更幸福，因此可以改善家庭生活。

有時多組縫被女人會開縫被聚會，通常是在晚上，並邀請男人一起參加。這些聚會經常會以完成一個年輕女人的最後一件結婚百納被為中心，當她獨自做完十二件後，此為第十三件。一件接著一件百納被，前十二件的設計和技巧在複雜度上會逐漸增加。當女孩做到第十三件時，也就是「新娘被」，她和她的好姊妹們會舉辦一個特別的縫被聚會。一件被保存下來的百納被，讓人想起女孩可能經常聽到的一個警告：

在你縫被時，女孩，別顧著玩，
如果你想嫁人，那就趕緊縫被，
一個女孩到了二十一歲時如果還沒有百納被，
這輩子休想嫁人！[188]

隨著紡織工業在一八四〇年代有所進展，縫被經常成為休閒娛樂，而不是必要的活兒。因此，「友誼被」風潮開始流行，最後演變成全國運動。友誼被的標誌是簽名，製作友誼被的人會請她的每個女性友人捐出一大塊布，作為友誼被整體設計的一部分。每一大塊布中會有一片布料秀出該友人的名字，可能是用無法擦掉的墨水或刺繡。除了友人的名字外，可能也會有重要日期，以及「勿忘我」，有時則是一行詩。

當她們的丈夫和父親決定加入西進運動後，許多即將與家人及朋友分離的女人，會收到友誼被作為道別禮。在遙遠的地方，友誼被成為撫慰的物品，提醒著眾人送被者之間的重要關係，通常也會作為母女相傳的世代傳家之寶。

由工藝良好的製作者所做出來的百納被，經常會有優良的藝術價值，不論是作為展示藝品或實用的送暖禮物。如果是後者，以非裔美國女人為例，昔日她們身為奴隸時學會製被的技術，並將這些技術代代相傳。這些製被人自己也成為這個文化傳承的一部分，她們也相當珍惜因為聚在一起製被，而產生的這份凝聚力和情誼。在美國阿拉巴馬州塞爾瑪南方一個小村莊，吉氏彎百納被公司最初用飼料袋及丟棄的工作服開始製被，他們熟練地用雙手製作舒服的床罩，讓他們的家人度過寒冷的夜晚。但是，當他們在一起工作時，他們聊天，有時唱歌，這些製被工人從西非紡織和現代幾何繪畫中得到靈感，發展出一種獨特的風格。時至今日，這些共有的作品現在被視為純藝術。吉氏彎百納被也曾在博物館中展出，也上過電視，甚至印成二〇〇六年美國郵票。現在收藏家則在拍賣場合上競價購買這些獨一無二的傑作[189]。

## 教會團體

十九世紀初，由於對基督教的狂熱，許多女性團體如雨後春筍般出現，後來被稱為「第二次大覺醒」。在人口分布稀疏的中西部，宗教營會議讓熱情的男女老幼有崇拜及聯誼的機會。這個宗教復興也讓女性有機會學習公開演說與組織技巧，並且在安息日百樂餐時展示她們的廚藝。

到十九世紀中葉時，堪薩斯州拓荒者哈里特·沃特回憶瑪麗·克拉克的廚房每在安息日聚會前，總是鬧哄哄地忙著聚會活動：

在歐尼斯特·克拉克的屋子內，大家都十分興奮，因為浸信會牧師克萊夫特弟兄星期六下午會在校舍舉辦聖約月會。瑪麗·克拉克在星期五晚上，小心翼翼地開始做白麵包的發酵麵糰……波士頓黑麵包也在蒸炊著。當然，如果沒有派餅的話，要烤蛋糕，還有豆子及米布丁……也一定要有肉。在夏天，火腿……或是雞肉……在冬天，則是輪流烤大塊牛肉或豬肉……她把廚房擦洗得雪亮，一塵不染。[190]

煮飯傳統上是「女人的領域」，在這個宗教復興運動中成為不可或缺的事，同時提供她們一個走到戶外與世界接觸的機會。

在祈禱會上，教會召集民眾來支持這個永恆救贖的復興之路，在群眾面前，用強烈的情緒來做見證。也很歡迎女人與男人一起來表達她們皈依信主的過程。因此，在宗教虔誠的庇護下，女人在公眾集會中發言。

純女性的祈禱團體正式附屬這個宗教集會，在很多殖民地如雨後春筍般出現。由於這樣一個不容置疑的正當動機，女人也可以走出家門，彼此往來。這些祈禱會迅速發展成女人的「分」協會，會員將她們省下來的任何「小硬幣」捐獻出來，為教會運作與聖經的發行籌募資金。至十九世紀末，女人開始參加「宣教會」，宣教會募資準備讓女人進行海外宣教工作。至一九一五年時，達到傳教熱情的最高潮，估計有三百萬名女人成為海外傳教會的成員[191]。

在整個十九世紀，工業革命重塑日常活動，因此將中產階級女性從過去一些純體力勞動中解放出來。上教會與參加相關活動，讓女人有機會走出家庭的限制，讓她們以服務的道德動機，建立友誼關係[192][193]。

這些教會相關的許多團體迅速重新將他們自己設定為社會改革的引擎。觀察社區中迅速成長引起的嚴重混亂，教會附屬組織的女人並未長久將她們自己限制於遙遠的傳教使命或聖經分發。一般女性的教會附屬協會照顧孤兒、窮人和未婚媽媽。原本是基於立即性家庭需求的縫被聚會成員，現在已被中產階級女人團體的縫紉募款者取代。

一八三九年時，二十九個屬於麻薩諸塞州伍斯特郡喀爾文教會的女人，成立「傳教縫紉圈中心」，她們決心為海外傳教募款，以「爭取不幸的魔鬼子民皈依上帝」。這些女人每個月聚會兩次，從下午兩點到晚上九點，輪流在會員家中舉行。她們縫製樸素及「花稍」的織品販賣。根據這個圈子詳細紀錄顯示，她們取得大量的買賣和行銷知識，在數年之間推升銷售量一百倍。這個團體伴隨著小鎮迅速成長（三年增加到七十個團員），隨著新團員加入，她們變成朋友和同事[194]。

教會相關女性團體逐漸在每個地方扎根發展，每個社區至少有一個團體，通常是有好幾個。這些組織不論是自信或規模都不斷增加，不久這些女人開始採用男人的「議事規則」，來進行她們自己的會議。許多上教堂的男人逐漸感到驚恐不安：一群女人做組織決策，怎麼可以沒有男人監督呢？因此想控制她們的活動。

在伍斯特，當這個縫紉圈決定將她們的行動從支持遙遠的傳教，重新轉向聚焦於服務她們自己城鎮的窮人時，喀爾文教會牧師宣布他本身「斷然反對」這個計畫。在經過數月對於是否屈服於牧師感到茫然失措後，這些女人投票選擇了自己的方向。這次投票構成這些中產階級成員重要的行動，她們無疑地認為她們自己是維多利亞時代顧家的典範。不過，她們並不是只做到這樣而已。她們甚至對牧師的干預視為嚴重的輕蔑之舉，還投票修改她們的組織章程，載明她們要幫助當地窮人的目標：「相較於其他工作領域，我們熱忱地進行我們眼前的工作，可以完成多少的善行呢！」[195]

儘管在伍斯特出現了混亂，但並不是因為對權力的渴望吸引了大量女性加入她們的教會團體。表面上，她們的聚會與一些宗教任務有關。但是，究竟是什麼原因讓她們走出家庭，全心投入並熱情參與？答案是因為這些團體提供社交的慰藉。

十九世紀初，這個宗教復甦運動主張救贖中的個人作用。女人將這種自我賦權擴展到社會領域，讓她們可以在家庭之外彼此相聚。接著，宗教復甦這一代的女兒們，在十九世紀中葉席捲整個國家的社會改革偉大浪潮中，一起攜手往前邁進。女性友誼因此從家庭的限制中釋放出來，向全世界推進。

## 初期改革團體

初期改革團體中，最具影響力的一個是「紐約女性道德改革協會」（NYFMRS），成立於一八三四年，致力於永無止境的廢除娼妓工作。娼妓在當時並不是全部非法，紐約有高達百分之十的女人從事賣淫賺取收入。在五年之內，這個紐約團體如雨後春筍般暴增至四百四十五個附屬組織，並改名為「美國女性道德改革協會」。這個令人畏懼的組織與男性機構成為死對頭，她們遊說議員立法將男人嫖妓改為非法，或許更令人瞠目結舌的是，她們甚至威脅公布嫖妓累犯的姓名。不論她們的行動有怎樣的效果，這個團體的能量與組織實力，為十九世紀末女性進步運動的偉大浪潮鋪路。

在費城及其他城市，女人們認清，工人階級與貧窮女性最容易受到不景氣的影響，對於實際居住市郊或邊緣的女人也不例外。這些女工，包括許多自由的非裔美國人，組成互助團體幫助她們的成員生存。

「非洲的女兒」在一八二〇年代約有超過兩百個成員，將她們的活動記錄在《記錄簿》中，這本記錄簿不僅記錄這些成員的慈善活動，也記錄她們強調尊重組織[196]。由於當時非裔女性要過一個像樣的生活相當不易，和自己的朋友及與有相同背景的人一起努力，當然會更容易改善生活[197]。

## 邊境友誼

居住在美國遙遠西部邊境的女人生活上受到隔絕，亟須朋友的慰藉。她們是位於美國西北太平洋岸沿岸地區的社團，比在密西西比州東方的女性社團更晚發展，純粹是因為在邊境殖民地區初期，「那裡」的女人相當少。一旦她們的家人在那裡的城鎮生活穩定下來，女人的組織會像點燃蠟燭儀式一樣，從一盞迅速引燃到另一盞，從祈禱團體開始，繼續不斷，最後演變成社會改革。

西部殖民地區相當缺乏民間領導人。受過良好教育的女人加入拓荒者行列之後，也和其他人一樣，看見沒有人行道的大街，堆放如山高般的垃圾，不但臭不可聞，還引來蒼蠅、老鼠。受汙染的水源，沒有下水道設施，沒有學校，當然也沒有圖書館。這些女人大都擁有來自她們在東部家鄉社團活動學到的組織及領導技巧，於是將她們的聰明才智及資源投注其中，將她們的新組織迅速提升為民間與政治的領導團體。相較於東部，在廣大的西部，這個情況在更緊湊的時間內就發展出來。

一八三八年時，太平洋岸西北地區有一群女人，雖然被隔絕在危險的荒涼地帶，但她們共同成立了「哥倫比亞母親協會」，這個組織是邊疆地帶最早的一個組織。這些女人是傳教士的妻子。六個創始成員中，只有兩個是媽媽，但由於奧勒岡州荒路小徑不時發生屠殺事件，導致死亡率高得驚人，因此她們手上有一大群孤兒。這些女人的人數迅速翻倍成十二個，雖然只能偶爾聚會，但她們利用現有資源，發行閱讀刊物，引起大眾討論。社團是在相當壓縮的時間內發展的，這反映在她們的宗旨從聚焦單一宗教使命，轉移到相當實際的志業：「﹝每位成員﹞通過祈禱、閱讀和所有適當的方式，使自己有資格履行基督徒母親的艱鉅職責，並向她的姊妹成員提出她自己的經驗可以提供的或情況必要的提示。」[198]想像這些提示會包括哪些東西？生育控制策略、洗衣訣竅、鎮靜劑和醫藥祕方，以及在廚房中遇見一個衣不蔽體的印第安原住民男人時，該如何適當反應。重要的是，哥倫比亞母親協會的每個成員也承諾，如果有會員過世，會照顧她們的孩子，這個約定體現了女性友誼最基本的層次。

對在邊境的拓荒女人來說，即使是那些有過平靜生活的中產階級女人，如今想要扮演維多利亞時代理想女性，就如同超級名模對現代一般美國女人一樣難以企及。真實生活很難讓人有太多做這類白日夢的空間。一八四六年時，發生一個美好但可怕的事件，有兩個女人在現在屬於新墨西哥州的邊境跨越沙漠期間，救了彼此和她們的家人。本漢夫妻和一個七歲小孩，以及布雷斯頓夫妻和兩個十幾歲的兒子，這兩家當時正要前往位於佩科斯河附近的家園。當他們正要橫越埃斯塔卡多平原時，不但他們最後一桶水爆裂，一條響尾蛇還咬了他們一個男孩。男人們中暑，情況看起來再糟不過了，不可能發生的事都發生了，他們逃不過「莫非定律」，一群全副武裝的墨西哥搶匪攻擊他們，不但搶走了他們僅有的值錢家當，殺了他們的馬和騾，還劫走了女人，丟下男人及小孩，讓他們聽天由命。

本漢太太與布雷斯頓太太被鎖在這些亡命之徒藏身處的樓上，她們用力扳開木製窗條，跳到地上，接著看見正在休息的馬匹，於是割斷牠們的腿筋，偷走所有精力充沛的馬兒。她們可不是鬧著玩的！她們還成功拯救了她們的家人，繼續前往位在新墨西哥的家園[199]。我們可以將發生在這兩個女人身上的事，詮釋為需要以粗體字強調的女性友誼——這會是持續一生的戰鬥聯盟。如果不是因為對方，她們有可能成功逃離魔掌嗎？

## 超越學派的友誼

在十九世紀初期，許多可以取得書籍的女人，都沉浸在自我教育中。公眾教育，往往效果有限，而且也重男輕女。私立中學只收男生。有求學欲的女生開始成立只有女生的讀書會，進行知識交流。這類讀書會通常只聚焦聖經或其他宗教文本。後來，受到幾個打破傳統的傑出女性領導人的啟發，包括伊利莎白・畢堡德和瑪格麗特・富勒，於是女人開始聚會，目的就是為了拓展自己的知識。

伊利莎白・畢堡德（一八〇四～九四年）是三個傑出姊妹之一，由於她對教育的自由派觀點而變得知名。她加入一個由一群熱情的年輕超驗主義者所組成的高知識圈，並接近核心，這些超驗主義者包括愛默生、曼恩、霍桑、瑪格麗特・富勒等人。這個團體可以隨時接觸歐洲浪漫主義作家和超驗主義作家的著作，畢堡德在波士頓燈塔山創立了一間書店，「美國的雅典」[200]知識份子會在那裡聚會。在一八三二年時，她為女人推出一系列閱讀派對，就在她的書店裡舉行，包括閱讀、演講——其中有許多場演講都是由活力充沛的畢堡德親自上場，以及西方偉大經典作品的討論，範圍從古希臘到法國大革命。

畢堡德與更年輕且才華洋溢的瑪格麗特・富勒（一八一〇～五〇年）的友誼，令人堪憂。畢堡德與富勒亦師亦友，提供她許多幫助，尤其是在一八三八年，她將書店場地提供給富勒，讓富勒可以為女人上她自己的成人教育課程「會話課」，上課的學員只要付一些學費就可以參加。這個課程是建立在畢堡德設立的基礎上，她對富勒的表現高度讚賞：「富勒小姐談論了相當多她的思想，而且都是用最吸引人優雅的演講，以及最美的謙虛。」[201]

在另一方面，富勒的公眾形象在當時已經超越畢堡德，然而卻未用應有的尊重來對待她的貴人。實際上，富勒在畢堡德的背後嘲笑她。唯一神教派神學家領導人威廉·錢寧責罵富勒忘恩負義：「當我想到你是畢堡德小姐希望成為的人時，你卻鄙視她，她愛你並且尊敬你，我想她在天堂裡的地位一定相當高。」[202]富勒是當代的「女王蜂」，她的刺和任何一個二十一世紀的「刁蠻女孩」一樣尖銳。

即使如此，她在她開創性的宣言《十九世紀的女性》（一八四四年）一書中支持女人，她採取的立場公然挑戰當時的父權道德觀：「我希望女人可以將男人的教導和領導的所有思想全部擱置一旁，這些都是她習慣珍惜的東西。」[203]富勒的公開會話課鼓勵女人運用她們的智慧，如她寫信給她的朋友蘇菲亞·雷普利，說明有關「會話課」提案的性質：

如果每週上會話課，其好處能集中在提供婚姻觀點給城市中受過良好教育和有思想的女人這方面，那上課的麻煩就可以獲得補償；那個城市自詡有利於心智的提升，不過到目前為止，根本不是它自吹自擂的那樣。[204]

富勒贊成女性同志攜手進行知識上探索的想法，後來相當受到各世代女大生支持。

她確實將會話課開放給男人，但結果卻是對女性精神的壓抑。「男人掌控討論並只是想賣弄自我。」她寫道。她立即回歸到先前成功的模式，也就是會話課反映「一位明確女性角色，在一個女性親密的氛圍中，用女性語言表達女性關心的事物」[205]。

不過，富勒和畢堡德與當時男性超驗學派領導人發展出柏拉圖式的關係，友誼係建立在相互尊重的基礎上。富勒提出革命性的人類性別觀點，與維多利亞時代男女不共一室的信條相互牴觸：「男人與女人代表基本二元論的兩邊，但實際上，他們永遠會跨進對方領域裡面。液體變成固體，固體變成流體。沒有完全陽剛的男人，也沒有純女性的女人。」[206]富勒這個雌雄同體的觀點，領先她的時代，受到今天許多人認同。

當然，在界線模糊的地帶，就有含糊的空間。愛默生和富勒寫信給對方討論友誼的本質，富勒經常混淆愛情與友情的概念。不過，兩人對於與彼此面對面相處很困難一事感到煩惱。富勒向她的閨密抱怨，浪漫詩人凱洛琳．斯多基斯的「永恆之牆」使得她無法靠近愛默生本人，有時甚至在他們的書信中也是如此[207]。當富勒寫信給愛默生說：「我是你的，也應該是你的。」她的強烈情感讓他趕緊踩剎車。愛默生解釋道：「你和我不是屬於同一種神性思想，而是兩種思想……本質上不同。」[208]他們關係的複雜，讓他們無法達到情感上的對等。

瑪格麗特．富勒的所有關係可用兩個字做總結：「複雜」。她對雌雄同體的支持也影響到她的友情與愛情。當她年方二十一歲時，遇見年紀較小、令人神魂顛倒的安娜．巴克，並展開當時所謂「浪漫友誼」。富勒寫到她的新歡時，說：「我曾經對安娜感覺相當強烈，我用這樣的熱情來愛她，她的臉龐總是在我的眼前閃爍著，她的聲音在我的耳邊回響著，所有詩意想法都聚集環繞在這個美麗的形象。」[209]

二十八歲時，富勒愛上了小她八歲的小鮮肉薩繆爾．沃德。經過一番調情後——明顯對她的意義更勝於他，他抽身而退，她被拒絕而失戀了：「我值得被愛，如果你愛我，你不可以避不見面。」不論她心裡想的是哪一種「愛」——友情、崇拜或性欲，當他告訴她，他認為她比較像個母親角色時，她可能不是很滿意。不久，她發現原來他愛上的不是別人，正是她的舊愛安娜．巴克，後來還娶了她[210]。

在她整個混亂的職業生涯中，富勒最親密的朋友是凱洛琳．斯多基斯，斯多基斯也是超驗學派中另一位重量級人物。這兩個女人不但一起旅遊並造訪共同朋友，還在不同期間同居，包括在一間海濱度假屋一起度過無憂無慮的夏天。富勒寫給斯多基斯的信，將八卦觀察與崇高的智慧沉思混雜在一起。為了證明她們倆心心相印，富勒一八四四年提醒斯多基斯一段共有的回憶，包括親密的和撼動靈魂的記憶，她將之比喻為聖經中記錄的某段女性友誼：「你記得去年夏天那個晚上，當我們在床上睡著時，我倆就像伊利莎白和馬利亞（譯注：聖母馬利亞造訪親戚施浸者聖約翰之母伊利莎白的家，當伊利莎白聽到馬利亞時，胎在她的腹中歡躍，伊利莎白遂充滿了聖靈）。我一直想要表達我對那晚的想法，可是卻無法形容，隨著時間一天天過去，我才更加了解。我深深感覺我們心有靈犀，希望你戴上我的戒指。」[211]

這三個例子說明富勒對雙性戀不僅是「嘴巴說說」而已，她還「身體力行」。她對安娜・巴克、薩繆爾・沃德和凱洛琳・斯多基斯的愛，完全跟著熱情走，男女統統不拒。

她在三十六歲時離鄉背井遠赴歐洲，擔任哈雷斯・葛利萊的《紐約論壇報》的駐外記者，這不是因為她轉了性。在義大利，她報導一八四八至一八四九年的革命。她在羅馬警衛隊有一名警官情人並為他生了一個兒子。這個小家庭在一八五〇年返回美國，不幸卻在紐約火島外海強烈的暴風雨中喪命。梭羅及其他超驗學派成員感到極為震驚，在海岸邊仔細搜尋數日，最後雖然找到她的屍體，不過早已回天乏術。

## 洛威爾制度

在此同時，知識份子菁英紛紛加入美國超驗主義運動，較無優勢的女人被工業革命勢不可擋的浪潮推進新關係內。新面孔的移民及農場女孩（年齡一般介於十四到二十五歲之間）蜂擁加入市區的工人階級。這些年輕女孩多數來自工人階級家庭，許多這些負擔沉重的家庭除了需要女孩自食其力，也需要她們工作貼補家用。

露西・拉克姆（一八二四～九三年）從十一歲開始在麻薩諸塞州洛威爾一家棉紡廠工作。雖然童工此時已經不被接受，但洛威爾制度在當時相當進步，因為它提供女工有舍監管理的宿舍、文法學校、多間夜間部學校、文化活動、聖經讀經會以及圖書館等等[212]。拉克姆後來成為傑出的詩人和作家，在她的回憶錄《我的新英格蘭少女時代》中，描述在激進的社會實驗中心，女孩們是如何度過她們的青少年時期。根據她的著作以及其他工廠女工們的紀錄，我們知道她們儘量利用可以交朋友的機會。拉克姆是這麼描寫她的女性朋友：

> 我將這視為我少女時代中一個特權，也就是可以與那些主動、有趣的女孩一起長大，她們的生活不只是其他人生活的縮影，也有明顯屬於她們自己的原則及目的……她們認真又能幹，隨時可以捲起袖子去做任何值得做的事。在她們之中，我為自己愛做夢、懶散的個性感到羞愧。她們給了我一個對女人更大、更堅強的理想。[213]

這樣的有捨有得說明了女性友誼跨越各個年齡層的價值。

## 十九世紀末葉的女工

接近十九世紀尾聲，年輕女孩蜂擁進入城市，希望有機會可以提升她們的社經地位。洛威爾制度的家父長制模式早就已經成為歷史，在競爭經濟下犧牲了。工廠和店頭內嚴苛的工作條件阻止了員工間的交談。而多數女孩的住所都不方便在下班後接待訪客。工廠女工成立自己的社團，有時會有來自上層階級、有改革之心的女人贊助。從贊助者的角度來看，這些俱樂部的目的在守護女孩們的美德，提供聚集場所替代沙龍和門廊。還有，城市女工的俱樂部提供女孩真正需要的東西：緊急貸款和醫療福利，就業服務，有熱水的浴室，便宜、熱騰騰的餐點，以及在職進修課程，打字、拼字及其他辦公室技巧等。

全國女性工作者聯盟成立的目的，是協調所有女工俱樂部的活動，並且出版一本月刊《遠近》，談論社交相關內容對社團會員是主要的吸引力。「布魯克林善意俱樂部」一位成員說，與其他成員建立最親密的「心連心關係」的女孩，是那些帶領其他人自我提升的人。真正的朋友會為了社團的尊重，勸阻她們的俱樂部姊妹避免粗鄙的行為，如大聲講話、講粗話、吃口香糖、穿著過於炫耀的服裝、大膽調情等等。這些城市工人俱樂部的女孩，對於努力改善自己的命運極為認真，許多人確實在她們俱樂部朋友的支持下，在社會階梯上一步步往上爬。

一八九四年女工社團協會的大會發出此項請求，強調會員間友誼的重要性：「讓我們鼓勵社交生活，因為它是俱樂部的中心和核心；俱樂部的存在有賴於它，除非俱樂部有社交聯誼，否則不會有合作；除非合作良好，否則不會成功。」[214]艾琳．崔西是來自三十八街女工社團的一名會員，她說出在她在俱樂部待了一個晚上所獲得心理上的好處：

我昨天晚上感覺心情相當低落，想說去俱樂部走走，然後就去了。我幾乎無法解釋究竟是什麼讓我感覺變好……似乎是愉快的笑容或高興的一兩句話……但最重要的，我想是一體的感覺……我們有些會員不必出門去賺三餐費用；我們都是在女人和姊妹共同的基礎上聚會；我們跨越彼此的鴻溝……俱樂部的女工不會感覺被瞧不起，但感覺獲得堅定〔原文如此〕朋友的尊重、愛、同情和忠誠，同時有空閒時間的女人感覺她獲得一個真正的朋友，這個女孩獨自走進世界，已經學會幫助自己，並且是一個真正的女人中的女人：因為她擁有堅強、獨立的個性，她是值得被信任的。[215]

## 女人俱樂部聯合總會

在此同時，城市女工加入俱樂部改善她們的社會地位，中產階級女人也開始成群加入俱樂部。到一九九〇年時，有數以千計的女性組織遍布全美國，所有這些團體擁有自我提升的共同目標。當自己和像自己的和善姊妹在一起時，如何不提升自己的心靈？這些聚會不應該與縫棉被聚會的圈子混淆。實際上，為了不分散注意力，許多俱樂部實際上禁止在講習和討論時編織或縫紉。多數俱樂部規模小，可以在會員的客廳內聚會，但在大城市裡，單一俱樂部的會員人數可能多達數百人，她們經常租借公共會議廳，有些社團，如舊金山的菁英城鎮俱樂部，甚至試圖購買自己的俱樂部會所。

珍．克羅麗是女性俱樂部運動的一位先驅，她想將共同的智慧結晶推廣到全國各地的俱樂部，於是在一八九〇年成立「女人俱樂部聯合總會」（GFWC）。GFWC的當地分會對高中和大學畢業生特別有吸引力，她們聚會討論文學、藝術以及社會改革議題，如幼稚園的設置、老人照護、公共衛生設施等等。在波士頓和紐約的女人城市聯盟，關心類似議題的女人可以聚會，為進步性目標努力奮鬥，通常可以形塑長期的結盟及親密的友誼關係。

以芝加哥女人俱樂部的歷史為例，在一八七六至一八八三年初期，當會員聚會討論書本和

「合適」議題（不包括女人的投票權！）時，她們在一八八三年十二月五日討論這個議題：「我們的俱樂部要做實際的工作嗎？」投票結果是肯定的，於是會員們動員起來，提供金錢及物資，也為幼稚園提供師資。接著，在一八九〇年時，俱樂部帶頭成立所謂「暑期學校委員會」，取得六十個不同婦女組織的協助，提供學童暑假期間在鄉下的體驗。

不過，不論有多進步，這些女人並未將會員資格或友誼的可能性拓展到非白人女性。非裔美國女人努力想要加入現有的婦女組織，卻遭到斷然拒絕，於是成立她們自己的協會。許多黑人教會擁有女人的文學社團，例如布魯克林和費城俱樂部，女人可以在這些社團寫詩和散文，並在會員之間傳閱、熱烈討論及客氣地批評。一八九二年時，來自華府的黑人教師成立「有色女人聯盟」。一九〇四年時，全國有色女人俱樂部協會聯盟組成，支持黑人女性在「道德」和「物質」上的進步。像許多白人女性的俱樂部一樣，這些組織積極宣導禁酒並爭取投票權，但她們也特別努力改善有色種族的教育，協助南方黑人從南方搬遷到北方城市，抵制歧視黑人的「吉姆．克勞法」，並提供聚會場所，讓關心類似議題的黑人女性可以聚會與交流。

「新時代俱樂部」係由波士頓的約瑟芬．露芬所創立，是一個針對進步黑人女人的著名組織。在她女兒——波士頓師範學院的畢業生——的協助下，約瑟芬編輯一本名為《女人時代》的月刊，除了讓俱樂部會員可以投稿與文學、音樂、投票權、反私刑、禁酒、監獄改革等等有關的議題，還提供生育、畢業、婚姻、旅遊、文化活動等等新聞[216]。

種族組織，如波蘭女人聯盟和義大利女人公民俱樂部，對一九〇〇年左右從歐洲來到美國數十萬的移民，提供一個友善的環境。波蘭女人聯盟係一八九八年成立於芝加哥，在協助工人階級和受過教育的女人團結融入上，特別成功。她們的時事通訊編輯如此說道：「讓我們從事勞動的女人和從事文字與思想的女人，手牽手，讓我們一起相信彼此……〔讓我們〕創造波蘭女人需要和想要的東西。」[217]這個組織到一九〇三年時，會員已經成長到一千四百名的龐大規模。

在紐約市，「希伯來教女青年會」於一九〇二年根據「基督教青年會」與「基督教女青年會」的模式成立，提供超過一百名女工居所，也提供住在附近的其他人運動設施及游泳課程。這些機構給予女人一個屬於某個熟悉團體的感覺，會員在那裡學英文，努力當一個美國人的同時，也可以說她們的母語。

## 蘇珊・安東尼和伊麗莎白・史坦東

在女人友誼的萬神殿中，蘇珊・安東尼（一八二〇～一九〇六年）和伊麗莎白・史坦東

（一八一五～一九〇二）之間傳奇的關係，可說是自成一格。一八六九年時，安東尼和史坦東成立全國婦女選舉權協會（NWSA），會員僅限女性，她們相信如果接受男人，他們就會掌控這個協會。這兩個朋友致力於婦女的投票權，雖然她們堅定支持廢除黑奴制度，但她們拒絕支持第十四項及第十五項修正案，這兩項修正案在美國女性取得投票權前，早就賦予非裔美國男人選舉權。一八九〇年時，NWSA與另一個較大的選舉權協會（擁有兩性會員）合併成為全美婦女投票權協會（NAWSA），這個協會繼續為女人提倡投票權，直到其最後在一九二〇年時，通過第十九項修正案。在當時，安東尼與史坦東皆已相繼過世，史坦東在一九〇二年，安東尼在一九〇六年，但她們的個人及政治情誼的傳承完成了目標。

安東尼與史坦東初識於一八四八年，史坦東在紐約州塞內加瀑布和羅徹斯特大會上發表「女人的獨立宣言」後。當時，史坦東已經是四個孩子的母親——她最後有七個孩子，安東尼則是三十來歲的單身女子。她們共同興趣為反對奴隸制度、戒酒和女權，成為後來持續逾半個世紀情誼的基礎。在她的自傳《八十餘年的光陰歲月》中，史坦東告訴她的讀者說，既然安東尼與她個人的敘述如此相關，她就有需要講述安東尼及她的故事。她用兩個章節並無數次提到安東尼，由此可見她們對彼此的深厚情感，以及對她們並肩奮鬥的目標的奉獻。

史坦東回憶道：「安東尼小姐和我提倡戒酒、反對奴隸制度、教育和女權……我們達成決議、抗議、呼籲、請求、提出農業報告和憲政辯論……我們接受每個可以為女性發聲的議題邀約並將之視為良心工作，以維持女權。」

儘管她們有不同的生活、不同的性格及不同的力量，但史坦東堅稱，她和安東尼連最小的爭吵也未曾有過。「所以我們可以說是完全一體，在我們協會中，我們都是肩並肩站在同一個講台上，羨慕或嫉妒都不會影響我們的生活。單獨一人時，我們隨心所欲自由自在地批評對方，當我們有不同意見時，也會熱烈辯論，但我們多年的友誼從來沒有一刻斷過。」

在她們的私人關係以及在她們的公開露面中，似乎這位擁有七個孩子的母親和她的單身朋友之間，一直保持著非凡的和諧關係。史坦東稱安東尼是她孩子們的「二媽」和她的「好天使」，因為她總是喜歡回憶，她的朋友會帶著一兩個史坦東的孩子到安東尼在羅徹斯特外的家庭農場。

那些年，安東尼和史坦東一起旅遊，不只是參加全國各地的會議和到州議會，也會前往歐洲，她們的目的不僅是為了志業，也為了文化、興趣。史坦東幾乎不會先跟她丈夫打聲招呼，就大剌剌寫道，她感覺好像嫁給安東尼，彷彿她們是夫妻一般：「我們的生活、我們的目的和經驗，是如此緊密交織。分開時，我們就會感覺不完整；在一起時，就有種自我肯定的力量，對我們而言，一般的阻礙、差異或危險不會是無法克服的。」[218]

這是一個有關兩個勇敢女人了不起的友誼故事，她們絕對是超越她們的時代。如果她們出生在十九世紀末葉，而不是初期（史坦東生於一八一五年，安東尼生於一八二〇年），她們無疑會成為「新女性」，擁有大學教育並當一名有薪水的上班族。如果她們出生在二十世紀中葉，她們可能會變成第二波女性主義者，支持女人的生育權與兩性平權修正案。如此看來，她們在彼此身上找到完美的「朋友及助手」，來對付她們所處時代的偏見並為女權奮鬥。不同於之前的墨西・華倫和艾碧該・亞當斯被局限於「輕聲細語的友誼」，她們在眾目睽睽之下肩並肩奮鬥，一個是瘦骨嶙峋，另一個是豐腴鬈髮。她們的友誼是如此親密又獨特，可以成為點燃女性群體友誼的星星之火，對極重要的議題形成共識。亞里斯多德將友誼的理想視為公民美德，史坦東與安東尼將之推升到包括女人友誼在內的全國舞台上。

# 第九章　大學女生、城市女孩和新女性

霍爾館女人俱樂部是珍・亞當斯最喜愛的努力成果之一，它將來自全世界的女人聚在一起，女人一週一次可以離開她們沉悶的家，與其他女人交流，並享受一杯茶和一塊蛋糕的招待。

——希爾達・波拉切克，《我來的時候是一個陌生人：一個霍爾館女孩的故事》（二十世紀初期）

幾人分開，各自有不同的體驗後，我們從來都不知道在一天結束後，回到甜蜜的家竟然是如此地快樂，我們在傍晚啜著茶並享用點心時，會將經歷的點點滴滴娓娓道來。

——維拉・布里坦，《友誼誓言》，一九四〇年

《姑蒂淑女書》（十九世紀多數期間美國女人最重要的期刊）於一八七八年停刊，雖然有堅定的支持者企圖復刊，但沒有成功。這本雜誌對女性純潔、自我犧牲、謙虛和依賴的指示，對「新女性」不再具有吸引力；新女性擁有高教育、工作、居住城市，也相對更加自由。雖然多數女人仍將為人妻和為人母視為一輩子的主要志業，但有一群求新求變的女性有意擴大她們的追求目標，因而改變了她們的友誼模式。過去女孩和女人將親姊妹、堂表姊妹和鄰居視為最親密的朋友，但這群新女性則在遠離家鄉的同學和大學室友、女性俱樂部、工作場所、城市等等中，尋找她們的好友。

這群新女性在歐洲和美國是一個新的現象，包括倫敦、巴黎、柏林、斯德哥爾摩、莫斯科，以及紐約、波士頓、芝加哥和舊金山。她們的特色是年輕、受過良好教育、自傲、活力充沛、能幹、大膽等等。如查爾斯．吉布森在一八九〇年代期間為《生活》雜誌所畫的許多畫像，新女性可能穿著高領、白色連衣裙，紮入一件長度及膝的深色、舒服的裙子內。廣告、雜誌及海報宣傳這個新女性形象，正如同其他形式的大眾傳播媒體後來展現的年輕女孩、家庭主婦、戰時工人及中性女性主義者。腳踏車是新女性在家庭外的自由象徵，她們可以和朋友（男生或女生）一起騎腳踏車到城裡大街上，或是騎到鄉間。儘管她們人數有限，但新女性為無數的美國女性定調，後來也影響了那些人的生活。

無疑地，教育機會增加，有利於新女性的形成。新女性和她們的大學朋友，是屬於收割十九世紀期間變革的第一代及第二代美國女人。當時，原本僅限男生的學院和大學，開始招收女生。歐柏林學院最早，於一八三七年開始招收女生。雖然東部的傳統大學仍只招收男生，但中西部和西部許多新學院及大學一開始就採男女合校，或後來轉為男女合校。在此同時，設立女子學院，如一八六一年的瓦薩學院，一八七〇年的衛斯理學院，一八七一年的史密斯學院，以及一八八五年的布林莫爾學院，都讓女子高等教育更為嚴格，也更有聲望，但只針對能付得起學費的學生。到一九〇〇年時，有八萬五千名女大學生[219]。

當研究所開放給女生時，註冊人數迅速增加。一八九〇年時，百分之十的研究生為女生；到一九一八年時，那個數字已經增加到令人驚訝的百分之四十一[220]。有些最用功的學生會被鼓勵修人文和科學方面的碩士學位，然後申請女子學院的教師工作。很少人念醫學與法律，這些領域是新開放給女生。雖然大學生通常有為數眾多的「女同學」可以作為朋友，但繼續升學或念專業學校的人，在她們的專業領域中經常只有一兩位女同學。因此，在高等教育最上層的這些稀有女性，更有理由聚在一起並成為要好的朋友。

## 大學同窗

琳達·羅森威研究美國女性生活的友誼，從約一九〇〇年大學生開始，她注意到她們之間強烈情感的持續，但也留意新聞記者和政策制定者表達的「友誼意識形態」。的確，一九〇〇至一九二〇年之間，大量文章哀悼男人「友誼藝術」的死亡，這主要源自一種恐懼，在都市化、匿名化的二十世紀，個人的關係正變得不過僅僅是相識的程度。不過，聚焦女人關係的其他文章，強調友誼的好處在於教育性、高尚化、滿足個人的經驗。某人強調說：「我們為朋友而活，實際上也沒有其他理由了。」另一個人則說：「在情感領域裡，許多女人，但只有少數男人，可以形成最高級的關係」，也就是真正的友誼。當這個最後聲明寫出來時，友誼的概念輕易容納女性；它曾被調整到與女人有關的大方慷慨，而不是對男人期望的克制及理性。不過，並非每個人都同意女人作為朋友的正面觀點。某些人持續宣稱，「女人的姊妹情誼是不可思議的」，女人「天性就是會背叛彼此」。可見傳統偏見根深柢固。

在這個緊張的氛圍中，教授要女學生們留意交友要謹慎，只結交那些會在知識及道德上提升她們的人，避開那些會讓她們墮落或將她們引進邪門歪道的人。一九〇一年史密斯學院一位老師勸誡大學生，從高尚理想和高度文化藝術激發形成友誼，目標是對彼此忠誠。在大學「人群」中可以找到慰藉，一種社群和姊妹情誼的感覺，而不是瘋狂地尋找難以捉摸的男人，或是（但願別存有這種念頭）談「一場早熟的戀愛」，如另一位指導老師所說。

光是招收女生的大學院校的數目，就有利女生之間的友誼，主要是來自於中上階級。根據她們的信札及日記顯示，友誼是她們許多人在大學時代最為重視的經驗。桃樂斯．門登霍爾回憶她在史密斯學院念書時的歲月：「除了埋首苦讀外，與同齡女生來往，以及結交了幾個要好朋友，對我來說是最為珍貴的回憶。」後來，當她畢業並開始在巴爾的摩就讀約翰霍普金斯大學醫學院後，她結交了一位她先前在史密斯不是很熟的同學，但她卻「變成了親密的朋友」，因為她們來自相同母校並且擁有相同的專業興趣。我們可以想像，當她們面對傲慢且以男生為主的醫學院（當時新生只招收百分之五的女生），她們一定很需要彼此。

衛斯理學院的珍．凱瑞也很重視讓她的生活「更圓滿、更富有、更快樂」的同學。她回憶在全部都是女生的校園派對上，學妹們例行性邀請學姊們與她們一起跳舞；她幾個星期甚至都見不到一個男生。在她一九一三至一四年寫給媽媽的家書中，她定期評論她跟其他衛斯理同學的關係。有時新友誼不預期發生，以海倫為例，她主動進入珍．凱瑞的生活中：「如果她不是對我這麼好並且主動做了所有朋友該做的事，我絕不會把她當成朋友。」

大學女生在吃飯、上體育館時找時間交朋友，走路、下課，聽音樂會及看戲劇時，以及躲在宿舍房間內深夜大聊特聊。她們聊學校教授的個性，她們在讀的書，在禮拜堂聆聽的布道，最新的服裝式樣，新聞議題，如女人的投票權。此外，她們像一般女人那樣，會向彼此透露對哪個特定男人有興趣，以及和其他女生的友誼細節等——有時會被爭風吃醋撕裂。多數女生最後會結婚，許多人會跟彼此分享她們的結婚規劃，甚至選擇的婚戒、婚紗、捧花、蜜月旅行等等。許多女生在大學畢業後會繼續當朋友，她們變成人妻、人母，甚至寡婦等等。

安妮．希爾絲是一位幼稚園老師，雖然她從未念過正式大學，但她卻與她姊姊的大學同學、攻讀博士的法蘭西斯．羅斯瑪尼亞成為朋友。安妮從麻薩諸塞州沃爾瑟姆寫信給住在劍橋的法蘭西斯，表達她非常希望兩人維持朋友關係，不管她們之間的地理位置和學歷相隔有多遙遠。她在一九〇三年十月一日信中反思與朋友保持聯絡的重要性：「雖然我同意你和愛默生，我們必須信任朋友，雖然經驗似乎告訴我，如果朋友從未相見或是很久沒有給彼此寫信，不論感情再好，他們不可避免還是會愈走愈遠。」雖然法蘭西斯繼續在曼荷蓮學院教書並結婚，但她和安妮的友誼仍然持續不變。

安妮的信札指出，雖然法蘭西斯是一位教授、人妻、人母，但她還是可以間接不斷地分享她的心情。在她首次造訪曼荷蓮學院後，她寫道：「我很高興我現在更可以了解你的生活了，你上課的情形、你住的公寓，還有你愉快地享用的中餐。」當她聽見法蘭西斯訂婚時，她驚叫說：「你無法想像我是多麼想見你，並了解一些這個新生活對於這麼要好的朋友有什麼樣的意義。」但她也想知道法蘭西斯會不會難以辭掉她的教職，以及她「有些放蕩不羈的大學生活」：「你知道我這幾天都在想著你……全心全意祝福你，祈禱這對你是真正最好的生活。」

安妮追憶那個她們曾經共處的歡愉時光，當時女人比過去有更多選擇，但也有現實面，「這個世界不是為了女人所創造」：「究竟我們是屬於舊的〔女性〕或新的，似乎讓人不是感到很快樂。」身為一個獨立的老師，安妮和法蘭西斯絕對屬於新女性。我們不知道她們是否剪短髮或是在公開場合抽菸，在二十世紀初期這是新女性的驚人之舉，但我們確實知道她們一直很珍視她們的長期關係。一九一四年當第一次世界大戰即將奪走許多歐洲人和美國人的性命時，安妮堅定相信友誼的價值：「友誼對我來說是這輩子最棒的東西。」221

在美國加州，史丹佛大學於一八九一年開始招收女生，雖然這是所男女合校的大學，但史丹佛用各種方式來提倡同性友誼關係，舉例來說，透過女學生聯誼會及其他全女生社團。在海瑟．特拉法根於大學時代所做的剪貼簿中，她列出一九〇二、一九〇三和一九〇四這幾年「Kappa Alpha Theta」女學生聯誼會會員的名字，每年有十幾二十個。海瑟應該是有跟她們全部或至少一部分人是朋友。此外，她可以在被她貼為「女生」的各種社團中認識可能的朋友，包括女人運動協會、白橡體育社、女子曼陀林社、女子合唱團社等等。有些社團，如地質學和樂團，被列為「男生」，其他如管弦樂隊、圖書館、高爾夫球、科學等，則被標為「中性」。有這麼多的女生和男女皆收的社團可以參加，海瑟有相當多機會可以在課餘時間認識有相同興趣的同學。

在另一本一九〇九至一一的史丹佛剪貼簿中，凱莉・強森指出，她是菲得泰菲姊妹會和女生聯盟的會員。她還參加YMCA和YWCA舉辦的迎新會、音樂會和戲劇，以及她朋友克蕾拉・布雷克的婚禮。在她的分類剪貼簿中許多紀念物品裡，有一個特別突出：一個有汙漬的信封，日期標為五月九日至十二日，上頭寫著：「這個信封裝有克蕾拉・布雷克的結婚蛋糕，我睡在那上頭來決定我的命運。」（根據一個古老的迷信，如果睡覺時，將一塊結婚蛋糕放在你的枕頭下方，你將會在夢中看見你未來另一半的長相。）那時候和現在一樣，女孩的友誼經常與異性友誼成平行線並且給予她們支持。如果你不能將你男友的大膽求婚細節，以及他的缺點，跟你最要好的朋友說，你還能跟誰透露呢[222]？

即使在史丹佛大學這樣的男女合校中，許多學校課程有嚴重性別隔離的情況發生。根據一九一〇至一二年史丹佛所開課程中，可以發現在男生獨占的工程、地質學、礦業和法律等科系只有少數女生，女生多半專注於英文、外語、歷史等等學科。

## 工作和婚姻

一八八〇至一九〇〇年間出現了第一代新女性，她們了解青年時期的自由可能會因婚姻結束，因此在婚姻與家庭以及實際職業之間，需要做出明確的選擇，這是社會已知的事實，即使對受過教育的女人也不例外。如科學家艾麗斯．漢密爾頓在一八九〇年時所說：「社會適合的情況是，女人可以在獨居生活，和將一輩子奉獻給養兒育女之間，自由選擇。」[223]那些選擇工作的女人，會依靠她們的好姊妹們，創造一個相互支持的小圈圈及替代家庭。某些女人則與其他女人建立長期的家庭夥伴關係。

一般而言，女性大學畢業生會在婚前工作幾年。擁有大學學歷或專業背景的女人，通常得全心全意投入工作，一輩子單身，因為就她們的地位來說，工作和婚姻與家庭被視為互不相容。舉例來說，年輕教授法蘭西斯．羅斯瑪尼亞結婚時，必須放棄她在曼荷蓮學院的教職；衛斯理學院校長艾麗斯．弗里曼成為某個哈佛教授的妻子時也一樣。

伊麗莎白，史坦東的孫女娜拉．布拉奇回憶本世紀初時，在康乃爾大學面對這個進退兩難的局面：「我們都決心用某種方式結合婚姻與工作，雖然很難，但還是可以做到。」[224]但是，天啊，多數女人發現那根本做不到，尤其是孩子一個接一個出生。很少有中產階級女人擁有這種堅強的毅力或欲望，追隨娜拉祖母的腳步。她在中年時，讓工作（不過沒有薪水）與友誼成為生活重心。

## 工人階級友誼

工人階級女性通常沒有不工作的選擇，甚至在婚後，尤其當她們是移民。從一八八〇至一九一九年，兩千三百萬移民來到美國，主要來自德國、北歐、義大利、俄羅斯、波蘭和羅馬尼亞，以及加拿大和拉丁美洲。此外，西岸不斷有來自中國和日本的工人。整體來說，人口大量增加約百分之二十五，移民湧入東部和中西部城市，尤其是紐約及芝加哥。當美國從鄉村走向城市時，這兩個城市已經擴張[225]。居住在城市裡的美國人，從一八七〇年的一千萬人，增加到一九二〇年的五千四百萬人。

不論他們來自國外或來自鄉村，工人階級女人找工作，希望她們最後可以脫離低社經地位。不過，擁擠的工廠和血汗工廠的低薪，是多數女性移民和貧窮白人的命運。黑人女性更慘，甚至連工廠工作的機會都沒有，只能做做私人家裡打掃、煮飯等等工作。受過一些教育的中產階級白人女人，可以在百貨公司擔任銷售員或是在辦公室擔任辦事員。中上階級擁有良好教育的女孩，可以找老師、記者、社工，以及醫學和法律方面等等少數職缺。

當這些女人在一個陌生的世界裡一路奮鬥打拚時，她們需要朋友來分享她們的困難及夢想。友誼多半是相同社會階級成員之間的事。雖然來自紐約善意俱樂部的艾琳．崔西可以樂觀地寫道，她的社團提供像她自己一樣的工人階級女孩與有閒階級女人交友的機會，但這樣的友誼是相當罕見。社團支持者很少邀請工人階級的女孩到家裡做客，如一位敏銳的觀察者所言：「姊妹情誼或許存在，但很少跨越種族與階級界線。」[226]

一位來自波蘭的猶太移民沙蒂．弗龍說了一個典型的故事，她與來自同屬工人階級背景的女孩交友。約一九〇〇年時，沙蒂當時在紐約一家血汗工廠做裙子，一天工作十小時，一週工作六天，一週只賺四美元。她與一個名為愛拉的女孩同住，愛拉在同一個工廠工作，一週賺五元，可能是因為她比較有經驗。沙蒂自己就說：

我們將整個房間占為己有，一週付一點五美元，做些輕鬆的家事……我們在煤油爐上煮飯，過得不錯，從以下這個開支列表就可以一目瞭然。

**愛拉和沙蒂的食物支出（一星期）：**

茶〇．〇六、可可亞〇．一〇、麵包和捲餅〇．四〇、蔬菜罐頭〇．二〇、馬鈴薯

〇・一〇、牛奶〇・二一、水果〇・二〇、奶油〇・一五、肉〇・六〇、魚〇・一五、洗衣〇・二五

每週食物和房租的帳單加總為三點九二元，略低於她們兩人全部的薪水。沙蒂還很驕傲地說：「當然，我們可以住更便宜的地方，但我們倆都喜歡好東西，感覺我們可以負擔得起。」在剩下來的錢當中，沙蒂每週花一塊錢在「衣服和享樂」上，另一塊錢就存下來。

這個以經濟需求而建立的女性情誼，與來自中上階級年輕女性的浪漫情懷或高尚情操大異其趣。雖然沙蒂並沒有詳述她對室友的感覺，但她提到她們相處得不錯，還會交換享受美食的心得，也不否認她們喜歡不花太多錢的娛樂。當她們休假時，紐約工人階級女孩經常會跟朋友——男的、女的都有——一起到樂園玩，如布魯克林的康尼島。她們也會到戲院去看電影。一九一〇年時，紐約市有四百家電影院。

沙蒂後來到夜校進修，換工作、搬家，薪水增加到四點五元，並加入工會。不久，她還交了個男友，他要她嫁給他，但在十七歲的稚嫩年紀，她在她的故事中寫道，她感覺她還沒有準備好[227]。

工人階級女孩如沙蒂，經常離鄉背井。一九一一年三角製衣廠大火，有一百四十六名員工

羅難。美國紅十字會發現，在一百二十三名女性罹難者當中，有三分之一的人為獨居或與室友住在一起，並完全依賴她們自己的工資生活[228]。有眾多像這樣的女性構成了一種新的未婚工人群體，她們較少聽從家人，反而比較依賴與其他女人的友誼關係，使收支相抵，還可以分攤家事責任。

結婚生子後，女工們有時可以請假，在家照顧家人。一般而言，她們不會遠離租屋處。男人下班後會聚在沙龍、兄弟會或工會，女人則帶小孩洗澡和上床睡覺。只要有空，她們都在門口階梯上與鄰居其他女人東家長西家短，或是陪她們的小孩在當地公園玩，或是上教堂。這並不是說她們沒有朋友。和在美國歷史初期一樣，鄰居可能隨時來借個糖或鹽巴之類，或是有要事請求幫忙，如住在上東城公寓兩家愛爾蘭人的情況：「H太太經常在C太太家，她們在一天之中東西經常借來借去，晚上她們的丈夫則一起打牌、喝啤酒。」[229]

城市提供新的公共空間，如公園、百貨公司和電影院，不相識的人可以在這些場合互相認識。這些場合特別提供機會給年輕人，不過女人可能必須小心，若交錯朋友，壞人可能會讓她背離令人尊敬的家庭價值和宗教，更糟的是，會讓她失去貞潔並懷孕。勾引與強暴並不只是低俗小說中令人恐懼的情節，也是女工比其他人更常遇見的真實事件。如果真的不幸發生時，她們會找有同情心的好姊妹商量，有時甚至聽她們的建議避孕或甚至墮胎。朋友間的口耳相傳，是一九一六年前女人獲得這類資訊的主要管道，當時瑪格麗特・桑格在布魯克林開設了第一間生育控制診所，並開始在全世界提倡家庭計畫。

幸運的是，某些早期的進步力量對於都市窮人的許多其他需求很敏銳，提供免費幼稚園、體育館、游泳池、成人教育、夏令營等等新服務。這些服務最初是由女性社團所贊助，後來在珍・亞當斯於美國倡導的「睦鄰運動」中，這些服務變得更加完善。

## 具開創性的新女性：珍・亞當斯、愛倫・史達、瑪麗・史密斯

珍・亞當斯（一八六〇～一九三五年）與她的好友愛倫・史達（一八五九～一九四〇年）在芝加哥共同創立具歷史性的霍爾館。她們初期住在霍爾館內，為其他美國安居屋建立了模範。男人和女人可以住在安居屋內，工作並爭取社會改革。後來，亞當斯與富有的芝加哥女繼承人瑪麗・史密斯（一八六八～一九三四年），開始一段長達逾三十年的關係。這些女人一輩子未婚，很明顯她們剛開始都是愛上其他女人。不過，讓我們感興趣的是，她們的關係是如何演變成在霍爾館，做超過半世紀具開創性的工作呢？

可能沒有人能想像得到，年輕的珍・亞當斯會成為美國歷史上傑出的人物——美國第一間

安居屋的創辦人、社會和道德正義的推手，以及一九三一年諾貝爾和平獎的得獎人。亞當斯出生在伊利諾州錫達維爾一個傳統的富有人家，四歲時罹患小兒麻痺，接著發生脊柱彎曲及其他健康問題。後來，脊椎手術、靜養、精神崩潰，以及多次抑鬱，讓她無法追求她原本希望從事的醫學工作。不過，她早期從父親、伊利諾州羅克福特女子學院，以及狄更斯、托爾斯泰和約翰·密爾等人的文學作品中所學到的道德教育，讓她思考未來要成為一位社會改革家。當她在一本雜誌中讀到倫敦湯恩比館的介紹時，也就是第一間英國安居屋，她決心親自去瞧瞧安居屋究竟能做什麼。

一八八七年十二月，珍·亞當斯和她的羅克福特女子學院友人愛倫·史達等人一同前往歐洲，預計將造訪湯恩比館，夢想未來某天她會在美國開設類似的機構。在西班牙旅遊時，甚至在她實際看過湯恩比館之前，亞當斯就向史達透露她的夢想了，後來她將這段對話記錄在她一九一〇年出版的《我在霍爾館的二十年》一書中：「我清楚記得我最後結結巴巴、不確定地對我的老同窗史達小姐說，她也是我們的姊妹淘。」由於「史達小姐多年交情的信任」，以及她的活力及熱情，亞當斯才開始相信她的計畫確實可行。

和史達在巴黎分道揚鑣後，亞當斯單獨前往倫敦，終於看見湯恩比館，沒想到超出了她的期待。湯恩比館大學人員的生活是窮人模式，他們因應這樣的安排，所獲得的共同利益，乃直接促成霍爾館的設立。

回到美國後，亞當斯和史達開始為她們的計畫尋找合適的建物。當亞當斯找到舊霍爾館時，她用以下文字來描述她們的幸運：

隔年一月，史達小姐和我在芝加哥尋找一個可以執行我們計畫的社區……這棟房子自一八五六年建為芝加哥某個拓荒者查爾斯．霍爾的家園後，已歷經許多更迭。雖然留下許多歲月的痕跡，基本上保持得很完整……我們親手翻修這棟房子，把它弄得風格獨具，我們不但用我們在歐洲收集來的照片及飾品，還用許多桃木家具來布置……即使少婦在自己家中擺設自己的物品，或許也不會像我們初次布置霍爾館這麼愉快。

一八八九年時，霍爾館已經開放給訪客參觀，史達舉辦了一個「讀書會」。首次會面時，她向一群年輕女人朗誦喬治．艾略特的歷史小說《羅慕拉》。她們接下來幾週再度回來參加在樓上餐廳舉辦的活動。其中有兩位成員受邀每週來用餐，除了來做客外，後來她們還幫忙亞當斯和史達洗碗。

史達也提供其他形式的文化教學，包括她自己教授的藝術課程。後來，史達對藝術的興趣又向另一個方向發展。根據亞當斯的回憶，史達接受過書籍裝訂的訓練，接著在霍爾館成立裝訂部，「將設計、工藝、美學整個裝訂流程教授給一小群學員」。

霍爾館最後會變成約二十五個女人的住所，為白天數百名學員開課，其中有許多是由志工老師教授。霍爾館有一個女子俱樂部、一個男子俱樂部、一個男女合收戲劇協會、一所幼稚園、一個體育館、一間澡堂、一間圖書館、一所音樂學校、一間畫廊及成人夜校。到一九一〇年時，霍爾館已經成為一個擁有運動場和暑期營的十三棟建築的安居綜合中心。

這個計畫特別配合窮人家孩子的需求，他們之中有許多人在十四歲時就輟學，因為在那之後就學就不是義務性質。亞當斯寫道：「對我們來說很重要的是，這些孩子應該有一個永久的中途之家，提供他們夜間俱樂部和課程，配合年長的女性工作人員，讓他們盡可能容易將學校生活與工作生活結合起來。」

根據珍・亞當斯的說法，在此同時，霍爾館提供特殊課程與服務給成人及老年人，消除普遍認為「成人對教育和社交生活的機會不會有良好回應」的印象。舉例來說，他們照顧一個高齡九十歲的女人，結果回應相當特別：

> 當她的女兒在餐廳煮飯時，她整天孤伶伶地一個人，因此長期養成一個習慣，從牆壁

上剝下灰泥，房東一個又一個拒絕出租房子給她。只需要幾個禮拜的時間教她做大型紙鏈環，漸漸地她也就滿足地做上整天，最後她喜歡上了裝飾牆壁，程度不亞於先前毀壞牆壁⋯⋯隨著日子一天天過去，我們發現這個年長女人竟然會說蘇格蘭蓋爾語，當一兩位嚴肅的教授來拜訪她時，鄰居們引以為傲，原來他們之中也有這樣一位奇葩。

經常有人問珍．亞當斯和愛倫．史達，她們可以付得起住其他地方，為何偏要住在好斯提街。她們的回答指向她們共同理念的核心：「或許即使在初期，我們就開始朝向一個目標努力，那個目標後來被寫進我們的組織章程中：『為提供一個更優質市民和社交生活的中心；為建立並維護教育與慈善志業，以及為調查並改善芝加哥工業區的情況。』」

兩個沒有接受過任何特殊訓練的未婚女子，能為弱勢者建立這樣一個庇護所，實令人覺得不可思議。她們的志業可說是相當大膽，不只對她們所處的時代，對任何時代都一樣。她們任何人有可能單獨做到嗎？雖然亞當斯是計畫的主持人，但如果沒有「史達小姐」的友誼和陪伴，她有辦法進行嗎？和之前的二人組——麥琪蒂和聖大格達、胡安娜和瑪麗亞．路易莎、伊麗莎白．史坦東和蘇珊．安東尼一樣，珍．亞當斯和愛倫．史達也需要彼此才能補自己的不足，以實現她們不可能的夢想。

雖然亞當斯在霍爾館最初幾年倚賴史達，但她最認真的感情卻是寄託在另一個女人身上——富有且親切的瑪麗．史密斯。在她的自傳中，亞當斯在一八九五年秋天傷寒復原期間，偶爾提到史密斯是見證人：「這個疾病拖得相當長久，在隔年秋天期間，我的健康最不理想，隔年五月時，我與友人史密斯小姐一同出國，希望可以完全康復。」[230] 她們這趟國外之旅可以說極為重要，她們不僅造訪了英國許多傑出的公眾人物，甚至還遠赴俄羅斯，到大文豪托爾斯泰位在亞斯納亞波利亞納的家拜訪他。後來，她們轉赴德國，在拜律特觀賞華格納的歌劇《指環》，和托爾斯泰的農村簡樸信條大相逕庭。這趟華麗的旅程不但開展了史密斯和亞當斯的合作關係，也讓她們下半輩子成為彼此不可或缺的夥伴。

在女同性戀圈子中，有許多人將亞當斯和史密斯兩人視為模範。受人敬重的歷史學家布蘭琪．庫克相信她們是女同，一部二〇〇八年電視紀錄片《在芝加哥驕傲出櫃》，也將她們兩人如此描繪[231]。其他學者則認為，我們無法得知亞當斯和史密斯是否有性關係，她們也可能擁有無性的浪漫友誼[232]。不過，我們現在定義她們的關係，她們稱彼此為「朋友」，並且符合這個有意義詞的最高理想。對她們來說，「朋友」除了意謂對芝加哥市區貧民窟痛苦的移民及受壓迫的貧民伸出友誼援手外，也意指一起旅遊，當彼此分開時寫信互相關懷。瑪麗．史密斯的肖像懸掛在霍爾館博物館內，不僅是因為她與亞當斯的友誼，也因為她是霍爾館的主要資助人。

## 希爾達・沙特和珍・亞當斯

從一個貧窮猶太移民女孩的視角來看珍・亞當斯和霍爾館，相當有趣。希爾達・沙特與她的守寡母親及姊妹們一同住在工人階級的社區，她最初是由一位愛爾蘭玩伴帶到霍爾館。她們一起參加聖誕派對，對來自各個國家、各種宗教背景的孩子，說著各種語言，在那裡盡情歡樂。希爾達看見各種文化背景的人竟然可以和平共處，感到匪夷所思，也對珍・亞當斯的熱情招待覺得不可思議。如希爾達在自傳中所說：「那是我第一次看見那些和善、寬容的眼神，它們散發出一種歡迎的感覺，讓我覺得自己被需要。」

接下來幾年，那些寬容的眼神會陪伴著希爾達直到青少年時期，在她輟學之後，鼓勵她成為一名製衣工，引導她參加成人教育英語課程，甚至讓她在芝加哥大學上了一個學期的課，可惜她並沒有高中文憑。最後，亞當斯幫助希爾達在霍爾館找到一份有薪水的工作，變成她的資助人、導師、指引方向的人，最後更成為她的朋友。用希爾達的話來說：「十年來，我大部分晚上的時間都在霍爾館度過，前三年我幾乎每晚都看到珍・亞當斯……她總是在那裡，有時她親自現身，有時則是我們在精神上感覺她的存在。」

希爾達接著去一家出版社工作，並嫁給一位有中產階級背景的男人，婚後搬到威斯康辛州密爾瓦基。但是，在過完十五年幸福快樂的婚姻生活後，她的丈夫於一九二七年過世，她失去了多數家產，因而離開那個傷心地，與她的孩子搬回芝加哥，並恢復了與珍・亞當斯的關係，此時雙方處於更平等的地位。

在霍爾館成立四十週年紀念會上，希爾達在餐廳內與亞當斯坐在同一桌，還包括許多知名人物及社區先前的成員：「珍・亞當斯屬於最偉大、卻也是最謙卑的那些人，正如同住在各地的孩子回家團圓時，母親會這麼做一樣。她知道每個孩子的名字，多年前那些來到霍爾館時還是困惑、遠離家園的小移民，她招呼他們。」在希爾達生活中的那一刻，在失去了丈夫和家產的痛苦後，她體認到亞當斯是一個始終支持她的朋友，「為她注入某種希望和勇氣，讓她度過眼前的黑暗」[233]。

沒錯，希爾達對前任導師相當感激，她崇拜地將亞當斯視為霍爾館的守護神。儘管如此，友誼的紐帶將這兩個地位不平等的女人纏裹起來，直到亞當斯在一九三五年過世為止。

## 教育、階級和種族成為友誼的因素

約一九〇〇年左右，出現一種新模式的女性友誼，此種模式的女性友誼涵蓋二十世紀多數時期。在中上階級，友誼取決於某種教育程度，至少高中，經常是大學。就提供尋找與維持友誼的場域而言，個人念哪所學校，有時甚至勝過個人上哪間教堂。教育是希臘移民之女可資利用，以在大學交朋友作為美國移民地社交界初登場的手段。

二十世紀前十年，女工如果完成高中學業，可算是幸運。可惜多數女工無法完成高中學業。在十六歲或甚至在十四歲離開學校，表示她們只能與同自己教育水平和社會階級的人交友，雖然有些人如希爾達．沙特，由於成人教育或嫁得不錯，因而進入中產階級。至於有色人種女性，不論她們是否進入中產階級，種族界線讓她們無法與白人女人往來，尤其是在南方。南方公立學校的法律種族隔離直到一九五四年才結束，實際種族隔離則更久。

根據一位女性學者在一九二五年的觀察，南方中產階級白人女性定期彼此會面，「打橋牌、喝茶及聊八卦」。不過，即使是在南方，在第一次世界大戰後，有一種進步精神鼓舞了許多女性社群。和美國其他地方的女人一樣，某些南方女人與其他女人相聚，不只是為了社交活動，還為了改善弱勢孩童、女工和非裔美國人的生活情況[234]。

一九二〇年代期間，認真新女性的公眾形象在美國開始淡出，取而代之的是無憂無慮的摩登女子。正如露西·卡佩爾在一九〇四年將十九世紀的浪漫友誼視為過去的事，衛斯理學院教授維達·史卡德也在一九二〇年代宣稱，她在該世紀之交所經歷的革命情誼，在年輕一代女人的生活中不會再見到[235]。一整個世代的社會運動人士打拚奮鬥而來的權利，在他們女兒及孫女的眼中，卻被視為理所當然。

不過，伊麗莎白·史坦東、蘇珊·安東尼和珍·亞當斯等改革人士所造成的改變，並未消失。新教育和就業機會使得某些女人可以獨居，或者如我們所見，以家庭伴侶方式生活，作為結婚外的另類選項。瑪格麗特·桑格爭取避孕合法化，讓許多女人可以控制自己要生幾個小孩，並享受更大的性自由。女性的投票權於一九二〇年通過，讓所有成年女性可以對政府事務與公共事務發聲，不論聲音是大是小。這些堅決的改革人士證明了一件事：只要團結一心，女人就能解決任何社會弊病。相對於維達·史卡德的夢想幻滅，她們的例子再度證明一個信念：美國女人無所不能。

## 維拉．布里坦和溫尼弗雷德．霍爾比

下述這本書描繪兩個新女性之間引人注目的友誼，不是由美國人撰寫，而是由英國女人所撰寫。在《友誼誓言》中，維拉．布里坦（一八九三～一九七〇年）描寫她和溫尼弗雷德．霍爾比（一八九八～一九三五年）的親密友誼，從她們在牛津相識開始，直到霍爾比因腎臟衰竭早逝。布里坦和霍爾比的友誼關係惹人注目，不只是因為她們之間的深厚情感——在布里坦婚後仍持續，還因為在她的作品中她們身為作家與改革者相互鼓勵扶持。布里坦的描述顯示在那個時代我們一直強調最佳女性友誼的特質——親密、自我揭露、分享經驗、忠誠、養成、相親相愛及相互扶持。在此同時，她的描述顯示在第二次世界大戰後不久，在受過教育的英國女人中不同的友誼特色。

布里坦和霍爾比在一九一九年回到牛津大學薩默維爾學院。較年長的布里坦當時患有嚴重的戰後憂鬱症，她在那場戰爭中失去了未婚夫、胞弟及胞弟的兩個最好朋友。在戰爭中擔任護士四年以及喪失親人的極度痛苦，讓她不但感到筋疲力盡，還十分悲觀。霍爾比只在陸軍婦女服務團（WAAC）服務一年，仍然精神抖擻且樂觀，後來證明活力充沛的她有助於讓布里坦恢復正常的生活。

牛津大學從一八七八年開始就有女學生，但她們要到一九二〇年才有資格取得學位。因此，布里坦和霍爾比是牛津大學——她們就讀的薩默維爾學院——第一批獲得大學學位的女學生。但在那之前，用布里坦的話來說，布里坦和霍爾比是「戰時我們服醫護役，以及我們對戰爭所感受到……對薩默維爾學院的老師們，既同情又反對的複雜態度，無形地連結在一起」。最初，布里坦並不信任霍爾比的樂觀性格，因此毫不隱瞞對她的敵意。但是，由於她們的戰時服務連結太過強烈，無法否認，因此當她們在休戰紀念日的第一週年在教堂內遇見對方時，她們發現原來彼此志同道合。不久，她們坦承想當作家的欲望，因而開始不斷地對談、散步及旅行，如此持續了十六年的時間。當她們在牛津的第一年結束時，她們花了兩個星期的時間連袂到康瓦爾郡，她們走過「兩旁種有忍冬樹的小徑，或是漫步在岩石處處的海岸」，並擬定她們下一學期的計畫——她們要在校外同居。

她們會談到失去的愛人——布里坦的未婚夫在戰爭中為國捐軀，霍爾比的男友受傷，與她疏遠。她們會坐在壁爐爐火前，霍爾比將頭躺在布里坦的大腿上，將她對宗教衝突的痛苦折磨娓娓道來。儘管對愛情感到心碎，對宗教也有疑慮，但她們倆都確定，她們最大的夢想是成為記者與小說家。當她們取得學位後，她們便前往倫敦同居。

霍爾比寫了一首小詩，將她們的新女性態度明確有力地表達出來，採用的是歌劇《天皇》

裡的一段曲調：

我們要來上演這齣秀
我們不害臊
我的朋友們和我
我們會推動整個世界！

她們離開學校並以整個世界為舞台時，由於相信友誼的力量，不但支撐她們的精神，也讓她們的計畫有萬全準備。霍爾比開始寫作並對她強烈關心的議題到處講演，如世界和平。當她離開布里坦，證明自己是「一個快活、優雅、無限熱情的信件作家，她的信札提出一段漫長、生動、連綿不斷的對話」。她們共同的最大樂事，是一起到義大利避暑，布里坦認為：「那是我所有旅遊體驗中最棒的假期，我相信對溫尼弗雷德也是如此。」當她們分開後，溫尼弗雷德·霍爾比寫給布里坦一封信表達她深深的情感：「最棒的事是從日常生活中發現你有多麼可愛。這趟旅途在多數情況下應該會很愉快……但因為你在那裡，讓整趟旅途都很愉悅。」沒錯，因為與特定的某人在一起，才會產生那種獨有的愉悅，友誼便是在那其中：因為你是你，我是我。從這方面來說，真正的友誼跟真正的愛情差別不大。

從一九二二至二三年，布里坦和霍爾比一起住在布魯姆斯伯里的一棟公寓內，離大英博物館不遠。接著，她們搬到麥達谷一棟大廈寬敞的公寓內，和昂貴、滿是知識份子的布魯姆斯伯里比較起來，這個區比較沒那麼高級。布里坦記得她們在一九二〇年代「令人興奮的確定感」，對於第一次世界大戰的恐怖，「人類可以學習」不要讓歷史重演。但很不幸地，她們錯了。

她們各自追求自己的記者夢或小說家夢，而且愈來愈接近夢想。從各自父母親的家回來後，她們「對於我們在倫敦努力、獨立的生活，感到前所未有的愉悅」。就像許多幸福快樂的夫妻，在辛苦工作了一整天之後，有許許多多的事情想要告訴對方：「幾次分開，各自有不同的體驗後，我們從來都不知道在一天結束後，回到甜蜜的家竟然是如此地快樂，我們在傍晚啜著茶並享用點心時，會將經歷的點點滴滴娓娓道來。」

這兩個女人之間的關係相當親密，她們用布里坦所謂心有靈犀的方式，回應對方的需求及情感，也就是說，她們在對方還沒說或還沒開口前，就知道要怎麼回應了。彼此相處很長一段時間的人，就會知道布里坦的意思是什麼。夫妻、家庭伴侶、姊妹及母女，有時可以輕易接對方的話。

不過，布里坦和霍爾比並不是彼此的翻版，而是互補，在外表和性格上的互補。布里坦個子嬌小、頭髮烏黑、容易憂慮，霍爾比則是高大、金髮、外向。布里坦年紀較長，經歷較為坎坷，也比較窮。回頭來看，她承認在經歷過大戰的許多不幸事件後，可能已經變成一個難相處的人，她們的友誼之所以能夠繼續，主要得歸功於霍爾比，而不是她。

儘管她和霍爾比珍貴的友誼關係，但布里坦卻接受一位年輕大學教授喬治．卡特林的求婚，並在一九二五年嫁給他。婚禮前一天，霍爾比送給布里坦一條綴有許多小顆珍珠的白金項鍊，搭配她的婚紗（當霍爾比在十二年後臨終前躺在床上，眼睛看不見時，布里坦將這條鍊子像一條臂鐲圍繞在她自己的手臂上，並將霍爾比的手指合在上面）。霍爾比是布里坦的唯一伴娘，盛裝打扮，頭戴一頂寬大的羽毛帽，搭配一大束藍紫色的飛燕草。後來布里坦自己才承認，她的婚姻一定給霍爾比帶來許多痛苦，霍爾比一直努力隱瞞著，「表現得有情有義，毫不在意，落落大方」。霍爾比將她的情感記錄在一首名為〈大笨鐘〉的詩中，描述布里坦一直習慣給她們公寓的時鐘上緊發條的滴答聲：「雖然她已經走了，但她的時鐘仍在滴滴答答響著。」這個時鐘大聲地提醒著我，「當我們的愛在這裡時，那些珍貴的時刻」。

幸運的是，婚姻並未打斷她們的友誼關係。她們繼續支持彼此作為小說家、記者，以及國際聯盟的運動者。在霍爾比造訪南非五個月後，她經常與布里坦及卡特林住在倫敦，作為一個榮譽家人。不久，布里坦生下兩個孩子，一男一女，霍爾比則終生未嫁。

雖然霍爾比享年僅三十七歲，但她在那短暫的時間內出版了六部小說、若干短篇故事、詩篇、諷刺作品，以及一本有關維吉尼亞·吳爾芙的書，還發表有關和平主義、女權及非裔權利的演說。當她過世時，她已經是一個知名的公眾人物。

布里坦的第一本小說在一九二三年出版，不過要到她撰寫了自傳性作品《青春誓言》（一九三三年出版）及《友誼誓言》（一九四〇年）後，她才真正發現自己的文學聲音。後者本質上是霍爾比的傳記，有相當大篇幅是在記述她們十六年的友誼。身為一位作家，布里坦相當清楚，兩個女人之間的情誼幾乎不會成為歷史的一部分：

> 從荷馬開始，男人的友誼享有榮譽與讚美，但儘管有路得和拿俄米，女人的友誼通常不會被歌頌也就罷了，還受到嘲諷、輕視及錯誤解讀呢。我希望霍爾比的故事有助於將這些暗黑的詮釋撥亂反正，告訴讀者，女人之間的忠誠和情感是一種高貴的關係，這不但不會剝奪女孩對情人、妻子對丈夫或母親對孩子的愛，實際上還提升她對他們的愛呢。[236]

我們只能補充說，現在女人不須證明她們的友誼的正當性，不須將友誼呈現為異性戀、婚姻和母職的正向附屬品。但是，在布里坦的時代，她與霍爾比的強烈友誼被視為不尋常，甚至相當可疑。在我們眼裡，那兩個新女性因為個人情感和對有意義工作的承諾而結合，因而為後來二十世紀的女性鋪路，讓她們可以高舉姊妹情誼的大旗團結在一起。

# 第十章 愛蓮娜・羅斯福和她的朋友們

我們舉起酒杯敬沒來的朋友，希望她們在晚餐時可以和我們在一起；親愛的，當我提議敬酒時，我想起了你。

——愛蓮娜・羅斯福寫給蘿莉娜・希柯克的信函，白宮的聖誕夜，一九三三年

我們的友誼如此長久，時間和距離從未對它有任何改變。

——愛蓮娜・羅斯福寫給伊莎貝拉・金恩的信函，一九五三年十月九日

生活中沒有任何經驗會比友誼更為寶貴。

——愛蓮娜・羅斯福的《常識禮儀之書》，約一九六二年

在社會和政治變革影響所有美國人之際，尤其是對女人的影響，愛蓮娜・羅斯福（一八八

四～一九六二）卻活得多彩多姿。她親身經歷女人角色的巨大轉變，從維多利亞時代「家的守護天使」理想，到十九世紀之交的新女性，甚至是一九二〇年代及一九三〇年代更新的新女性，接著戰爭中斷、戰後樂觀主義、民權運動，以及早期激動人心的有組織的女性主義。在愛蓮娜多彩多姿的一生當中，許多朋友在她心理、社會和政治上的轉捩點，扮演關鍵的角色。

雖然愛蓮娜的朋友由於小羅斯福總統與愛蓮娜的公眾形象而黯然失色，但她們現在已經為研究小羅斯福總統時期的歷史學家所熟悉。和美國其他總統夫人不同，和艾碧該．亞當斯一樣，愛蓮娜留下大量書面資料，證明她擁有廣泛的家人及朋友網絡。這些受到詳細檢視的信札、日記、自傳、文章、演講等等，讓我們對她的私人關係有豐富、深入的了解，並聚焦二十世紀前半女人作為朋友的場景。

從小羅斯福在一九二八年擔任紐約州州長直到一九四五年過世，眾人看見愛蓮娜——她也在意人們怎麼看她——主要作為他的幫手。小羅斯福在收音機的爐邊談話和愛蓮娜「我的一天」報紙專欄，加上媒體經常注意他們的一舉一動，有如為明星打廣告，這種禮遇是至今任何總統賢伉儷不曾有過的。他們呈現出一對和諧、有同情心、高貴的夫婦形象，致力於一般美國人的福祉。然而，很少人知道他和他的夫人早就不同床，他們只維持婚外的友誼關係。

愛蓮娜於一九〇五年結婚，在結婚最初十年期間生了六個孩子，一九一八年卻意外發現小羅斯福與她自己的社交祕書路西・莫瑟已經有兩年的婚外情。愛蓮娜提出離婚要求，但小羅斯福跋扈的母親莎拉・羅斯福——一年當中大多數時間，他們和她一起住在她的海德公園莊園——威脅，如果他接受離婚，就要切斷對他的金錢援助，因此愛蓮娜繼續與小羅斯福維持婚姻關係。她證明在他的政治生涯中是不可或缺的夥伴，尤其是在他一九二一年罹患小兒麻痺症，腰部以下癱瘓後。

接下來數年之中，愛蓮娜逐漸轉向她的朋友們尋求慰藉和認同。她八歲時母親過世，接著十歲時親愛的父親（老羅斯福的胞弟）也跟著走了，她們幫助她走出這個創傷及不安全感。愛蓮娜生長在傳統的紐約社會，由她嚴格的外祖母帶大，後來被送到英國念書，十八歲回到紐約，初次踏入社交圈。雖然她必須遵守上流年輕女子必須遵守的嚴格要求和順從，但她也在下東區利文頓街安居屋做志工，流露出她富有同情心的一面。當時的遠房堂叔富蘭克林・羅斯福（小羅斯福）是一位哈佛學生，將會把她帶往另一個方向：小羅斯福與婆婆擁有相同的政治企圖心，讓愛蓮娜成為全心全意配合丈夫的賢妻。

## 伊莎貝拉·金恩

結婚時，愛蓮娜與具有傳統美的伊莎貝拉·塞爾梅什已經是朋友。雖然伊莎貝拉小兩歲，但她變成愛蓮娜生命中忠貞不渝的好姊妹。實際上，當小羅斯福求婚時，在這對年輕情侶還未告知家人前，愛蓮娜就先向伊莎貝拉透露他們已經祕密訂婚。伊莎貝拉是愛蓮娜六個伴娘之一。在愛蓮娜結婚後數月，伊莎貝拉嫁給羅伯特·佛格森，他大她十八歲並是羅斯福家族長期的友人。這兩對情侶在各自的歐洲蜜月之旅期間，在羅伯特的祖傳莊園彼此造訪。在紐約市，愛蓮娜與伊莎貝拉同樣生活在上層階級社會，她們交流有關生育、養育及管家的資訊。伊莎貝拉是小羅斯福第一個孩子安娜的乾媽，安娜在一九〇六年出生；愛蓮娜則是伊莎貝拉第一個孩子瑪莎的乾媽，瑪莎在同年九月出生。生完女兒後，各自又生了一個兒子：詹姆斯·羅斯福在一九〇七年出生，小羅伯特·佛格森在一九〇八年出生。即使有了孩子後，愛蓮娜和伊莎貝拉經常在提供學習藝術的女人住宿的三藝俱樂部或為宣傳安居屋而設立的年輕女子協會會面。

但是，當丈夫羅伯特·佛格森被診斷出肺結核後，這個無憂無慮的上層階級生活戛然而止，佛格森一家被迫必須從紐約市搬到氣候更宜人的新墨西哥州。愛蓮娜會經常寫信幫伊莎貝拉打氣，但她也遭受相當嚴重的打擊：第三個孩子富蘭克林，一九〇九年十一月一日七個月大時因流行性感冒夭折。她在十一月十二日給伊莎貝拉的信中，表達她從朋友的勇敢例子中所感受到的慰藉：「親愛的，我要告訴你，儘管你有許多的憂慮及悲傷，但你仍表現出無私和愉悅，在這幾個禮拜中幫助我，比你知道得更多……有時我想我無法承受一個小生命所留下來的悲痛，但我又了解到我們還是有很多要感謝。」

佛格森夫婦搬到西部後，愛蓮娜與伊莎貝拉超過四十年穩定地通信，表示她們對彼此有深深的情感。她們的信札包括愛蓮娜初生孩子的故事——艾略特在一九一〇年出生，小富蘭克林（為了紀念她之前失去的孩子而命名）在一九一四年出世，約翰在一九一六年出生——以及這兩個女人的社交和政治活動。偶爾當她們兩人都在東岸和在西部時，她們會見個面。

當美國在一九一七年四月向德國宣戰，這兩個女人進行與戰爭有關的活動，愛蓮娜為華盛頓首府的紅十字會工作，伊莎貝拉則在新墨西哥州的國防委員會服務。和在英國的維拉·布里坦以及其他新女性一樣，這場戰爭提供愛蓮娜和伊莎貝拉擔任有意義的志工的機會，這成為她們未來擔任公眾人物的墊腳石。

一九二二年秋，羅伯特·佛格森死於腎臟衰竭，伊莎貝拉立即拍電報給愛蓮娜。愛蓮娜用一封真心真意的信來表達她對羅伯特的情誼，認為他是一位「摯愛、忠誠的朋友」。當伊莎貝拉三個月後振作起來回信時，她首先感謝她們牢不可破的情誼：「喔，親愛的愛蓮娜，跟你在一起，我不用重新開始，只要繼續，**你**是一個很棒的朋友，在面對我莫名其妙的**沉默**時，表現出了解的態度。」她知道愛蓮娜會了解她在那之前無法寫信回覆的「痛苦和痛心」。她知道先生過世不到兩年時間，愛蓮娜會贊成她嫁給約翰．格林威，且和他一起搬到亞利桑納州。

不過，伊莎貝拉幸福快樂的日子為時短暫。一九二六年一月初，她陪丈夫到紐約進行膽囊開刀手術，一週後，他在她的懷抱中過世。愛蓮娜要伊莎貝拉放心，她會一直在那裡陪伴著她：「如果你和瑪莎〔她的女兒〕真的需要我，我可以過來陪伴你們，因為我真的好愛你啊！我一直真心想要幫忙，不過我知道誰也幫不了忙。」

接下來數年，像許多新女性和更新的新女性一樣，愛蓮娜與伊莎貝拉在政治圈相當活躍，兩人都是偏向民主黨。小羅斯福擔任了兩任紐約州州長後，於一九三二年芝加哥民主黨大會上被提名為總統候選人，而擔任亞利喬治桑納州代表的伊莎貝拉．格林威為他的提名做了第一次附議演說。同年八月，伊莎貝拉在亞利桑納州民主黨初選中擊敗兩位男性對手，後來贏得選舉進入第七十三屆國會，替補一位辭職的國會議員。她搬到華盛頓首府開始國會議員任期，因而可以經常與老朋友會面，現在愛蓮娜則搖身一變成為美國第一夫人。

有時伊莎貝拉在白宮享用午餐或晚餐。有時，愛蓮娜會遛狗到威拉德飯店，與伊莎貝拉見面吃飯或喝個下午茶。伊莎貝拉在一九三四年連任國會議員，但在一九三六年拒絕再出馬競選。她在一九三九年梅開三度，嫁給哈利·金恩，並在紐約及亞利桑納州土桑市度過餘生。

在小羅斯福擔任第一任與第二任總統期間，他最大的支持者就是伊莎貝拉，但當他決定要競選第三任時，伊莎貝拉決定轉向支持溫德爾·威爾基。愛蓮娜當然倍感失望，但她向伊莎貝拉保證，她的決定不會影響她們之間的情誼。她寫道：「我了解只要你認為是對的事，你一定會堅決去做。」[237]後來小羅斯福成功連任，她們友誼一如以往沒有改變。

美國於一九四一年加入第二次世界大戰，愛蓮娜與伊莎貝拉再次投身參與各種與戰爭有關的工作。不過，這並不影響她們慶祝彼此的生日和寄送禮物。她們於一九四五年二月十五日在紐約市見面，愛蓮娜希望兩人可以真正安靜相聚。不過，不論愛蓮娜的內心有多麼平靜，數個月後，也就是一九四五年四月十二日，小羅斯福在喬治亞州暖泉過世的消息，讓她大感震驚。後來不久，她與伊莎貝拉在紐約比特摩爾飯店見面吃飯，愛蓮娜還在適應如何當一位寡婦以及過白宮外的生活，她在白宮裡度過了十二年的歲月。能夠與一輩子的朋友相聚，一定是很大的慰藉，她對她的朋友沒有什麼祕密。

## 新朋友，新世界

的確，愛蓮娜的一生有過祕密。細數她不快樂的童年，到發現丈夫和祕書路西・莫瑟的婚外情，能談論這些話題代表著從僅僅相識過渡到真正友誼的儀式。愛蓮娜在一九二〇年代和一九三〇年代所交的新朋友，包括愛斯樂・萊普和伊麗莎白・瑞德、南西・庫克和馬里昂・迪克曼、艾莉娜・摩根、馬爾維娜・湯普遜（湯米）、路易・浩威、厄爾・米勒及記者蘿莉娜・希柯克等人，她們每一個人在幫助愛蓮娜走出家庭圈並投入整個世界都有功勞，她後來更成為自由派的代言人。

一九二〇年代在格林威治村，許多新女性獨居，或所謂波士頓婚姻的同居。這些女人鼓吹女人也要有投票權，為廢除童工和給予女工更佳工作條件而奮鬥，並參與其他進步性的運動。在她們之中，愛斯樂・萊普與她的伴侶伊麗莎白・瑞德，以及南西・庫克和她的終身同伴馬里昂・迪克曼，會在她的政治實習之路上扮演亦師亦友的角色。

愛蓮娜後來先是透過她在女選民聯盟與國際法庭的工作，接著經由多個純社交的夜晚，一起在她們的格林威治村公寓內，才知道這些獨立的女性。與衛斯理學院畢業生和大學教授愛斯樂・萊普，以及史密斯學院畢業生和律師伊麗莎白・瑞德合作，愛蓮娜才拋開身為痛苦妻子和聽話媳婦的包袱，並打入這些女孩之中，快樂、不拘禮節的用餐並大聲朗誦詩詞[238]。

另一對一九二〇年代格林威治村情侶馬里昂·迪克曼和南西·庫克，她們在愛蓮娜的生活中扮演相當重要的角色。南西是紐約州民主黨女性分部的主任，馬里昂是紐約市陶杭特女子學校的老師兼副校長。她們協助愛蓮娜在紐約上州設立女人的民主黨俱樂部，她們還一同創立一份名為《女性民主新聞》的報紙。對於愛蓮娜和馬里昂、南西、愛斯樂、伊麗莎白等人的友誼，歷史學者桃莉絲·古德溫寫道：「所有證據顯示這四個女人，以及其他六個女人……在愛蓮娜·羅斯福的教育政策中扮演重量級的角色，並且在政治、策略和公共政策上輔導她，鼓勵她流露情感，並建立她的自信及自尊。」[239]

在海德公園，愛蓮娜不得不依照她婆婆的奢華標準生活，但她和小羅斯福在三公里外的瓦爾基爾鄉間有一間宅邸，兩人可以到那裡度假。在這間宅邸，愛蓮娜與馬里昂、南西和小羅斯福野餐，熱情接受他的建議，他們在那裡蓋一間小房子，讓她可以過更簡單的生活。他們興建這間迷人的粗石別墅，後來被愛蓮娜視為真正屬於她自己的第一間房子。在這裡，她可以邀朋友來家裡做客，而不須請「媽媽」准許；據說她不喜歡愛蓮娜的朋友，因為她們太有主見。

親密的友誼提供愛蓮娜維持婚姻所需的穩定力量。面對小羅斯福和他活潑的私人祕書瑪格麗特·勒翰德（暱稱為「蜜西」），以及圍繞她魅力四射丈夫的逢迎拍馬者，愛蓮娜發展她自己的小圈圈——一群忠誠的男女。一九二〇年代，在這些朋友之中，馬里昂和南西最為忠誠，她們兩人成為她在瓦爾基爾工業的夥伴，愛蓮娜創立這間公司是為了振興當地手工業。在南西的指導下，瓦爾基爾工業在家具製作、織造及金屬加工等方面頗為成功。小羅斯福鼓勵愛蓮娜與南西和馬里昂建立三方工作關係，他很驕傲地將瓦爾基爾生產的第一批家具擺放在他位於喬治亞州暖泉的別墅裡。暖泉是美國醫治小兒麻痺症的主要治療中心，提供小羅斯福一個健康的休養場所，並由他的私人祕書蜜西管理。

愛蓮娜與蜜西之間的關係相當複雜。小羅斯福與愛蓮娜協議過各自的生活，雖然不符傳統，但這個關係後來證明相當成功，因此愛蓮娜幾乎不能反對他擁有小三，尤其是蜜西讓愛蓮娜不須經常關心不良於行的丈夫。愛蓮娜本身也了解，她身為小羅斯福的妻子、孩子的母親和政治上的盟友，對他來說是不可或缺的人，她則相信他們的私生活可以和他們想在公領域完成的重要工作分開，並行不悖。

除了瓦爾基爾工業外，愛蓮娜、南西及馬里昂買下紐約市的陶杭特女子學校。馬里昂擔任校長，愛蓮娜則擔任最受學生敬愛的文學與美國歷史老師。從一九二八至一九三二年，雖然她的丈夫是紐約州州長，愛蓮娜每個禮拜一到禮拜三會在學校教課，然後趕回奧本尼回復州長妻子的身分。愛蓮娜喜歡教書，但當小羅斯福擔任總統時，她只能心不甘情不願地放棄這份教職。她將與南西在瓦爾基爾工業一起工作，和馬里昂一起在陶杭特女子學校共事，視為「交友和維持友誼最令人滿意的方式之一」[240]。在這方面，愛蓮娜步上珍・亞當斯及其他世紀之交新女性所走過的路。一九二〇年代和一九三〇年代更新的新女性，愛蓮娜不但與她們有往來，她還協助發展她們的事業，這些人成為後來世世代代的模範。羅斯福總統的隨行人員包括第一位被任命擔任美國內閣閣員的勞工部長弗朗西絲・珀金斯，她在羅斯福整個總統任期間都一直擔任那個職位。

羅斯福內閣提拔多位女性接掌資深政府職位，人數之多前所未見。在這些女性官員當中，有許多人是透過與第一夫人的關係，才讓總統了解她們的才華。她們不但了解彼此的辛苦工作，而且多數時候相互支持。當羅斯福的內閣收到他過世的消息時，珀金斯與愛蓮娜「像兩個女學生坐在板凳上」嚎啕大哭[241]。

艾莉娜和小亨利・摩根索是羅斯福最先認識的兩位猶太裔朋友。從最初開始，愛蓮娜就相當仰慕甚至是嫉妒艾莉娜不錯的瓦薩學院學歷。艾莉娜將一個有三個孩子和一大群人的家管理得順順當當，她在民主黨婦女部工作，以及對她先生亨利的支持，接著成為紐約州的農藝領導人，讓愛蓮娜十分欣賞她的能力。

不過，即使是最親密的朋友，難免還是有緊張、誤解的時候。舉例來說，一九二八年愛蓮娜與艾莉娜之間就是這樣。當時是在小羅斯福成功競選紐約州州長期間，艾莉娜感覺她一直受到冷落。為了減輕她朋友的負面感受，但也想表達她自己的擔憂，愛蓮娜寫道：「我一直覺得你經常被虛幻的事物給傷害，一直想要保護你。不過，如果我們想要有健康、正常的關係，我了解那一定要建立在某種平等的基礎上，你就不會這麼容易受傷。人生苦短，不值得老是把時間花在療傷上！」[242]她邀請艾莉娜那個禮拜一起吃飯，希望她的朋友可以熬過去，而後來她也就沒事了。

不久，當小亨利．摩根索成為羅斯福總統的財政部長時，艾莉娜與愛蓮娜早餐前幾乎每天都會一起在華盛頓的岩溪公園裡騎馬。她們也會一起相約到紐約殖民地俱樂部看戲、吃飯。當愛蓮娜的朋友申請那家俱樂部的會員時，因為猶太裔的身分遭到拒絕，令她感到十分震驚，於是愛蓮娜退出會員表達抗議[243]。由於她與摩根索夫婦的友誼，愛蓮娜不得不面對她社會階級中猖獗的反猶太偏見。

另一位重要的朋友是馬爾維娜．湯普遜（暱稱湯米），她在二〇年代中期即開始協助愛蓮娜處理州政治，在往後三十年一直擔任她的左右手。當愛蓮娜住在白宮時，她擔任愛蓮娜的祕書，隨時在愛蓮娜身旁，包括承租附近公寓給客戶，以及二次大戰打得正酣時，陪伴愛蓮娜遠赴倫敦。

湯米也是愛蓮娜女兒安娜的朋友，透過兩人大量的通信，我們才能從另一個視角一窺愛蓮娜的私人關係。湯米給安娜的信札，對於了解愛蓮娜在一九三八至一九三九年期間與馬里昂·迪克曼及南西·庫克兩人的痛苦決裂，極為重要。從湯米的觀點來看，南西與馬里昂對愛蓮娜在一九三〇年代帶進瓦爾基爾的新人相當鄙視，這些人來自社會各個階層，包括左翼學生以及移民或佃農之子。南西和馬里昂對湯米在瓦爾基爾工作與休息極為憤慨，並且隨便地對待她，如一九三七年九月十日湯米寫給安娜的信所示：「我必須告訴你，馬里昂·迪克曼已經開始當起我的老師，她說我講話太大聲，我使用某些詞彙過於頻繁，並且不應該強調某些字！我難得有這個機會可以好好磨掉這些稜角呢！」最後，愛蓮娜乾脆買下南西與馬里昂兩人的瓦爾基爾股份，並退出陶杭特學校。這個一刀兩斷對所有人可說是相當痛苦，尤其是對愛蓮娜，她從未想過會失去曾經對她是如此珍貴的女性情誼。湯米對愛蓮娜昔日朋友的評價則是極盡挖苦之能事：「我為愛蓮娜感到如此遺憾，我應該要哭泣的，我想她肯定會以淚洗面，不過我一生都無法理解為何像她這麼好的一個人，身邊居然會有這麼多騙子。」244

## 路易和厄爾

在這整個期間，愛蓮娜也有幾個來往密切的男性友人，路易．浩威和厄爾．米勒，接著是喬瑟夫．雷思。路易．浩威是小羅斯福的主要政治顧問；愛蓮娜最初不信任他，不過她最後能看穿他雖然政治上喜歡油嘴滑舌，但其內心卻是一位有堅定信仰價值的人。在一九二〇年代，他們建立深厚的友誼，這段友誼一直維持到他在一九三六年過世為止。路易是愛蓮娜朋友中唯一一位與小羅斯福有相同親密關係的朋友，因此他能在他們之間扮演獨特的角色。他將她帶入政壇，請她檢視演講稿並討論新想法。她感到受寵若驚，在他的引導下，她變得更有信心可以為小羅斯福的選戰做出貢獻。

厄爾．米勒的情況則完全不同。他在小羅斯福擔任州長期間是愛蓮娜的保鑣，日夜陪同她走遍各地並保護她的安危。但和路易不同的是，他長得既高又帥，喜愛運動，也很有女人緣。雖然他和愛蓮娜在公開場合不拘小節，將他的手臂搭在她的肩膀上，或是將他的手放在她的膝蓋上，但他的意圖似乎是尊敬和獻殷勤，他總是尊稱她為「夫人」。愛蓮娜的朋友不喜歡州長夫人和她的平民保鑣走得太近。不過，他們發現，當他在身旁時，她更為放鬆，也更喜歡開玩笑，他們的感情是雙向的。馬里昂回憶說：「他帶給愛蓮娜某種東西……那是一種很深的依附感。」[245]

## 蘿莉娜・希柯克

愛蓮娜與蘿莉娜・希柯克（暱稱「希柯」）的友誼，甚至證明更有爭議性。她們的通信從一九三〇年代初到一九六二年，總計約三千五百封信，都保存在富蘭克林・羅斯福總統圖書館內。對於任何想要了解並描繪成熟的愛蓮娜・羅斯福的人來說，這些信件可以說是金礦。當這些信件在一九七八年開放給大眾閱覽時，大家才發現愛蓮娜深深愛過希柯，那種熱情勝過她任何其他朋友。

一九三二年秋，希柯擔任美聯社的記者，她被指派報導小羅斯福的第一次總統選戰。年近四十的她，在這塊男人領域中是一位十分成功的記者，她可以和他們之中最優秀的人一起抽菸、喝酒。希柯是一位身材結實、高大的女人，體重高達約九十公斤，不過她的身高不及愛蓮娜她們高䠷的貴族身材。

她們的教養與社會地位也十分不同。希柯在南達科他州由一位有家暴、虐待傾向的工人階級父親扶養長大。十四歲時母親過世後，希柯獨力完成自己的教育。畢業後她在多家報社工作，在新聞界一步步往上爬，最後才進入美聯社服務。愛蓮娜對希柯小時候可怕的經歷寄予同情，同時也十分欣賞她成為一名資歷豐富的記者。希柯則對於愛蓮娜害怕被小羅斯福想選總統的企圖心給吞沒，也害怕失去她自己的獨立生活，相當同情。

當小羅斯福於一九三三年三月四日就任總統時，希柯對愛蓮娜已經是不可或缺的朋友。愛蓮娜幾乎每天從白宮寫冗長的信函給她，包括在三月七日當天祝希柯生日快樂：「親愛的希柯，我整天想著你，明年生日我**將會**和你一起過，不過今晚你的話感覺既疏遠又正式，啊！我想要抱抱你，我好想緊緊地擁著你。你的戒指給我很大的慰藉，看著它就讓我想到你愛著我，否則我就不會戴上它！」三月八日寫給希柯：「剛才打電話給你，啊！聽到你的聲音真好，聽著你的美妙聲音，沒有人可以讓我如此快樂！」三月九日寫給希柯：「我的照片幾乎都掛起來了，我把你的照片放在起居室內，這樣當我醒著時，就可以不時看著你！我吻不到你的人，所以我吻著你的**照片**說聲晚安和早安！」[246]

看著這些信，我們彷彿被帶到十九世紀的浪漫關係。其語言和情緒的表達都一樣，除了提到電話這回事。情感的表達、希柯給愛蓮娜的戒指、愛蓮娜展示的希柯照片、想擁抱對方的欲望，以及知道對方也愛我而感到放心——這些都出現在愛蓮娜的新關係中。

愛蓮娜身為第一夫人，未來的傳記作者應會感到興趣，因此希柯建議愛蓮娜在每封信結尾加入她每天的行程。愛蓮娜的日記也忠實地成為她固定通信的一部分，顯示出她活力充沛，這點讓希柯過去在一連串競選造勢活動報導愛蓮娜時，稱她為「旋風」。在她丈夫擔任總統整個期間內，身為第一夫人，愛蓮娜會將見親朋好友與執行她的政治責任相互混合，形成一種特殊的社交生活結構。雖然她們一起出席政治活動、餐會、電影、音樂會，以及所有其他需要成雙成對出席的盛會，但愛蓮娜體驗真正的親密關係，卻不是與她的丈夫，而是與她最親密的朋友，尤其是在一九三三年和一九三四年與希柯。

她向希柯透露，如果他們的婚姻最後的下場是離婚，她很擔心她的孩子們。她從洛杉磯以航空連續寄出旅遊紀錄；從亞利桑納州土桑市，她晚上在那裡與伊莎貝拉·葛林威一起度過；她也從紐約市和海德公園寄信。好消息是，希柯在華盛頓聯邦緊急救援署（FERA）找到一份工作，分派的工作是評估國家新政計畫的執行效力。雖然她的工作會有大量出差，但她喜歡回到華盛頓首府，並睡在愛蓮娜套房旁的一個房間內。

希柯向愛蓮娜建議每週舉行新聞發布會，並且記者僅限於女性。愛蓮娜最初不願勉強自己出現在這樣的公開場合中，但在希柯以及小羅斯福的鼓勵下，她還是開始進行，希柯的輔導使這個公關活動極為成功，愛蓮娜自己也樂在其中呢。

一九三三年七月，愛蓮娜與希柯想要一起公路旅行到紐約上州、新英格蘭及加拿大法語區。現在很難想像美國的第一夫人開著她自己的車——那是一部藍色別克敞篷車呢！——而不被認出來，或是旅遊時沒有安全人員貼身保護。不過，愛蓮娜真的就是那樣，盡興玩了整整三個禮拜。當她們在七月二十八日返回白宮時，小羅斯福便快速安排了一個私人餐會，他想聽聽她們的旅遊心得。

愛蓮娜和希柯有時會有一起為弱勢團體服務的機會。舉例來說，當希柯造訪西維吉尼亞州靠近摩根敦的採煤區時，她對眼前所見的情景感到大為震驚，因此打電話給愛蓮娜，要她儘快趕來。愛蓮娜也被這個地方的貧窮和悲慘所驚嚇，因此她說服丈夫將那個地方當成維持家園計畫的一環，此計畫稱為「亞瑟古」，暱稱為「愛蓮娜的寶貝」。

希柯與愛蓮娜之間在一九三四年往返的這些信札，讀起來感覺心情起伏相當大。有時，一方對另一方的渴望想念，用深情詞彙源源不絕噴湧而出：「我愛你」、「我想你」、「我深深地、柔柔地愛你」、「我全心全意地愛你」、「一整個世界的愛」等等。又有時，由於她們的生活背景及脾氣不同產生摩擦，影響她們之間的關係，接著是道歉、悔恨、焦慮、罪惡感……希柯反覆無常的個性，時好時壞，有時加班或受到刺激時，更是火冒三丈。相較之下，愛蓮娜總是自我克制，不失尊嚴。當愛蓮娜扮演一位稱職的第一夫人並靠自己的實力成為一位人民景仰的公眾人物時，希柯的工作卻急轉直下。她不再是一位全國人民尊重的記者，在華盛頓的政治漩渦中，她從未找到一個可以立足之地。

她們關係的轉折點發生在一九三四年的夏天，當時她們正在造訪優勝美地國家公園。不過，不是她們先前所想像的私密、林木蓊鬱的景點，她們待在國家公園內那家知名的阿赫瓦尼飯店，結果變成記者、旅客和森林保護員的一場噩夢——她們都想拍攝愛蓮娜。還有，這個海拔高度讓希柯感到不舒服，因為她當時正受糖尿病之苦，以及抽菸的不利影響。雖然她比愛蓮娜年輕十幾歲，但希柯的腳步卻無法跟上精力充沛的愛蓮娜，因為愛蓮娜每天騎馬，加上幾乎一輩子都有做體能訓練，所以身體相當強健。當希柯與一群遊客爆發口角衝突時，愛蓮娜不得不趕緊將她拉開，並私下安撫她。希柯將永遠記住這個事件，並為之羞愧，她將它記錄在她一九六二年所寫的《愛蓮娜·羅斯福：不甘願的第一夫人》傳記中。這本書最後是以她們一九三四年優勝美地假期最後一天做結尾，意義重大[247]。她們的友誼會再持續近三十年，不過不會再有如前兩年的熱情。

希柯和愛蓮娜的信札透露了這兩個女人的形象，雖然她們彼此相愛，但在當時女人（或男人）出櫃，公開她們的同性戀感情並不安全。希柯檢查出她們的一些書信並盡可能全部燒燬後，才將剩下信件移交給羅斯福總統圖書館。愛蓮娜與希柯知道，她們的愛不會被同時代的人所接受。

最後，愛蓮娜的感情強度減弱，希柯發現自己處在痛苦的情況中。感情受傷，約會取消，道歉，愛蓮娜甚至退還希柯的戒指——所有這些動作顯示，她們的關係正在惡化。不過，在小羅斯福第二任總統期間，她們建立了一種不穩定的平衡關係，如此持續了許多年。

她們之間心照不宣的情感從未消失，不過她們用不同的方式來表達。當希柯深受健康與財務問題之苦時，愛蓮娜用支票和禮物來幫助她。當希柯喜愛的小狗普林茲十五歲過世時，愛蓮娜送她一隻英國雪達犬小狗。希柯則在慈善活動，以及在公開發表的，有時由她所編輯的文章中，持續鼓勵愛蓮娜。一九四〇年代初，她們各自交了新朋友：希柯與馬里昂．夏朗，美國稅務法院法官，比希柯年輕十歲；愛蓮娜則與約瑟夫．拉希，這位比愛蓮娜年輕二十五歲的自由派知識份子走得很近。

## 約瑟夫．拉希

愛蓮娜與約瑟夫．拉希於一九三九年秋初識，當時他身為左派學生的領導者，被請來「眾議院非美活動調查委員會」作證。整個程序是為了她對年輕活動人士支持的證明，愛蓮娜坐在一旁聆聽。結束後，她邀請拉希及他的五位朋友到白宮享用晚餐。隔年夏天，他在瓦爾基爾待了一整個禮拜的時間，因此奠定了他們的永久關係——用愛蓮娜女兒安娜的話來說：「據我所知這是媽媽有過最親密的關係。」[248]

根據拉希對這段關係的分析，我們可以了解許多有關愛蓮娜生活此階段的資訊。由於孩子都已長大，丈夫專注於公共事務，她有一種「深深無法被熄滅的渴望——想要感覺被需要、做個有用的人……擁有親近的人，就某種意義來說，那些人是屬於她的，她可以慷慨地給予他們幫助、照顧、溫柔。由於缺少這樣的朋友，她害怕她會乾枯而死」[249]。拉希十分願意扮演滿足這個需要的年輕友人角色。

在整個二次大戰期間，愛蓮娜與拉希利用通信來往，雖然他駐守在太平洋，但她對拉希未來的妻子楚德的關愛有如母親對女兒一般。戰後，愛蓮娜與拉希共同創立一個自由派反共產黨組織，名為「美國人爭取民主行動組織」。

當小羅斯福於一九四五年四月猝死時，愛蓮娜向她的朋友們尋求慰藉和陪伴。伊莎貝拉和她雖然很少相見，但一直與她保持聯絡。湯米則持續為愛蓮娜工作，直到湯米（和伊莎貝拉一樣）於一九五三年過世。拉希與愛蓮娜保持緊密聯繫，直到她過世為止，之後他成為她第一位重要的編年史家[250]。希柯和愛蓮娜也經常相會和通信，直到希柯於一九六二年收到一則電報，通知她羅斯福夫人的死訊並邀請她參加海德公園的教會禮拜儀式。

## 交友圈擴大

其實在小羅斯福過世前，愛蓮娜早就將她的交友圈擴大到包括她年輕時白人、英國後裔、新教徒等之外的人。當南西與馬里昂還是瓦爾基爾合夥人時，某些新朋友被她們接待時頗有怨言，因為她們是工人階級改革者、勞工組織幹部及有色人種。她與寶莉・穆雷的關係就是一個適當的例子。

在一九三九年時，小羅斯福總統獲得北卡羅來納大學頒發的法律榮譽博士學位，穆雷覺得有必要寫給他一封信，副本則寄給愛蓮娜。她指出，雖然小羅斯福在接受演講中稱讚該大學的「自由思想」，他卻忽略了「黑人」在那所學校還未獲准入學。她自己不久前才被該學校研究所拒絕。讓穆雷驚訝的是，她立即收到愛蓮娜的回信，鼓勵她不要放棄她的企圖心，但也建議她「用和解的方式努力奮鬥」。這封信展開了她們的關係，直到愛蓮娜撒手人寰為止[251]。

被白人學校拒絕入學之後，穆雷轉向有招收黑人學生紀錄的哈佛念法律。一九四四年四月，二次大戰期間，當她正準備從法律研究所畢業時，穆雷和其他多位學生溜進華盛頓特區潮汐港池附近只准白人顧客光臨的湯瑪遜自助餐廳。當員工拒絕服務她時，她還是坐下來，餐盤內空無一物，同桌其他黑人同學也被拒絕服務。他們坐在那裡默不吭聲，也不理會辱罵或嘲笑。在餐廳外，另一群學生在抗議，他們高舉牌子：「我們可以一起死，為什麼我們不能一起吃？」

穆雷寫信給愛蓮娜描述抗議情形，知道她會認同她們依照印度甘地的非暴力抗議策略，這個方法也曾被民權運動採用過。愛蓮娜在她火爆的朋友一生中，總是扮演滅火的角色。不過，愛蓮娜於一九五六年五月在麥迪遜廣場公園的出現激動人心，當時還有馬丁・金恩博士、國會議員亞當・鮑威爾，以及奧瑟琳・露西——她是第一位獲准阿拉巴馬大學入學的非裔美國人；之後，穆雷寫道，當愛蓮娜被「惹毛」時，她自己就「很火爆」[252]。

一九六一年時，愛蓮娜受甘迺迪總統之邀擔任「婦女地位總統委員會」的主席。她安排穆雷——當時已是一位知名的民權律師——擬定委員會的研究案。由於健康惡化，體力每況愈下，愛蓮娜交棒給更年輕的穆雷，完全相信她能讓聖火不斷燃燒下去。

愛蓮娜幾位能幹的友人協助將她的志業推向巔峰。他們培訓和輔導她，讓她成為一位企業家、老師及社會運動人士。她變成各界廣邀的公眾演講者，以及稿酬豐厚的出版作者。她逐漸變成一位成功的政治人物、受壓迫者的盟友和女性的代言人，她還宣傳種族和諧並推動世界和平。她的朋友信任她並鼓舞她，而她也鼓勵他們。

愛蓮娜的影響力相當大，一九四六年時，杜魯門總統任命她擔任美國駐聯合國大會代表團成員。愛蓮娜利用這項任命推動擬定〈世界人權宣言〉，進而成為杜魯門所謂「世界的第一夫人」。

她的例子太過偉大，所以不具有代表性，不過她的故事說明了二十世紀前半葉美國女孩和女人擁有許許多多的機會。社會期望多數生活在貧窮線之上的女孩應該念高中，其中許多人應該進修念大學。女人在當時也開始大量湧入職場，尤其是在二戰期間。某些女人甚至進入政治圈，例如弗朗西絲・珀金斯成為美國第一位女性內閣閣員。不過，如果沒有愛蓮娜的大力推動，在小羅斯福的總統任期間，女人不可能會達到這麼高的成就。不論愛蓮娜的地位有多麼崇高，她的故事可以說是美國歷史上極為重要的七十年，是女人在各種領域進步的一個縮影。愛蓮娜・羅斯福利用她身為一位政治人物妻子的身分來達成一生的志業，可以說是那個時代女人的典範。在朋友們的鼓勵下，她輔導並提攜別人，後人將會記住她對全體人類的貢獻。

# 第十一章　從伴侶關係到姊妹情誼

男人來了
又走了，你的朋友
會留下來，女人
會留下來，媽媽
說。

——愛爾瑪．薇蘭努娃，《媽媽，我可以嗎？》，一九七八年

雀莉蒂和莎麗，用千絲萬縷情感及共同經驗縫在一起，彼此為對方付出，每個人都希望擁有一個善解人意與有同理心的可靠同伴，但許多人從未找到。

——華勒斯．史泰格納，《終得平安》，一九八七年

在有治療師之前，有女朋友。

——克莉賽娜．柯曼，《只在女友之間：非裔美國女人慶祝友誼》，一九八八年

夫妻一直是美國歷史的社會根基。當大眾傳媒開始形塑人閱聽的生活方式時，美國大眾卻不斷受到成雙成對幸福快樂或拳腳相向的男女照片轟炸著。廣播節目如《海倫·特倫特的浪漫情史》和《我們好姊妹的星期天》，講述女人尋找永恆感情歸屬的系列經歷故事。怪胎喜劇如《某天晚上發生的事》（一九三四年）及《他的週五女孩日》（一九四〇年）描述兩性戰爭，暢銷巨著《飄》（一九三六年）則給予女人嫁給好男人衛希禮或放蕩不羈的白瑞德的幻想。只有格蘭特·伍德在他著名的諷刺油畫《美國哥德式》（一九三〇年），以一對美國情侶暗喻一夫一妻制是個既可怕又好笑的東西[253]。

女性友人在媒體上的影響力無足輕重，不過一旦她們躍上媒體版面時，卻又經常被描繪為勾心鬥角、奸詐背叛的人物。《女人們》（一九三九年）就是一個典型例子，好萊塢將女人呈現為有錢的潑婦，跟其他女人搶奪丈夫、情人、錢財及社會地位。《彗星美人》（一九五〇年）是描述百老匯一位年老色衰知名女演員和年輕貌美女粉絲的故事，這個粉絲野心勃勃，費盡心機想接近這個演員，最後給這個演員的事業及個人生活帶來衰運。流行文化史上，很少建議女人在面對不幸婚姻時，在情感與實質支持上彼此相互依靠。

當女人「搶」到一個好老公時，社會認為她們三生有幸，此生夫復何求，尤其是在一九三〇年代，當時經濟大蕭條的陰影籠罩著每個人。婚後女人不得繼續工作，以免跟男人搶飯碗！

一項一九三六年的調查詢問已婚婦女是否應該維持全職工作，只有百分之三十五的人回答「是」[254]。儘管女人在二戰期間，當國家有難亟須她們時表現出色，但在戰前及戰後專家會告訴她們，把家顧好才是本份。許多女人對這些限制感到畏懼，繼續在外工作，但有更多女人對於當家庭主婦、母親及社區成員，感到心滿意足。

## 夫妻與夫妻之間的交流聯誼

一九三〇及一九四〇年代的美國，夫妻與夫妻之間的友誼開始普遍起來。在四人當中，妻子們應該要能撐起談話的場面並想出遊戲點子，還要為客人準備點心。中產階級夫妻定期跟其他夫妻打橋牌，輪流作東請客，或者每年夏天在相同度假地點聚會。黛安・約翰遜讀起津津有味的回憶錄《飛越生活》，記錄她身為高中校長的父親和作為家庭主婦的母親，在他們位於伊利諾州莫林社區內擁有一群夫妻朋友，當時他們一起打橋牌、撲克牌、金拉米紙牌及打高爾夫球：「博斯夫妻、馬丁夫妻、吉爾夫妻和雷恩夫妻〔她的父母〕開兩桌玩橋牌，不過他們有時也玩撲克牌，他們都有玩錢，不過只是小賭怡情……高球雞尾酒或馬丁尼，幾杯黃湯下肚後，客人有時喝得醉醺醺的須被攙扶回家，雖然只要走幾步路就到街上。」

黛安．約翰遜的母親自己有兩組牌搭子，成員包括她的女性友人，由於她們都無業，所以她們把聚會時間都安排在下午時段。搬來莫林後，她就一直擔任美術老師，但「當她結婚後，她必須根據當時的傳統停止教書」[255]。從黛安．約翰遜的小孩觀點，這些朋友都喜歡彼此，不過他們有時還是會開開玩笑誰喝太多啦，或是誰打橋牌不按牌理出牌啦等等。這個看似和睦融洽的小鎮，背後究竟藏有什麼不為人知的祕密呢？這個未來作家可能無法窺知。

作家史泰格納選擇夫妻之間的友誼作為他半自傳小說《終得平安》（一九八七年）的主題。在小說中，史泰格納追溯兩位大學教授與他們的妻子從一九三〇至一九七〇年代，長達四十年的關係。四個人彼此關心，對個人也好，對夫妻也好，《終得平安》代表對那種特殊形式友誼值得受到關注的讚頌。

> 雀莉蒂和莎麗，被千絲萬縷的情感及共同經驗縫在一起。彼此為對方付出，每個人都希望擁有一個善解人意與有同理心的可靠同伴，但許多人從未找到。希德和我感情很好，但他們更好……我可以確定的是，友誼——不是愛情，是友誼喔——在兩個女人之間和在兩個男人之間一樣都是可能的，不論是哪種情況，沒有越界時，關係通常會更強。性別和不信任通常相伴相隨，兩者與友誼則不相容。[256]

史泰格納大讚女人之間的關係是親密到無縫，可以說到了令人嫉妒或羨慕的地步。過去男性作家認為女人無法像男人那般忠誠，經過長久時間之後，有趣的是，史泰格納斷然將友誼與性愛一刀兩斷切開，他的假設是，後者將對前者不利。這個問題自古希臘到現在的美國，一直糾纏著友誼論述。

夫妻之間的友誼，是在一九五〇年代有史以來最成功兩部電視情境喜劇的主要探討議題：《我愛露西》和《蜜月中人》。在這兩部傳奇般電視影集中的第一部，主角夫妻露西和瑞奇·瑞卡多是由露西兒鮑爾與德西阿南茲（兩人在螢光幕外也是夫妻）飾演。佛瑞德和愛瑟兒、他們的房東以及最要好的朋友，都居住在曼哈頓上東區的同一棟建築內，他們都表現出屬於他們時代的性別刻板印象，露西是個愚蠢的家庭主婦但也是認真的母親，想要外出工作並和身為樂隊領隊的丈夫瑞奇一樣進軍演藝圈。雖然她吸睛的才藝不多，但以前當過歌舞劇演員的愛瑟兒支持她對抗瑞奇和佛瑞德，因為他們經常說些輕蔑的話。兩對夫妻之間精采絕倫的互動，搭配令人拍案叫絕的友誼關係，可以說是拿獎的餘興節目。

《蜜月中人》在一九五一年首映，演出兩對工人階級夫妻的故事。羅夫是一名公車司機——由傑奇·葛立森飾演，和他的妻子愛麗絲一起與隔壁鄰居艾德和崔克茜相互過招。這個故事顯示四人行的友誼關係並不局限於上東區，也可能發生在尋常百姓人家。在這兩種情況中，兩對夫妻之間相處的各種小毛病，成為喜劇的笑點。

## 一九五〇年代

不論有多麼稀奇古怪，情境喜劇、電影及小說，都是那個時代的心態反映。在五〇年代，當美國人正要回到戰後的「正常狀態」時，女人和男人的結婚年齡比二十世紀任何時候都來得更早。女人第一次結婚年齡的中位數，在一九四〇年和一九五〇年之間驟降，從二十三歲掉到二十點五歲，男人則從略微超過二十五歲降至二十四歲[257]。

青少年認真約會，然後嫁娶高中的心上人，這種情況並不罕見。當時的年輕人沒有現在婚前性關係的社會認可，只要男方有工作機會，他們就趕緊結婚。一個一九五四年那屆畢業的衛斯理學院校友回憶說，按當時的社會習俗，在大四時就要訂婚，畢業時就結婚，然後工作到第一個孩子出生，通常距婚後約一兩年。在那之後，女人就應該滿足於家庭生活，照料家人的一切，還有，用詩人庫敏的話來說，「週末時必須與其他夫妻交流往來」[258]。朋友不外乎就是自己的街坊鄰居，對孩子和家長教師聯誼會有共同的興趣。女人一旦結了婚，如果想要進修或工作，會被視為「太有野心」，可能失去屬於真正女人的那種女性特質。以下我們就來瞧瞧，一九五〇年代版維多利亞時期的女性究竟是什麼樣子！

美國郊區發展，給予家庭主婦形成新的女性社交圈的機會。女人更容易跟年齡、收入及房屋種類相仿的女人交友。許多人更是透過孩子的活動互相認識，後來甚至隨著孩子長大、結婚，孩子也有了自己的孩子之後，這個友誼仍持續不斷。

一九五〇年代郊區社區以全白人和中產階級為主，非白人、低收入家庭則被排除在外。根據科馬羅夫斯基在一九五八至一九五九年的研究顯示，工人階級家庭有自己的交友模式[259]，她注意到丈夫的工作與家庭生活之間，嚴格地涇渭分明。絕大多數妻子與她們丈夫的同事完全沒有接觸，不論丈夫在工作時交到什麼樣的朋友，都跟他們的妻子沒有關係。相較之下，中產階級「公司妻子」的社交生活通常圍繞著她們丈夫的工作。但是，在科馬羅夫斯基的樣本中，許多夫妻並不與其他夫妻社交，有百分之五十八的夫妻每週或每個月與其他夫妻往來，這類朋友，有許多可以溯及小學或國、高中，他們會安排幾個晚上聚會，打打牌或看看電視。有時，他們會去打打保齡球、游泳或健行。只有百分之十七的夫妻從未拜訪過其他夫妻檔。這些數據顯示，夫婦友誼的理想不但成為《我愛露西》和《蜜月中人》的話題，也確實進入到工人階級家庭中，只不過程度不如中上階級的社會經濟圈子。

藍領階級妻子與擁有相同理念的其他女人交友，她們可能組成六到十個成員的社交俱樂部，每週在各自家裡聚會，打打牌或縫縫衣服。偶爾，她們會存些私房錢，選一天晚上一起出去吃大餐或看電影。工人階級的女人是夫妻教會俱樂部、家長教師會、保齡球聯盟和歌唱協會的活躍成員。科馬羅夫斯基根據樂趣評分列出十大活動列表，「邀請朋友來家裡」排名第三，前兩名則為看電視及帶自己的孩子。

結婚最初幾年，藍領階級丈夫與他們的妻子會將配偶列為最佳夥伴，但經過七年後，妻子在她們最愛夥伴中提到朋友及親戚的頻率愈來愈高，丈夫則減少了家庭以外的連結。對各個階級的男人來說，隨著年紀愈大，似乎有愈倚賴妻子的傾向，不過他們的妻子卻傾向在家庭圈子外交更多朋友。

## 友誼和女性主義

在一九六一年時，甘迺迪總統指定成立「美國婦女地位委員會」（PCSW），由愛蓮娜・羅斯福擔任主席。在一九六三年（愛蓮娜過世一年後），委員會公布一份報告，記錄政府、教育和就業等各方面歧視女人的作為，並提出改正建議。各州州長也依樣畫葫蘆，成立本州的婦女委員會。和新女性及早期女性主義者一樣，女人不但再次開始與彼此對話，也和男人對話，主要內容是針對阻礙她們完全參與美國社會。

同樣在一九六三年，傅瑞丹出版《女性的奧祕》，這本暢銷書描述中產階級家庭主婦經歷的各式各樣的衝突。傅瑞丹親切的風格讓她廣受當時白人郊區居民喜愛，他們開始覺得除了柴米油鹽醬醋茶外，生活是否該有更多其他事物。傅瑞丹甚至成為美國全國婦女組織（NOW）的創始會員，以及女人解放運動的主導力量。

到一九六八年時，激進的女性主義者在美國小姐選美比賽外設置糾察隊。此舉顯然針對這個選美活動而來，因為它是施加在所有女性身上人工美標準的縮影。示威者將假眉毛、高跟鞋及腰帶丟到垃圾桶內，但和媒體報導相反的是，她們並未燒毀胸罩。然而，「胸罩燃燒者」一詞卻從此貼在她們身上，透過大量負面媒體宣傳，女性解放運動成為全國眾所矚目。這場示威活動的策畫者漢妮絲描述這個想法如何在「意識覺醒」聚會上產生：「我們決定在整個會場上告訴每個女人我們對這個選美活動感覺如何……經過我們的集體討論後，提出具體的行動計畫。原規劃小組同意，示威的重點將是所有女人會受到選美比賽傷害——美國小姐和我們自己。」[260]

意識覺醒小組，像主導美國小姐抗議的那個小組，主張個人的問題就是政治的問題——個人的問題與包圍我們的社會結構有關。不，茱莉亞，不是因為你軟弱無能，是你的丈夫頤指氣使。他對你頤指氣使是因為這個社會告訴我們，男人比女人優秀，應該由男人來掌控。不，派翠西亞，你想做家具不是個怪胎，工作不是根據生理性別來分派，而是依據個人的才華及意願來選擇。不，瑪格利特，你不想要有小孩並不奇怪，我們不須接受有孩子的女人才是「真」女人那種過時的想法。意識覺醒小組形成一種新形式的友誼，稱為**姊妹情誼**（sisterhood）。

漢妮絲在分析美國小姐選美活動時，已經在使用**姊妹情誼**這個詞。不過，她擔心抗議可能會「有損姊妹情誼的理想」，因為會讓美麗的女人被視為「我們的敵人，而不是和我們一起共患難的姊妹」[261]。她希望未來行動盡可能觸及更多女人，傳達姊妹情誼完全不分你我的清楚訊息。

一九七〇年時，《姊妹團結真有力》收錄由詩人羅賓・摩根編輯，彙整女性主義者的文章。這本文集出現在抗議現場，儘管評論者批評，痛斥這些作者不滿的語氣刺耳，有如潑婦，但這本書卻迅速成為暢銷書。這本文集還鼓舞許多女人加入這個女性運動並改變她們自己的生活。

**姊妹情誼**變成女性友誼的口號，意指所有女孩和女人，即使沒有血緣或親屬關係，也應該用親姊妹的感情和忠誠來對待彼此。這個詞在新創詞彙「姊妹團結真有力」（sisterhood is powerful）中具有大膽的政治光環。團結如姊妹般，女人可以用集體行動促使社會改變，讓每個人因此受益。相反地，在個人層次上所做的事，也有政治意涵。當一個妻子讓她的丈夫照顧他們的孩子或煮飯時，個人的事就會從一個家庭擴及整個社區或整個社會。

呼喊口號、示威遊行、意識覺醒會議、第二波女性主義者等等，讓大眾注意女孩和女人的確切需求，並重新尊重她們生活的諸多面向，包括她們的友誼在內。因為男孩打電話來要求約會因而取消與好姊妹之約，不再是政治正確的事。女人可以要求她們的丈夫在家裡看孩子，讓她可以跟好姊妹一起去聆聽「搖滾蜂蜜」黑人女性合唱團的演出。女性友誼的未來絕對看好。

女性主義神學家克莉絲特和普拉斯科甚至稱這個女性運動為「宗教經驗」。她們將意識覺醒重塑為「胚胎儀式」，不但強化了成員，還賦予她們一種共同的任務：將「好話」散播給他人。教化、自我轉化、救贖等等傳統猶太基督的目標，可以在女性朋友的支持社群內積極追求：「稱呼彼此為『姊妹』，碰觸並擁抱彼此的新自由，是我們之間新關係的具體表達。」[262]

當然，並不是所有美國女人都想成為姊妹，許多人就對女性友誼要與家人畫上等號不表認同。施妃麗主導反女性主義運動，並全心全意投注自己的心力。尤其，她遊說反對「平權修正案」通過，因為她重視男女之間的基本差異，並相信男女之間的完全平等對任一方都沒好處。

施妃麗不同意女人解放運動的基本信條：女人的個人困境與社會有關，只能用集體方式解決。對施妃麗來說，女性主義者姊妹是不具個人身分的抵抗者，她們受到她們對世界負面觀點的束縛而非解放。施妃麗提出一個不同的觀點──「正面的女人」觀點，透過她的「老鷹論壇」組織，她可以將這個觀點傳達給一群更保守的人，她們滿足於熟悉的模式，不相信女人受到壓迫。

儘管有這樣的反動，女性主義者的想法仍滲透到社會各個階層。一九七五年十二月美國權威民調機構哈里斯民調報導，在受訪的女人當中，有百分之六十三偏向改善女人現況。支持「平權修正案」通過的組織名單，不僅包括全美婦女組織（NOW）等女性主義者團體，還有全國企業聯合會、職業婦女俱樂部、美國大學婦女協會（AAUW）、黑人女性全國聯合會、基督教女青年會（YWCA）等主流團體。這些組織都是在十九世紀末或二十世紀初成立，至今仍正常營運並推動女性的權利。

一九七七年時，「國際婦女年」會議在德州休斯頓舉辦，有兩千位代表及兩萬名來賓共襄盛舉。詹森總統夫人、福特總統夫人和卡特總統夫人等三位前第一夫人齊聚一堂，為「平權修正案」背書，並高舉一支跑者遠從紐約州塞內加瀑布帶來的火把；塞內加瀑布是一八四八年第一屆婦權大會舉辦的地點。火把接力跑者包括民權運動領袖蘇珊·安東尼二世、網球明星比莉珍金恩、女國會議員貝拉．阿布朱格和傅瑞丹。代表們以起立或坐下投票，全體代表起立唯一一次，是通過此項動議：所有已婚與未婚女性都可用自己的姓名在銀行開戶並擁有存款。經濟因素考量將每個女人團結在一起。

## 離婚女人的同志情感

凱羅琳．希生於一九三四年，她寫過一本有關友誼的著作，引起相當注意，此段友誼從國中開始，持續了一個世紀之久。當時她和她的朋友傑姬．約瑟夫——和許多其他女孩和女人一樣，受到第二波女性主義劇變的影響。凱羅琳與傑姬在少女時期和她們的離異母親一起住在中低階級的南加州社區。凱羅琳說：

> 我和傑姬有一個共通點：我們在世上都是孤獨一人，跟媽媽住在一起，當我們的媽媽過得不錯，她們只是不太喜歡我們；而當她們過得不好時，就會盡全力恨我們……傑姬和我還有一點相同：我們都很窮，**窮死了**！我媽是一個打字員，我爸給子女撫養費時，通常要他的女友們支付，她們就從當女服務生的薪水拿錢來付……傑姬的媽媽一度在貧民

窩實際擁有一家酒類專賣店，她會開車載我們（當時十四歲）到城裡幫她工作。

這兩個窮人家的女兒同樣命苦，她們離婚的媽媽不願意或無法提供孩子需要的保護，因此讓她們相依為命。不過，她們在學校可是好學生，與一對姊妹感情很要好。喬恩和南西生長在一個有錢的猶太人家庭，生活應有盡有，不虞匱乏，所以凱羅琳和傑姬向她們借了不少衣服。她們四人在一生中斷斷續續維持著友誼。

二十五歲時，她們四人都結了婚。五〇年代時，女人早婚，不會與男人同居，成為夫妻後才住在一起。到了七〇年代初期時，這四人當中，有三人離了婚，凱羅琳甚至離過兩次。凱羅琳和喬恩同病相憐，一起笑、一起哭，讓她們兩人的感情更加要好：

> 離婚的痛苦糾纏著喬恩和我許多年（女人不記得經常說的是，隨著你漸漸習慣，還是有不少歡笑）。有好幾個晚上，她和她的三個孩子跟我及我的兩個孩子，還找來幾個「半男友」，我們一起開車到一家名為「中國宮殿」的大餐館。孩子們樂不可支，我們咯咯大笑，笑到人仰馬翻，沒有人敢說我們怎樣。我們可以大玩特玩，沒有人會對我們頤指氣使！

傑姬的丈夫和一個年輕女人有染時，她也和他離婚。她過去一直忙著撫養孩子們，除了演戲和唱歌，還要照顧她垂死的母親，以致幾乎沒注意到他先前的婚外情。離婚後，她下定決心要改變眾人對單親媽媽獨自撫養孩子的看法，於是她成立了一個團體取名為「離婚後的生活最終是健全的生活」（Life After Divorce Is Eventually Sane），簡稱「LADIES」。

凱羅琳嚴肅地回憶她們當時的生活情景：「傑姬、喬恩和我，最後跟許多離了婚的女人下場一樣：沒有收入，小孩死命吵著要找爸爸，而且如果被他們的同伴看見只有你陪他們時，會覺得很丟臉。」美國在一九七〇年代和一九八〇年代初期，離婚率高達百分之五十左右，以下進一步說明。

離婚對女人經常有不利的影響，不但收入比她們前夫更少，還要負責照顧孩子。對許多女人（像凱羅琳、傑姬及喬恩）來說很清楚的是，靠自己賺來的錢，加上前夫應付的子女扶養費，幾乎沒有辦法過活。

不過，離婚也有意想不到的好處，譬如離婚的女人之間會出現同病相憐的姊妹情誼。由於再也沒有人對她們頤指氣使，凱羅琳與喬恩可以用新的、有趣的方式來享受生活。對她們來說，先前「樂趣」一詞很難跟她們的婚姻作連結。傑姬在 LADIES 找到其他人支持，上電視並呼籲離婚女人要團結起來：「請注意！」她說。「我們同是天涯淪落人，但我們可以度過個人的傷痛難關，我們可以改變制度。」個人的問題的確已經變成政治問題。

凱羅琳接著結第三次婚，這次她終於遇到對的人。一九九二年時，她和她心目中的「好男人」已經共度十九年美好幸福的日子。凱羅琳回首過去，從她娓娓道來的每字每句中，可以感受到女人解放的那段動盪歲月。當她動筆撰寫時，**父權制度**這個令女性主義感到畏懼的洪水猛獸，已經成為她常用的詞彙：「這是在父權制度中一個女性友誼的故事，只不過當傑姬和我年紀還小時，我們甚至連父親都沒有！」

凱羅琳用一句動人肯定的話來總結她一生的友誼：「兩個絕望、可憐、孤苦無依的孩子，跟孤兒沒什麼兩樣，渾渾噩噩地過著日子，沒想到一段友誼就這樣持續了長達半個世紀之久。因為有傑姬，這個世界變得更加美好。我覺得自己好幸運可以認識她。」[263]

女性主義運動有意識地強調女性友誼，在美國歷史上可說是前所未有。不過，在過去，一般認為女人的朋友在夫妻與家庭關係中應該扮演配角，但現在她們在人際關係中卻成為要角。對個人幸福及社會福祉來說，朋友相當重要。女性主義鼓勵女人用新的方式來對待彼此，並且一起努力達成與男人平起平坐的地位。

為此，她們會需要許多女人參與，願意將彼此視為姊妹，而且不能只局限於居住在紐約的白人中產階級，需要往美國其他地方找姊妹，包括黑人女性、亞裔、拉丁裔及其他有色人種美國人。像凱羅琳一樣，她們必須相信，女人作為朋友，可以為每個人把這個世界變得更加美好，不論種族、宗教、族裔、性向或社經地位。曾經有一度，在一九七〇年代及一九八〇年代，似乎那個願景是可以實現的，尤其是對白人中產階級女性。

## 黑人姊姊妹妹站出來

女性運動的種族議題，從開始就引起爭論。非裔美國人和其他有色人種女性最初並未將她們自己視為白人女性的姊妹；反之亦然。白人將她們的祖先帶到美國做奴隸，並將他們的後代視為低等人類，所以她們有理由不相信可以跟白人當朋友。雖然是活在黑人男性和白人世界的掌控下，但非裔美國人社區中一直有一個強大的女性網絡存在。在一九六〇年代動盪的民權運動期間，黑人女性首先是忠於自己的族裔，勇敢走上街頭的男人與女人，不畏懼地坐在雜貨店內和公車上「白人專用」座位，忍受生氣的白人旁觀者的嘲諷及吐口水羞辱。的確，有許多白人男人和女人加入非裔美國人一起爭取權利，整體而言，種族的關係自此時起有了改善。但回溯一九六〇年代，當時民權運動正如火如荼展開，中產階級白人女性發出的憂心並未得到多數黑人女性的共鳴。

非裔美國女性根據自身經驗了解，父權制度對她們和對白人女性一樣不利，她們被掌控政治行動的黑人男性視為次等人，因此她們逐漸接受女性主義的想法。由於**姊妹**一詞在非裔美國語彙中相當普遍，或許可以將之擴大到更廣的**姊妹情誼**層面。對性別憂心與對種族憂心：或許此時正是掂掂孰輕孰重的時候。

根據黑人女性在一九七〇年代及一九八〇年代所撰寫的文章，顯示有女性主義的想法。喬瓦尼在她一九七一年的自傳《雙子星》提到男人直接掌控的議題，利用的是反映非裔美國人方言的風格：

有時你說：沒關係，如果他占我便宜，那又怎樣？十九歲時，那樣很酷。也許到二十三歲也還可以。但到了二十五或三十歲時，你說可能男人和女人本來就不應該生活在一起。可能他們各自擁有不同的東西，交配時才在一起……但生活在一起，就會有太多事情要挺過去。親密關係似乎還是留給他最要好的朋友和你最要好的朋友。我的意思是說，這種事發生的機率太高，難以忽略。男孩與女孩到結婚為止都分不開，接著他和他的朋友出去，她則和她的朋友出去或單獨在家……她並不是他的另一半。[264]

喬瓦尼的結論指出，女人依靠她們的女性朋友必須多於她們的情人或丈夫，整個世代的黑人女性作家也呼應這個論述，包括托妮・莫里森、愛麗絲・華克、格洛麗亞・內勒、泰瑞・麥克米倫等等。

在托妮・莫里森一九七三年的小說《蘇拉》中，兩個女人之間的友誼成為這部作品的主題，包括女主角在南方小鎮煩惱的青春期，以及她在美國多個大城市流浪多年後終於返家。與幾個男人的數段感情，讓她堅強起來，因而了解到「她一直在找尋一個朋友，而……情人——對女人來說，不是也絕不可能是同志」[265]。這本書和她的其他作品一樣，莫里森從不提出令人欣慰的解決之道。在她筆下的女人最後的下場，經常是發瘋或死亡。即使是友誼，也永遠無法抵擋損人尊嚴的情況。

在一九八三年一個訪問中，莫里森回顧《蘇拉》友誼主題的創作背景：

兩個女人之間的友誼既特殊又不同，在《蘇拉》之前未曾成為小說中的主要焦點。除非是同性戀，否則沒有人想要探討女人之間的情誼，不過《蘇拉》並沒有討論同性戀。女人之間關係的描寫，彷彿是隸屬於她們扮演的一些其他角色，但對男人而言卻不是如此。對我來說，似乎黑人女性是用舊時代觀念來交朋友；或許這對黑人來說並不是這樣，但對我來說卻是如此。這本書寫到一半時，我才了解文學上所謂友誼是一個相當現代的觀念。[266]

在《蘇拉》之後，女性友誼漸漸成為一面稜鏡，黑人女性作家可以透過這面稜鏡建立她們的故事。格洛麗亞．內勒一九八二年的小說《布魯斯特街的女人們》，描繪一群女人比鄰而居，住在下層社會的一條死胡同裡。母親、女兒及朋友之間的關係上演著，相對於父親、情人、丈夫和兒子不斷變動的場景，當這些女人需要他們時，他們卻又經常找不到人——只有班例外，他是一個年邁的酒鬼工友。內勒的世界既可怕又殘忍，但有時也出現高貴的情操。年輕的媽媽希爾與一無是處的丈夫爭吵時，她的女嬰意外猝死。後來她變得有如行屍走肉般，希爾年紀較長的朋友馬蒂以堅定的愛的行動，將她帶回到現實生活中。馬蒂輕輕搖著希爾，還幫她沐浴，彷彿她是個嬰兒般，展現堅忍不拔的母愛，絕不讓她的朋友就這麼樣死去[267]。

馬蒂用極其溫柔的方式搖晃和刷洗。女人通常只為她們的孩子做這樣的事，有時也為長輩做，不過用這種方式照顧朋友倒是較為罕見。然而，將這種傳統上與女人相連結的撫養行為延伸到朋友，在這裡似乎相當自然，也有必要。這並不是說，只有女人能做這樣的事，男人不可以。許多男人也照顧他們的孩子、妻子、情人和父母生理不便的需求。但是，我們要面對這個現實：這類照顧通常是落在女人身上。即使是在較不悲慘的情況下，我們知道女孩和女人會幫對方洗髮、擦指甲油、按摩對方的背等等。因此，女人之間的友誼，有一部分身體互動並不一定是跟性有關，以馬蒂和希爾為例，她們的關係就有一種療癒的力量。

愛麗絲．華克在一九八二年也出版她拿下普立茲獎的小說《紫色姊妹花》，這本小說也是探討女人友誼的主題，女人在由男人掌控的世界中努力撐起自己的半邊天。小說的要角之一蘇菲亞說：「我一輩子都必須奮鬥，我必須對抗我的老爸，我必須對抗我的兄弟們，我必須對抗我的叔侄們，一個女孩子家生長在男人的家族中，一點都不安全。」[268]

不過，有一個女角夏歌則選擇了不同的命運，她試圖逃跑去擔任藍調歌手，並過著相當獨立的生活。她與女主角希麗的感情頗為要好，希麗在各方面可以說與夏歌和蘇菲亞完全相反。希麗是一個逆來順受的女孩，先是跟她的父親，接著是跟她的丈夫，兩人不但利用她的勞力，甚至利用她的性。當夏歌生病時，希麗照顧她直到復原的期間，希麗與夏歌變成好朋友。她們兩人之間的護士病人關係逐漸發展成姊妹情誼，甚至情欲的依附，夏歌帶領希麗進入女性身體的奧妙世界。曾經有一度，夏歌說服希麗用鏡子觀看她自己的陰部，這段插曲讓人聯想到一九六〇年代末一個革命性的女性主義文本《我們的身體，我們自己》，這本書鼓勵女人在必要時用鏡子檢視她們自己的身體。

希麗和夏歌之間友誼的演變，是形成《紫色姊妹花》主要脈絡的許多女性友誼之一。另一個脈絡是希麗與她妹妹奈提的關係。奈提由於對希麗的丈夫艾伯特企圖強姦不從，因此被迫離家，後來與幾個傳道士輾轉流浪非洲。奈提離開後，惡毒的艾伯特不甘就此罷休：他將她所有寄給她可憐、鬱鬱寡歡的姊姊希麗的信件全部沒收。夏歌和希麗兩人施展巧計並發現這些信件，於是夏歌和奈提聯手說服希麗，鼓起勇氣反抗艾伯特並離開他。不過，儘管對抗男性壓迫讓劇情充滿張力，但這部小說絕不是反男性。愛麗絲．華克創造了某種神話般的傳說，黑人男性與女性可以透過女人情誼，找到他們共同的人性。

《紫色姊妹花》在一九八五年被改編成電影，導演為史蒂芬史匹柏，演員包括琥碧戈柏、丹尼格洛弗及知名脫口秀主持人歐普拉，上映後票房熱賣，佳評如潮。《紫色姊妹花》比當時其他書籍或電影更勝一籌，它將女性友誼作為探討主題，媒體無法再忽視。女性友誼不是專屬於黑人女性或白人女性，全世界無數的小說、電影及電視劇在接下來幾十年不斷探討這個議題。

## 電影中的女性友誼

在網路上檢索「電影中的女性友誼」，你會找到十部、二十部或五十部以女孩或女人友誼為主題的最佳電影，包括最常被引述的《紫色姊妹花》（一九八五年）、《情比姊妹深》（一九八八年）、《現代灰姑娘》（一九八八年）、《鋼木蘭》（一九八九年）、《末路狂花》（一九九一年）、《情迷四月天》（一九九二年）、《喜福會》（一九九三年）、《等待夢醒時分》（一九九五年）、《安東尼亞之家》（一九九五年）、《編織戀愛夢》（一九九五年）、《大老婆俱樂部》（一九九六年）、《阿珠與阿花》（一九九七年）、《YAYA私密日記》（二〇〇二年）、《牛仔褲的夏天》（二〇〇五年）、《玩美女人》（二〇〇六年）、《婚禮之歌》（二〇〇八年）、《伴娘我最大》（二〇一一年）、《雪花與祕扇》（二〇一一年）、《紐約哈哈哈》（二〇一二年）等等。許多更近期的電影顯示，觀眾對女性友誼電影的胃口沒有減少。這幾部電影中有許多部是改編自暢銷小說，在常常不被重視的所謂少女文學小說書海中，異軍突起。這些小說中有些是由非裔美國人和亞裔美國人所撰寫，有些則是在遠離美國的國家出版。所有這些小說將女性友誼化成一種力量，在現代社會中獲得普遍認同。

這些電影通過貝克德爾測驗。此測驗有三個標準：（一）電影必須至少有兩個女人，

（二）這兩個女人彼此交談，（三）她們交談的話題是男人以外的話題。此測驗係由艾莉森．貝克德爾在她的連載漫畫《小心蕾絲邊》（一九八三～二〇〇八年）中提出，如果現在有人想要在媒體上提升女孩和女人更真實的形象，它就會變成一個檢驗標準。因此，許多電影聚焦女性友誼較不吸引人的面向，尤其是在青少年時期。《辣妹過招》是一部二〇〇四年的喜劇片，描述小團體會霸凌不是「自己人」或沒有人緣的女孩。根據魏斯曼針對家有青少年的家長所撰寫、相當暢銷的一本勵志書籍《女王蜂與跟屁蟲》，這個話題觸動敏感神經。某些社會學家將女孩對彼此的殘害行為歸咎於她們的「優越社交智能」，讓她們可以揪住其他女孩的辮子。大多數女人——不過不是全部——都是過來人[269]。

## 電視上的女朋友：從《瑪麗泰勒摩爾秀》到《大城小妞》

在一九五〇年代，《我愛露西》呈現兩對夫妻中的女性朋友形象。當時社會還不習慣，兩個沒有丈夫的單身女子，穿梭於客廳中。直到一九七〇年代，《瑪麗泰勒摩爾秀》上映，故事描述一個女人的生活全部環繞在工作和朋友上。瑪麗的好姊妹包括最要好的朋友羅達，以及一個較不討喜、相當勢利的朋友菲利斯。瑪麗與羅達的親密關係相當具有代表性，以至於在該節目下檔二十年後，她們在另一個描述女性友誼的代表性作品一九九七年電影《阿珠與阿花》中，成為歡鬧的代名詞。

一九八一年，《警花拍檔》描述兩個做事正經八百的紐約市警探，她們在工作和生活中相互扶持。值得一提的是，其中有一位是職業婦女，另一位是歷經多段感情滄桑的單身女郎。在粉絲的強烈要求下，這齣警匪電視劇結束之後又加拍續集，連演七季。

《黃金女郎》（一九八五～九二年）則走不同的路線，主要訴求的對象是年紀漸長的嬰兒潮世代所生的下一代。這幾個女人都是單身，這齣喜劇聚焦於她們以歡鬧的方式共組一個家庭。

《歡樂單身派對》在一九八九年首演，打破情境喜劇模式。這部影集的名句「沒事兒」（about nothing）讓人朗朗上口。主要是由一群三十初頭歲的朋友演出，描述他們無厘頭的日常互動。要角之一伊蓮與主角傑瑞關係最為要好。故事背景為伊蓮是傑瑞的前女友，但身為異性戀的他們此時卻擦不出火花。伊蓮是由茱莉路易絲卓佛飾演，傑瑞則由傑里賽恩菲爾德飾演，傑瑞的兩個怪咖好兄弟則是反映了社會變遷——男女之間可以互動成為真正的朋友。

到一九九〇年代時，美國電視終於開花結果，上映了史上最熱門的一部情境喜劇：《六人行》，從一九九四年一路演到二〇〇四年。故事聚焦三男三女，他們是一群好友，關係有如家人一般。這部影集是女人友誼史上的一個里程碑，因為女角與男角都同等重要。不同於《我愛露西》中女人與強勢男人拳腳相向的荒唐滑稽，或是如《瑪麗泰勒摩爾秀》中單身上班族瑪麗的打破模式身分，《六人行》反映年輕朋友過去與現在的集體友誼關係。

《欲望城市》（一九九八～二〇〇四年）也是以一群朋友為主，不過這個影集都是跟女人有關（她們的同性戀朋友偶爾會插花演出），她們在追尋愛情、幸福及新鞋的路上，不離不棄相互扶持。目前已開播至第十四季的《實習醫生》（二〇〇五年～），則敘述兩位擁有高成就的女醫生之間真摯的情誼。有一位影評說道：「當梅莉迪絲的丈夫感覺他們床上有第三者時，他就知道那是克莉絲汀娜。」[270]

在演藝圈中，女孩和女人可以在女喜劇演員中找到無數的友誼模範，如在美國知名綜藝節目《週末夜現場》中的艾米波勒和蒂娜費。像世界其他知名、有權有勢的夫妻一樣，這兩個機智的女人經常出現在名人期刊專訪中，成為真實生活的最好朋友拍檔。

波勒繼續在電視影集《公園與遊憩》中讚揚女性的友誼。波勒的角色與她最要好朋友安之間的關係，就像四十年前瑪麗和羅達之間的關係，是這個影集的重頭戲。對話經常爆出令人難忘的俏皮話，譬如安宣布：「絕不派老公去幫最要好的姊妹辦事。」

在此同時，YouTube 影片和正式製作的電視影集，讓有權有勢的能幹新女性在公共場域中嶄露頭角，這個不是以男人為中心的女性友誼敘述，不但有創意，而且經常令人捧腹大笑。最近有兩個很棒的案例是由真實生活中一對死黨所創作，藍儂・巴罕和傑西卡・聖克萊爾，她們初試啼聲的影集《永遠的好朋友》播出六集即下檔。第二部影集《扮家家酒》從二〇一四年開演。這些角色所做的，就跟最要好的朋友所做的一樣：朋友有急切需要，二話不說立刻跳上飛機去幫她；朋友洗澡洗了七個小時，用盡吃奶力量把她從浴室內拉出來；用朋友的胸部作為對嘴麥克風。當然，有些事很奇怪，但也非常搞笑。

《大城小妞》這個影集敘述幾個現代女人經歷生活中最艱難的時期，但仍不離不棄維持她們的友誼，二〇〇九年在YouTube開播後，立即獲得媒體好評。艾比・雅各森與艾拉娜・格雷澤之間親密的真實友誼，發散出一種「真正的同志情誼」，這個影集用喜劇方式予以誇張化[271]。《紐約客》雜誌將這種關係稱為「姊妹情」（bra-mance），相對於男人之間的「兄弟情」（bro-mance），這是「描繪兩個女人之間一種毫不做作的友誼關係，她們不會看輕對方，或是對長相感到苦惱，或是看對方跟誰上床而定義她們自己。這個影集的焦點其實是艾比與艾拉娜之間的感情關係」[272]。

## 姊姊妹妹站起來

不論我們看往何處（而且我們正在看著！），我們都會發現美國女孩和女人相互依賴、相互扶持，這樣的情誼可能是前所未有。**姊妹情誼**可能不再有一九六〇年代和一九七〇年代時的政治氛圍，但它已經進入女人的意識中，成為一股正面力量，尤其是現在愈來愈讓人懷疑夫妻能白頭偕老。不論結婚、單身、離婚或寡居，許多女人尋找可以傾聽她們情感需求，以及可提供同理心建言的朋友及團體。

在她的《只在女友之間》一書中，記者克莉賽娜·柯曼撰寫一系列小品文，體現友誼在現代非裔美國女人生活中的重要性。她樂觀地說：「我們不能選擇家人，但感謝上帝，我們可以選擇朋友。」「好友有如一瓶好酒，愈陳愈香。」「當一切不如意時，我可以打電話給我最要好的朋友，她有辦法可以拭去我的淚水並撫平我的恐懼。」「男人來來去去，但只有最好的姊妹才是永遠。」

像每個族裔的美國女人一樣，白人、黑人、拉丁美洲人、亞裔、美國原住民等等，柯曼有一票特別的姊妹淘，她們定期非正式會面，稱呼她們自己是「馬鈴薯姊妹」。她們為五個成員每個人開生日慶祝會，通常是在家裡舉行，但有時也在較為偏遠的地方舉辦，如瑪莎葡萄園島或低檔的舞廳。針對這個社團的價值，有一個成員評論道：「我們都是好姊妹和好朋友，我們相互扶持，真心喜歡我們的社團，馬鈴薯姊妹隨時都在那裡，讓我們的生活更加愉悅。」[273]

**好姊妹和好朋友**。今天有數以萬計的美國女人可以用這些詞彙來輕鬆描述她們朋友圈的成員。無數的純女子社團每週或每月會面，打網球或騎車、打籃球或做瑜伽。全國女子教會唱詩班星期天聚會練唱，業餘和專業的無伴奏合唱團，可以給私人或社區活動助興。女子的花園社在美國歷史悠久，如同文學圈讓女人聚在一起發表讀書心得。儘管距離遙遠，有些大學畢業生仍認為每年在指定地點聚會是有必要的。

「好姊妹文學社」是由一群「有思想」的黑人女性所組成，從一九九五年開始，每個月在社員家中聚會。她們的年齡從二十七歲到七十二歲都有，她們是基督徒，也是「女權主義者」。社員威斯菲爾德將她們的聚會定義為「歡笑會」（laugh-fest）：「我們聚會都是女人們一起笑，不是笑對方，而是笑男人、工作、白人、鄰居、牧師、種族、性別、寵物、美髮師和衣櫃等等。」[274]大家一起笑，可以紓解受到壓抑的焦慮，並表達威斯菲爾德和她的非裔美國姊妹們經歷的歡樂。

麻薩諸塞州「劍橋媽媽讀書會」最初是由一小群哈佛教授的妻子所創立，在二〇一四年慶祝創會一百年。一名會員評論道，她對於資深會員們的智慧、敏感度及慷慨，相當景仰，雖然她們沒有她所擁有的專業工作機會，卻在我們所有人面對的戰爭、疾病、各種行動和危機等等挑戰上，成功地因應處理。跨世代友誼是姊妹情誼採取的諸多形式之一[275]。

**姊妹情誼**已經滲入日常生活言語中，與**兄弟情誼**（brotherhood）、**夥伴關係**（fellowship）及**兄弟會**（fraternity）等等一樣，指涉共同情感：如果不是像男人詞彙意指所有人類之間的情感，至少也是所有女人之間的情感。曾經僅指親姊妹之間的關係，或者教會女性團體的詞彙，現在則是指擁有相同經驗、利益或關注事物的所有女人。今天的姊妹情誼已經失去了好戰、反男性的立場，但它涵蓋的女性不但比五十年前更為廣泛，它用自己的方式變得更有力量。

# 第三部分

# 二十一世紀的面對面

# 第十二章 親密友誼

社交世界是由女人所主導。

——雪莉・桑德伯格，臉書首席營運長，二〇一二年

我們使用的通訊方式〔email〕跟十年前完全不同；再過十年，我們可能不會用email。

——米蘭達・裘麗，藝術家，二〇一三年

不管你喜不喜歡，社交媒體幾乎已經從根本上改變了每個人的交友方式[276]，尤其對女人的改變超過男人[277]。社交媒體對女人更為重要，部分是因為它可以配合情感的表達及個人性格的展現，這兩種方式經常被視為女性友誼的特徵。相較於女性這些同情的表達，整體而言，男性友誼即使沒有女人經常對彼此親密地傾訴，還是可以存在。

女人可以運用的時間愈來愈少，助長社交媒體如雨後春筍般迅速發展。即使在雙薪家庭中，丈夫甘願一肩挑起大部分家庭重擔，但家管責任的「第二班」通常仍落在妻子身上（編注：「第二班」指女性下班後還要處理大多數家務）。因此，二十一世紀的女人已經演化成一人必須身兼多職。社交媒體則成為女人重要的工具，女人除了管理家事及工作外，還希望維持重要的友誼關係。如臉書營運長雪莉．桑德伯格所說，臉書上多數的分享都是由女人提供。雖然男人通常將社交媒體作為研究與身分地位拉抬之用，但套句桑德伯格的話說，「社交世界是由女人所主導」[278]。

## 「千里傳情，沒有距離」

雖然「高效友誼」聽起來可能有點彆扭，但社交媒體讓分隔兩地或行程表互相衝突的忙碌女人可以維繫友誼。有些感情要好的女孩會利用社交媒體安排臨時聚會，這在過去打電話總是找不到人的時代，是絕對不可能發生的。

對與好友相隔遙遠的女性來說，效率在表達關心上也不是一件壞事，好姊妹可以透過螢幕相互聯繫。當友誼經歷了許許多多的生活變遷，一則簡單、快速的短文，如「茱莉亞今天用紅色碗吃燕麥片」，可以千里傳情，跨越時間與空間的限制。同樣地，行動軟體 Instagram 和 Snapchat 讓你可以將照片立即傳送給朋友，取代千言萬語。

最近有一個忙碌的女人對全世界幾百萬女人貼文、用推特發訊息和發簡訊，表達她的看法：「我整天與好友互傳訊息……我們分享所有東西，因為我們喜歡接收訊息，不須評論，只有接收與關愛。如果你要我將每週五百則短文換成跟她們三人每週聚會一次，我絕對不願意，因為那是不可能的事。不只因為距離太過遙遠不可能，這些即時訊息交換有發洩作用，讓你把寂寞像蟲子一樣捍死……」[279]

## 那裡有人嗎？

除了維持長久關係外，對於尋找與結交新朋友，社交媒體還開啟了無限可能。如果女人不滿意身邊的社交機會，聯誼網站可以讓她連結到她想尋找的科技迷、喜歡編織的人、喜歡縫被單的人、業餘火箭建造者等等各式各樣的好姊妹社團。這些姊妹同好可能近在咫尺或遠在天邊。

當然，寂寞影響男人，也影響女人。但是，自古以來，女人受到家事約束，比較沒有機會走出去並結交朋友。社交媒體則提供女人前所未有結交新朋友的機會。以網路社團「需要酒的媽媽」為例，**需要**這個詞接在酒之前，對女社員來說是一種追蹤該社團的圈內人笑話。她們多數貼文和推特短文一般不會高談闊論探討全球進口問題，她們通常分享日常生活遭遇以及身為人母的挫折感。但是，在該社團的臉書網頁以及在她們的推特互動中，她們不會去說些引起其他社員不認同的話，「需要酒的媽媽」姊妹們最了解，就是這樣。除為人母及酒外，對想要在活動中結交朋友的女人來說，社交媒體正好可以提供來自各種族裔、社經地位、性別認同及興趣的組合，讓友誼社團可以形成。如果你找不到適合的社團也沒關係——雖然這種情況不太可能，你也可以用一個新的臉書社群，或推特或ＩＧ標籤成立一個新社團。

SheWrites.com 是一個專為喜愛文學的女人成立的特殊網路聯誼社團，維柯夫和西格爾成立 SheWrites 虛擬沙龍，對書寫有深度熱情的女人可以在這裡分享相關資訊。在這個「知識和支持圈」[280]中，友誼經常是在線上發展。這個網站的形態是仿造維柯夫和她的同業沙龍女主人會面相聚時發現的形式：「我們的社員是在一個交換所中，而不是一個人透過擴音器對著一群人喊話，我們的網站就是那樣，從那個沙龍延伸到全國。」

維柯夫注意到，即使是在虛擬沙龍中，友誼也會在網站之外形成。由於 SheWrites 網站經營需要耗費愈來愈多時間，當她需要有人代班時，她的線上同事會自動支援，有如朋友一般。

「所以我發出請求：『我真的需要幫忙，有誰願意客串一下管理這個部落格，讓我可以抽空做一下我自己的工作……』我希望可以獲得一些回應。在一個禮拜之內，我就有七十個志工！」[281]

和真實世界的友誼一樣，虛擬世界的人際關係可以聚焦在小事或大事上。雖然偶爾會有人母訴苦或將焦點放在寫作上，不一定會引起最深的情感共鳴，但某些網路友誼確實會發展出長久、深遠影響的事件。舉例來說，麗莎．亞當斯在二〇一五年三月過世，引起廣大網友的哀悼。麗莎是一個住在郊區的家庭主婦，她因為在部落格和推特上撰寫有關私人生活的文章而成為網紅。當她罹患轉移性乳癌而即將不久於人世時，她的粉絲已經超過一萬五千人。這些粉絲從未跟麗莎私下見過面，但他們卻將她視為親密朋友，當他們在智慧型手機上看見她的噩耗時，不禁大聲痛哭。她們發簡訊、推特文，也給彼此寫 email，這些行為和一般所謂朋友差不多：對於失去一個親愛的友人，大家互相安慰與支持。悼念時，有握手、相互擁抱等等，雖然這些都是在虛擬世界中進行，但這一切彷彿都是真的。

## 虛擬或真實？

社交媒體一個基本特色，是**真實**在**虛擬環境**中的模糊意義。即使是發推特者貼出她原始未經修飾的想法，也是向她的推特網友展現她虛擬的一面。更明顯的是，網路上的欺騙經常為帶有目的性。你在網路約會中所使用的大頭貼照片，可能是體重少十公斤時或五年前的你，或者那根本不是你。

表演藝術家米蘭達・裘麗在二〇一三年一個名為「安裝」網站的表演企畫中，探討用email創造人物角色。這個計畫[282]包括請小咖明星及較不知名的人物，提交他們過去在日常生活中寄發的email。然後裘麗將這些私人訊息整批寄發給報名的人接收，成為她計畫的一部分。

在她的網站上，裘麗寫下有關線上隱私權的藝術：

我想試著請我的朋友將他們寄給他人——他們的媽媽、他們的男友、他們的代理——的email轉發給我，愈生活化愈好。他們在email中自己表現得如此親密，幾乎到了淫穢的地步——從他們自己的觀點一窺他們的生活……隱私，隱私的藝術，正在發展……我們使用的通訊方式〔email〕跟十年前完全不同；再過十年，我們可能不會用email。[283]

我們在網路中形塑我們隱私的方式——我們選擇透露什麼與維持隱藏什麼，以及我們明顯操縱我們的形象，影響我們網友的素質，這個「真相」變成有史以來最難以捉摸。雖然人可能親自操縱他人或說謊，但是當我們面對面接收到愈多的感覺刺激，我們的直覺就愈能幫助我們分辨什麼是真實的。

喬．納瓦羅是一名前美國聯邦調查局反情報特殊幹員，他做了一輩子的工作，都在觀察人溝通的非口語方式。根據他的看法：

> 非口語行為在所有人際溝通中占了約百分之六十到六十五……非口語溝通可以……透露出一個人真正的想法、感情及意向。因此，非口語行為有時被稱為顯露（tells）……身體語言通常比個人的口語聲明更為誠實。284

今天，線上聊天和發推特文，已經從許多互動中排除了大量的感官訊號，如聲調語氣、手勢、姿勢、身體語言、觸摸及味道。沒有這些重要的感官提示，實際生活中更難掩飾的許多真相會被隱藏起來。對女人來說，社交媒體有利於擴大交友圈，但她們觀看朋友的臉龐並給予友善的擁抱，如此深深的同情則消失在螢光幕後。

然後，不善社交的那些人，尤其是在年輕的「數位原生代」當中，通常誤解或無法了解網友與實際生活朋友之間的差異[285]。交友網站的實際情況是，提供線上人物一個平台，與其他線上人物互動。很重要的是，這樣的關係只要點選「解除朋友關係」、「解除追蹤」或「封鎖」按鈕，就可立即結束。以這種方式結束關係，在道德上變成一種無足輕重的行為。當然，更有違古羅馬政治家西塞羅的建議：友誼「似乎應該漸漸淡去，不宜揮之即去」。西塞羅要我們尊重友誼，即使是朋友交惡也是一樣，但他卻沒有料到作為臉書網友，關係是如此脆弱不堪。

線上通訊的每一個面向有優缺點，雖然沒有感覺信號，但線上通訊無遠弗屆，因此對他人產生的膚淺看法、惡意及仇恨，很容易迅速蔓延。不過，螢幕的緩衝，有時也有相反的效果。愛與支持的訊息，面對面可能難以說出口，但在網路上卻可迅速傳達。不論是好是壞，虛擬世界的友誼現在可以輕易用表情符號表達出來。

臉書在二〇一三年時表示，上網是人類的基本權利。或許沒錯，但光是崇高的宣示並無法將「連線」轉換成「聯繫」，因此目前許多女人將網路社交帶回到現實世界中。女人上線，友誼下線。

## 上線和下線

儘管網路世界裡的社團來自四面八方，人類想要與他人來往的基本欲望，至今仍未消失。對許多女人來說，親自聯絡感情還是最為重要。因此，可以面對面交友的網站愈來愈夯。

Meetup.com 的創辦人兼執行長斯科特・海佛曼，在九一一恐怖攻擊後在紐約市創立 Meetup.com 交友網站，他說：「我們的目標是創立一個平台，協助人利用網路作為重要議題形成的當地社群，然後下線並會面。」[286] Meetup.com 是供各地純友誼聚會的最大社群網站，其會員人數顯示，虛擬世界的互動絕無法完全取代真實世界的人際關係往來。

雖然 Meetup.com 本身並沒有限定性別，但在該網站內的許多社團不但是由女人所創設，還為女人所成立，並且融合了各個年齡層、各個種族、各種興趣等等。不過，與多數網站社團不同的是，Meetup.com 的會員不但親自聚會，並且都居住在同一個地區內。有許多聚會社團是針對拉丁裔、非裔美國女人、亞洲裔女人、女性工程師、女性藝術家、年長女人、年輕女人等等。重要的是，女人可以根據共同興趣尋找任何組合的可能朋友，而不必去理會種族、性別認同或文化背景。舉例來說，有些想要與志同道合女人交友的女同性戀，應該會在「東灣四十歲以上女同聯誼活動社團」中尋找同志情誼，這些女人對騎腳踏車、健行、遛狗、聚餐等等社團活動有興趣。以性取向限定的 Meetup 社團屬於少數。其他想要尋找有相同志趣的女人，應該試試「Sista's Book Social Club」或「Bay Area Divas of Color」，或是該國家中其他無數的自我定位社團。

許多企業家甚至超越 Meetup.com 的共同興趣焦點，設計完全聚焦交友的網站。有許多女人想要尋求與其他女人深入、非性欲的友誼，這個有潛力的目標市場相當大，如 GirlFriendCircles.com、GirlfriendSocial.com 和 SocialJane.com 等等。

這些女性友人專屬的網站出現，代表現代女人有很大需求：即使當兩個女人已經是朋友，現實生活還是會成為友誼路上的絆腳石。朋友搬家、孩子長大成人、閨房好友離婚、好姊妹某天突然往生等等。有數不清的理由，女人經常想要交新朋友。現在雖然有健全的社交管道，不過那些都是針對尋找伴侶而設計，不見得適用想尋找柏拉圖式純粹談心的女性朋友。在酒吧裡點一杯飲料給另一個單身女人，傳達了某種性暗示。當你看見一群不認識的女人在大笑，此時如果你直接走過去想要加入她們，你會讓人覺得很彆扭，甚至很可悲。

女人上半輩子可能都有幾個閨密，但當生命來到轉型期時，她感到相當空虛無助。此時出現一個問題：在現在快速變動的生活中，要怎麼做才能交到朋友呢？

SocialJane.com 的創辦人珍妮絲・庫費雷回想當她搬到某個城市找新工作時，感覺頗為寂寞。某天她瀏覽到一個約會網站 Match.com，點選一些女人的簡介，了解她們的背景並想交朋友。她忽然心血來潮想到：為什麼沒有一個網站是專為想尋找柏拉圖式友誼的女人而設計的呢[287]？於是她成立了 SocialJane.com，讓女人可以專門尋找那一類的朋友。如果你想找一個拉丁裔的跑步好姊妹，或是一個養一隻臘腸狗的非裔美國人專業人士，或是可以一起閱讀美籍俄裔作家納博科夫的俄語小說，你可能會在這些女性友人網站上找到。

成千上萬的女人加入這類交友網站，她們想要與真實的女人有真實的接觸，即時互動。乍看之下，這些網站的運作方式很像線上約會網站。會員提交她們的簡介資料，列出她們的交友條件，然後她們自行篩選系統推薦的朋友，如果發現可能的配對，或是系統將她們與住在同一個地理區域的類似女人配對，就可以進行接觸。GirlFriendCircles 有舉辦小團體的見面會，地點通常選在咖啡廳，初次見面的朋友有許多選擇。

雖然女性交友網站還沒在世界各地一一冒出，不過 GirlFriendCircles 的創辦人沙斯塔·尼爾森相信，這個網站類別將會反映線上約會網站的發展軌跡：

> 當線上約會開始時，這個想法受到許多阻力。大家說：「我還沒那麼絕望。」對於女性交友網站，大家剛開始時說：「什麼？我要付費交友？」但是，正如我們過去對網

路約會感到很難為情，現在是如果你想要跟某人約會，不加入那個網站幾乎就很奇怪。女性交友網站的發展將會遵循那個軌跡。288

GirlFriendCircles 有一個會員在該網站的部落格上記述她自己交友的成功經驗。肖沙娜先前透過交友網站找到她的男朋友後，她自己決定加入這個女性社團：

去年十月在墨西哥度假慶祝我三十歲生日時，我的男友跟我討論我很難身邊沒有朋友。我生長在加州橘郡，但多年來我一直住在洛杉磯——令人驚訝的是，短短的距離可以對友誼的影響有多大。畢業後擔任全職工作多年，沒有時間出門維持友誼或認識新朋友，讓我感覺很空虛。我的男友有一些不錯的朋友，雖然我很喜歡跟他們在一起，但我真的覺得我也應該要有自己的朋友。他開玩笑說應該有交友網站，類似約會網站（我們約四年前在 JDate 網站認識），所以我拿出 iPad，在 Google 上搜尋一下，找到了 GirlFriendCircles.com。這個網站看起來不錯，所以我決定回到洛杉磯後加入會員。289

所以，社交媒體網站可能吸引更多女人利用網路交友，然後下線聚會。社交媒體網站會不斷演化，直到「下一個大事件」取而代之。我可以確定，隨著新科技再次改變典範，女人將會持續重新改造她們的友誼關係。

# 第十三章 有來有往：市場經濟中的友誼關係

我記得凱莉身子壓過來那張桌子，說：「不論你做什麼，絕對不要放棄。你可以的……」這是我一生中最重要的時刻……從此翻轉了我的人生。

——克莉絲汀・瑞奇蒙，革新食品公司共同創辦人

我們可以說，友情這個東西既不是娛樂，也不是報答，而是意義……正是這種非經濟性的特質，它才會在社會中受到威脅。因為我們每個人都擁有許多資源，但我們僅提供所有權、購物、競爭及成長的代名詞。

——陶德・梅伊，〈市場經濟時代中的友誼〉，《紐約時報》網路版，二〇一〇年

女性朋友是用互相交換的方式，關懷彼此。以前由朋友和家人來滿足需求，但時至今日，

由於女人更沒時間[290]，市場經濟取而代之。譬如，照顧病人及老人，或是合租房屋的生活安排，或是工作上師徒之間的互動等等，在這些一來一往當中，無疑地存在經濟動機，但也有許多女性友誼的性質，我們在各種時代和文化中見過。

## 臭味相投

無論如何，經濟影響我們生活的多數面向——我們居住的地方、我們認識的人、我們的工作等等。但是，我們真的可以將全部人際關係拆解到只剩下所謂「沉悶的科學」嗎[291]？幸運的是，辦不到。同情、忠誠和情感——這些都是維繫人之間情感的無價東西。不過，我們怎麼挑選朋友，跟經濟學有關。假設其他因素不變，人會傾向於結交跟自己志趣相投的人，這個現象稱為「物以類聚」。社會學家古樂朋說：「不論是地獄天使或是耶和華見證人，吸毒者或禁酒者，民主黨或共和黨，集郵者或玩高空彈跳者，事實上，我們會尋找跟我們興趣、歷史及夢想相同的人，正是所謂臭味相投。」[292]

一般而言，我們傾向於與我們階級相同的人交友，主要是因為我們在相同的時間和空間相遇，發現生活興趣領域重疊。雖然我們試圖對朋友的真正價值睜一隻眼閉一隻眼，但財務上的差距還是會引起友誼之間的裂痕，尤其是當一方的財富發生變化，不論是增加或減少（以墨西．華倫和艾碧該．亞當斯為例，當艾碧該家的財富增加時，墨西的心理就產生了不平衡）。或許最近從社交媒體網站產生的友誼是例外，有些網友的友誼持續相當久，不受種種困難影響。不過實際上，經濟因素影響多數友誼。

## 如果你幫我搔背……

在整個人類歷史中，我們看見女人出於對相同事物的關心而形成友誼，最早從聖經故事中馬利亞和伊利莎白開始，她們在彼此懷孕期間相互照顧，因而成為好姊妹。中古世紀的修女則是因為擁有共同信仰，以及在與世隔絕的修院中，彼此有現實生活的需要。十七世紀的沙龍女主人也結交成好姊妹，不過由於她們的菁英社會地位以及對文學有共同的志趣。美國獨立初期，女人聚集在一起，幫忙處理彼此的大大小小家務。後來在十九世紀，她們聚會是為了提升自己的心靈，同時也為了幫助那些弱勢。在相互扶持的團體中形成的友誼，經歷過許許多多的民間團體、自我提升團體以及工商促進團體等等，他們的精神傳承至今，仍然相當強大。

許多女人會以替對方著想的方式為她們的朋友做事，她們經常提供幫助並主動贈送小禮物，卻不要求回饋。但是，不論你承不承認，這讓我們聯想到亞里斯多德的沉默友誼守則：你幫助我，我幫助你，就這樣永無止境地循環。

現代政治哲學家陶德．梅伊則從消費主義與企業家精神的視角，來檢視人際關係。他認為，每一種關係——不論是政治、社會或個人——已經變成一種「市場」[293]。梅伊用比較陰暗的方式來評估構成友誼的基礎，附和十七世紀法國作家拉羅什福柯，以及後來的哲學悲觀主義者的自利理論。

梅伊認為，消費主義的作用有如會上癮的毒品，讓人不再關心別人，因為它將個人的注意力聚焦在短暫的快樂上。就像毒品一樣，消費者的「興奮」一旦消失後，就必須定期重新獲得[294]。企業家精神則是鼓勵個人利用他人來獲得個人的利益。

不過，梅伊憂心市場機制會摧毀友誼，就未免過於擔憂了。即使我們有時短視、充滿物欲、野心勃勃，想要大肆採購一番，但那並不表示我們對朋友不會用心關懷，或是不會將友誼建立在情感與信賴的基礎上。

## 工作上的友誼

許多女人（和男人一樣）在工作時結交朋友，這些關係對她們的專業生活經常變得極為重要。工作上的朋友可以在辦公室的政治風暴中暗中助你一臂之力，因為她一直和你屬同一陣線，她可以同情你讓你大吐工作上的苦水，這可是你其他朋友做不到的。

在今天，許多人不會區分工作上的朋友和私生活的朋友。臉書營運長與谷哥的創立元老雪莉．桑德伯格認為，專業關係應該屬於私人生活的一部分：「我認為你應該全心全意投入工作……但那並不表示你要將生活上大大小小的事一五一十告訴我。但我會分享我私人的事。」不過，並非桑德伯格的所有同事都是她的朋友。但她的一個老同事說：「她工作上的朋友在工作之外也是她的朋友。」[295]

從另一個角度來看，工作禮儀權威人士建議我們要謹慎小心，因為如果跟工作上的朋友交惡，可能會讓你賠了夫人又折兵——剛開始每天還是得跟對方見面，躲都躲不掉，真是令人尷尬；更糟的是，對方可能展開報復，甚至讓你丟掉飯碗。另一個陷阱是同事大嘴巴，把你的私生活抖出來，成為所有同事茶餘飯後的話題。

上司和下屬之間的工作關係，需要有一些限制，不論是每天互動中微妙的潛規則或是嚴格遵守的界線。即使當老闆和下屬對他們的關係感到輕鬆自在，其他同事可能會產生嫉妒或偏執，尤其是當下屬讓人感覺是在拍馬屁或是上司給人偏心的感覺。老闆／員工的友誼缺乏亞里斯多德所謂真正友誼元素的對等。或許在這裡比較適合以互相的概念替換亞里斯多德的對等。雖然從生活各個面向來看，沒有人是完全對等的，但當雙方大方、慷慨地將自己儘量貢獻給這段關係時，儘管有階級與財富上的差異，真正友誼有時還是可以發展下去。

## 委外、互動和友誼

同樣地，友誼有時會出現在個人服務上，一方是買方、一方是賣方的情況中，因為忙碌將私人需求「委外」，在過去，這種需求是由好友幫忙。美國女性社會學家亞莉・霍奇斯柴德在《外包時代：當情感生活商品化，自我價值將何以寄託》中說：

> 由於女人加入職場，所有美國人工作時間變長且穩定的工作變少，現代家庭承受有史以來最多的壓力……沒有過去的社區可供參考……人逐漸轉向剩下的唯一選項——市場。[296]

家庭服務市場現在包括看護、管家、司機、雜務工、墓地看管人、私人教練、廚師、代理孕母、雇傭祖母、派遣兔（Task-Rabbits，客戶只花一點小錢，就可以請同城市的熱心網友幫忙跑腿辦事）等等，包山包海，無奇不有。網路資源大量出現，我們和可以幫助我們的人相互連結並付費請他們幫忙。我們以前靠「緣分」安排認識有緣的人，如有些約會網站提到在某些派對相識的古老方式，但現在我們讓其他人去做背景徵信調查工作。委外服務甚至延伸到找伴遊來代替好友：「對那些獨力生活的人來說，『租借朋友』服務提供付費『好友』，可以陪伴吃晚餐、看電影、上健身房運動、照片分類，甚至旅遊，但不包括性服務在內。」[297]

上美容院也是將過去私人工作委外的一個熟悉方式。許多女人與美髮設計師或美甲師都知道，經常上美容院，由於身體髮膚接觸，很容易成為朋友，即使只是亞里斯多德所謂實用性的友誼。尤其是在個人美容護理服務方面，美容師與客人之間會產生重要的友誼關係。雪莉・泰勒引用靈長類動物清理行為的大量研究，也就是幫同伴抓除皮毛上的蝨蟲：「清理行為讓同伴的皮毛變乾淨又吸睛，同時那也是一種相當紓壓且舒服的動作。」[298]雖然現代女人不一定會認為美髮或美甲是從抓蝨子行為演變而來，但與這種身體的親密接觸很相似。現在沒有人會請侍女來做這些工作，所以我們讓自己享受一下這些小確幸，有時還會與我們的美髮師、教練或瑜伽老師成為朋友呢。

委外工作在我們多元的忙碌生活中，逐漸成為建立友誼關係的一個重要管道。派遣兔公司執行長莉雅・布斯克發現，由於大家接受她的「市場」概念——需要請人完成派遣工作的人，以及願意執行這些派遣工作的人之間的市場，她的新設跑腿網站快速成長，令她大感驚訝。不過，這不只是傳統經濟學在運作，某些像是友誼的事物驅動著派遣兔許多最重要的交易。在二〇一四年中，莉雅描述以下這個過程：

> 在舊金山這裡有一個媽媽，她的兒子住波士頓……不幸的是，她的兒子只有二十歲，正在接受化療……她沒有錢……可以在他治療期間飛到那裡陪他，所以她上派遣兔網站尋找幫手。她發現有人可以一個禮拜每天都去醫院探訪她兒子，帶東西給他吃，還有舒適的毯子給他蓋，每天陪他三十分鐘，然後打電話給她，告訴她最新情況，譬如他現在怎麼樣。在波士頓接受這份派遣工作的人，實際上也是一個媽媽。雖然一個在美東，一個在美西，但這兩個女人形成的友誼令人難以置信。我了解我們所建立的不只是……跑跑腿而已，我們實際上重新定義你的鄰居是誰，你可以依靠誰。[299]

在這個例子以及其他許許多多的例子中，平等概念變得沒有比互惠概念來得重要。如果兩人之間的關係涉及目前互動，並且是建立在同情、同理心、親密情感、互相照顧以及共同價值上，則某種友誼將可建立起來，誰是買方或誰是賣方，就不是那麼重要了。

現代女人正重新打造她們的友誼關係，以符合她們在變動社會中的需求。許多母親和保母之間的關係是深層關係，因為保母被賦予照顧媽媽生命中最珍貴的東西。這樣的關係具有許多友誼特徵——信任、忠誠、歡笑，以及對孩子共同的愛。當然，雇主與雇員之間，合理的工作時數、工資及福利，都必須是合約要點。但是，即使有這些重要的經濟限制，這樣的關係應該會演變成一個建立在比經濟面更深入的相互照顧關係。

讓我們來瞧瞧以下這則軼趣聞事[300]：二〇一三年在北加州一個高級社區中，一位忙碌的職業婦女和她一週來家裡打掃一次的清潔人員之間典型的閒話家常。瑪莉索為凱西工作了十幾年，當她們各自忙著自己的工作時，她們喜歡聊天。瑪莉索很樂意協助凱西學西班牙文。她們了解彼此生活的一些細節——瑪莉索由於幫凱西打掃家裡，無疑知道更多有關凱西的私事，不過當瑪莉索聊到她自己的家人及他們的活動時，凱西也相當感興趣。

某天，瑪莉索不小心說溜嘴抱怨了一下她的丈夫：她在聖荷西某個銷售一空的演唱會（索利斯和德阿萊西）持有兩張門票，但她的丈夫卻拒絕陪她去。凱西很同情瑪莉索對丈夫感到沮喪的心情，因此鼓勵瑪莉索帶朋友去，別理她老公。不過，瑪莉索說她丈夫不喜歡她出門時他不在身旁陪她，但她說她會接受建議。一個禮拜後，她再度提起這件事時，不禁大嘆了一口氣，說她的好姊妹們都不想去。「她們怎麼了？」凱西義憤填膺的大聲問道。「她們瘋了嗎？她們不去，我去！」

瑪莉索面露喜色。「你要去嗎？真是太好了！」凱西是以朋友的身分來思考這件事，所以願意陪她去。

演唱會當晚，瑪莉索開車到凱西家去接她。凱西穿著白色的郊區音樂會服裝——不錯的牛仔褲、帶些裝飾性拼接的夾克及靴子，瑪莉索則是穿著性感的金銀錦緞洋裝，搭配有綁帶的細跟高跟鞋。瑪莉索大搖其頭，一副不敢置信的樣子。她一把揪住凱西的手臂，說：「我們去看看你的衣櫃。」瑪莉索和凱西一樣，很清楚衣櫃內有哪些衣服。她挖出一件幾乎沒有穿過的低胸上衣，加上凱西的那條亮面皮帶，配上凱西唯一一雙細跟高跟鞋。當凱西盛裝打扮完成時（額外的濃妝豔抹就更不在話下），瑪莉索端詳了一下她的傑作，彷彿她已經竭盡所能將凱西大大改造了一番，然後趕緊催促凱西，驅車前往擠得水泄不通的會議中心。現場來聆聽演唱會的粉絲數以萬計，幾乎每個女人都穿著低到不能再低的閃閃發亮的宴會禮服。音樂震天價響，讓曲加長，讓人不禁跟著搖擺舞動，凱西玩得樂不思蜀。

朋友可以在這裡玩得愉快嗎？可以的。凱西和瑪莉索會成為好姊妹嗎？可能不會。她們的社經地位不同，不利於她們分享許多彼此的生活。而雇主和員工關係原本就存在的不平等，會一直在她們之間形成一道經濟高牆，不過這道高牆並不是無法穿越。但是，雖然凱西和瑪莉索之間的關係可能不是最真或最深，但對她們個人而言卻是重要的關係。歷史上以及在我們今天忙碌、壓力的生活中，許多女人欣然將這種關係也視為友誼。

凱西對於付錢請瑪莉索打掃家裡是沒有問題的。不過，經濟的現實面是，絕大多數工人階級婦女請不起人來打掃家裡，也請不起保母。對於幾乎每一個有孩子的勞工婦女來說，尤其是單親媽媽，朋友絕對是需要的支援。約有百分之七十的非裔美國家庭、百分之五十的西班牙裔家庭以及三分之一的白人家庭，是由單親媽媽一個人背負整個家庭重擔，她們知道不能讓孩子的教養停下來。接孩子放學，孩子生病了必須待在家裡休息，工作上緊急事件，「事情做不完，我快抓狂了」的氣急敗壞時刻——在這些時候，這個媽媽就會打電話或發訊息給朋友求救。

## 工作場所友誼的儀式化：導師

**導師**（Mentor）是當今很紅的一個詞，尤其是對有企圖心的年輕女人而言。這個詞幾個世紀來有相當多討論，不過在翻譯中有些意義消失不見了。根據研究古典希臘的學者，「曼托爾」（Mentor 的音譯）原本是一位老人，奧德賽在特洛伊戰爭開始時，將兒子特勒馬科斯交付給他照顧。當雅典娜前來給予特勒馬科斯建議時，她假扮成曼托爾，以免讓特勒馬科斯的媽媽潘尼羅佩的追求者起疑。偽裝的雅典娜給予這個年輕人鼓勵及建議。現代使用「導師」一詞最早約從十八世紀開始，弗朗索瓦·芬乃倫的《特勒馬科斯歷險記》中的主人翁第一次使用。在後來幾個世紀中原始故事已經遺失，但在故事中曼托爾曾經是一個神力超強的女神。

「師徒制」在現代企業中，不可否認地有助於年輕職員發展升遷所需的特點。雖然這個關係不對等，但師父利用個人經驗來提供徒弟在職場上問題的良好建議，在許多面向，這是不是很類似朋友之間的關係呢？

我們就以某家成長快速的新創企業革新食品公司為例，創辦人（和另一位女創辦人在商業學校時就是朋友）兼執行長克莉絲汀·瑞奇蒙在忙碌的草創期間剛好懷孕。她的導師提供給她一個改變一生的建議：「我記得凱莉的身子壓過那張桌子靠過來說：『不論你做什麼，絕對不要放棄，你可以的。如果你不斷追求並持續你的熱情，你真的會成為一位更好的媽媽……你將會受到感召，實現你的抱負，然後你會將這個精神傳承給你的孩子…』這是我一生中最重要的時刻……從此翻轉了我的人生。」[301]

很幸運地，女人的職位升遷是公、私部門許多領導人的工作目標，女性正開始獲得師徒關係（mentorship）和支援關係（sponsorship），讓她們的事業飛黃騰達。多數行政管理研究專家將師徒關係與支援關係區分開來。如人才創新中心的席薇雅・惠烈所說：「支援關係和較弱的師徒關係不同，在職業進展中會產生相當大的差異。進一步來說，師徒關係是相當鬆散的關係。導師作為一種測試機制……在必要時提供建議，如有請求，也會提供支持及引導，本身卻不會期望有什麼回報。」[302]

師徒關係並不符合亞里斯多德所謂實用性的友誼，也不平等，至少開始時如此。導師可能會覺得她彷彿是在給年輕自己的分身建議。對於在這個世界上已經有些許成就的人來說，可能會被過去吸引並沉醉其中。久而久之，隨著師徒關係愈來愈深，老鳥對菜鳥的熱情動力可能逐漸消散，最後只留下友誼和現實部分。

支援關係從朋友關係來看，比較沒那麼模糊，而是比較傾向於正式、專業。惠烈將這個針鋒相對的情形描述如下：

> 為了往上爬，女人需要有一個支援她的人——一個位高權重的人——來協助她跳脫中間階層，許許多多主動、有才幹的女人，都在這個階層中枯萎、凋謝……相對（導師）來說，支援者對受援者投入更多，提供指引及重要建議，因為他們信任他們……

支援者幫受援者引薦給重要人物並承擔重責大任。這麼一來，就表示他們讓自己臉上有光。正因為支援者冒著風險來提供援助，所以他們期望有耀眼的表現和忠誠。[303]

## 第三世界工作場所的友誼

在多數西方歷史中，中下階級女人幾乎要為家庭貢獻全部心力，為家人準備食、衣、住，幾乎占據她們所有一切時間。時至今日，全世界的弱勢窮人仍過著這般生活。

世界銀行預估，在二〇一一年時，有十二億的人，約占全世界百分之十七的人口，過著極為貧困的生活[304]，其中百分之七十是女人[305]。在開發中國家，鄉村和都市鄰里的經濟經常以當地女人及她們朋友的工作為重心。女人掌控著這些社區的經濟大權，因為她們負責孩子的教養。在過去二十年，這個情況引起社會企業家和主要微型貸款機構的回響——借貸極小額的款項給都市及鄉村的貧窮人家，可幫助他們創設、建立和維持營利事業。根據國際機遇組織統計，有百分之九十三的微型貸款是貸給女人[306]。微型貸款機構很清楚，要避免拖欠最好的辦法，是將貸款借給那種彼此間如朋友般相互信任的女性團體，而不是個別女性。

在這樣的「信任團體」當中，每個做生意的女人運用她自己的企業家願景。有的女人會買縫紉機及布料，以便在家中做衣服，同時可以兼顧小孩，一舉兩得。有人則是編織傳統紡織品販售。她們經營商店、小型農場、美容院、獸醫院等等，各行各業都有。信任團體提供內部監督機制。團體中的女人彼此相互支援，她們不但分享經營知識，還做彼此貸款的保證人，所以不需擔保品。如果有人月繳時遇到困難，該團體會去了解原因，譬如家中有人生病、機器故障、庫存失衡等等。該團體設有一個緊急儲蓄共同資金，可以幫助會員度過此類難關，因此借貸者的信用可以維持，生意可以繼續經營，貸款者不受影響。這個強大經濟引擎的潤滑劑是什麼呢？女性友人之間的信任。

## 預算：女人嬰兒潮改寫友誼關係

最近數十年，戰後嬰兒潮女人比男人多活五到十年壽命，這種趨勢延續一個世紀之久[307]。在這些年老女人當中，由於喪偶或離婚或未婚，有一大部分人是單身。自五十歲左右開始，許多單身女人決定採取行動，確保她們可以過著儘量有尊嚴且幸福快樂的日子。對某些人而言，終極的做法就是投資老人住宅。有近五十萬的嬰兒潮女人已經與室友同住，這樣的生活安排明顯有大量增加的趨勢。

根據目前興起的共居一般特徵顯示，這個年齡層的女人偏好某些地方作為共有空間，如客廳和廚房。多數人強烈認為，只要講清楚、說明白限制條件並且有共識——舉例來說，誰清潔什麼？何時清潔？允許客人過夜嗎？同住的人就可以和平、愉快地相處。對共居者非常重要的一點，是明確劃清私人領域[308]。許多律師及財務顧問強烈建議甚至是要好的朋友，如果要長期共居，應該簽訂正式契約，包括對各式各樣不預期事件限制條件，以免影響最立意良好的計畫。有大量網站是專門設計來協助這些女人做出良好的決定，將長期室友／房屋共用協議擬成合約。需考慮的事項包括財務、社交互動、衛生、情感需求等等。

相較於自己一人負擔全部支出，這類「黃金女郎」的安排通常可讓女人住在更舒適的社區裡。生活開銷變成單人居住支出的一小部分，如凱倫．布希、路易絲．馬勳尼斯和珍．馬奇妮，她們一起撰寫了《我家就是我們的家》，用活潑生動的方式，來回顧她們在上流社區中共組一個共居家庭的點點滴滴，因此她們三人才不至於過著獨居的生活[309]。

獨居女人做出一個結論，可能連她們自己都感到不可思議：將她們自己的居住資源與長期認識的好姊妹結合，生活會更有意義。五十九歲的佩妮和五十二歲的凱西兩人，就用行動來實現這個經濟理念。自十五年前離婚以來，她們就一直是好姊妹，有時幻想成為室友，不過他們卻都相當注重隱私。後來，由於凱西的房子要大幅整修，需要有一個地方可以暫時住上幾個禮拜。佩妮非常樂意伸出援手幫助她的好友，後來整修延長到九個月。結果，這兩個最要好的朋友發現，她們也可以做很棒的室友。佩妮說：「在這九個月期間，我們發現我們各自擁有我們想要的獨處時間，一直支付兩個家庭的開銷似乎很可笑。」[310]

這種安排有各式各樣的變化，包括在許多針對該目的而設計的網路資料庫中，尋找先前不認識的室友[311]。有時這樣的安排特別針對一方或雙方而規劃，這樣可讓許多女人有想要一個室友的想法，如果另一方是瘋瘋癲癲或是變態殺人魔，可以事先予以過濾排除。共居的過渡期對最近喪夫與離婚的女人來說，也算是「天賜良機」，因為她們此時手上握有大筆現金，卻得同時處理各種複雜情緒。在不須立即支出的合理生活情況下，讓處在過渡期中的女人可以逐漸適應新的現實生活，並做出良好的財務決定。

許多這種短期、保持距離的安排，最後發展成友誼關係，雖然很不可思議，不過還不到令人瞠目結舌的地步。即使是高度重視隱私的人，了解到萬一他們生病或在有點緊急的情況下需要幫忙，這樣的安排也會讓人很安心。美國人類學家瑪格麗特．米德說過一句很有名的話：「人類最古老的一個需求，是當你今晚不回家時，某人會想知道你現在人在哪兒。」

雖然這個趨勢現在才開始起步，但在這個情況中的女人同時也在重新改造女性的友誼關係：「我們變得不只是朋友關係……反而比較像是三個好姊妹，我們相處得不錯，喜歡在一起，不過各有各的生活方式。」[312]由於傳統核心家庭模式不再當道，友誼家庭正取而代之。

儘管我們假裝生活中最珍貴的關係依然不受經濟玷汙，但我們的社交及財務情況卻驅使著我們形塑友誼的方式。女性友誼的本質幾個世紀以來一直維持不變，不過時至今日，尋找與維持朋友的方法已今非昔比。不同於以往的是，女人現在離鄉背井工作，還必須扮演多種角色，因此她們現在正試圖尋找具有創意的方式來面對眼前的生活挑戰。

# 第十四章　男女之間有「純友誼」嗎？

外遇總會發生。只要有上床的可能，就有八卦的存在。

——席薇雅．惠烈，人才創新中心，二〇一三年

只有上床，哪有什麼複雜的？你所做的不過就是固定跟某個你喜歡的人，一起做兩個人最愛做的事。不會有事的！

——喬治亞．威斯頓，〈電影《好友萬萬睡》中的十個原則〉，二〇一四年

在電影《當哈利碰上莎莉》中，導演羅伯．萊納和編劇諾拉．艾芙倫分別依自己的形象創造故事中的男女主角比利克里斯托和梅格萊恩，基於諸多原因，引起整個世代的共鳴，而電影的核心議題更是貫穿每個世代的問題：女人和男人可以「只是」朋友嗎？對那些用許多方法一直想要逃過這個一九八九年文化浮水印的人，哈利認為不可能，他說：「性欲會在其中作

梗。」不過，我們已經看見，異性友誼形成女性友誼歷史整體或複雜的一部分。就像兩個女人之間的浪漫友誼關係一樣，兩性之間的關係是從毫不模糊的無性關係，連續發展成積極的性愛關係。

在天平柏拉圖端的朋友伴侶會不斷地重複對對方說，他們「只是朋友」。這種聲明的需要，凸顯這個傳統社會期望——跨性別關係涉及性愛，性關係比柏拉圖關係更重要。女人與男人之間假定有情人或潛在配偶的關係，時至今日，這個偏見依然存在。從莎士比亞的《無事生非》到電視影集《六人行》等浪漫喜劇，基本前提就是，如果一對伴侶從剛開始即是朋友，則不管願不願意，他們最後的結果是上床或進教堂。

自小時候開始無法掌控的文化或宗教包袱，會影響兩性友誼關係[313]。尤其是基本教義派痛批除了自己家人外，男女授受不親。一位支持將男孩和女孩隔離的穆斯林謝赫在 YouTube 上宣稱：「除非男孩的荷爾蒙有問題，否則不可以和女孩做朋友。」[314]對於男孩和女孩之間的友誼關係，在美國許多運動場用嘲弄方式，給這樣的關係產生更微妙的壓力[315]。後來，這些方法演變成八卦和配偶嫉妒等常見的障礙。友誼關係中的性別中立雖然愈來愈常見，但在我們的文化中，並不是一件已經確定的事，和在職場中的性別平權差不多。平等機會法可以通過，職員比例和薪資等級可以衡量，友誼卻是無法用任何客觀量尺量測，因此情況更加不確定。

現代社會科學家在確定男女之間無性愛的友誼關係時，發現有困難。有一個研究指出，在此關係中的男人會打開大門，尋求最後的性愛機會（如哈利）；女人則是透過美好、不帶性愛的眼光，來看待友誼關係（如莎莉，直到她改變心意為止）[316]。

在這個光譜的另一端，今日的西方文化將友誼視為婚姻成功的一個重要因素，不過這並不是一個全新的觀點。即使是在古希臘時期，一些哲學家確實認為有一種友誼可在婚姻中出現。我們注意到，亞里斯多德主張，丈夫與妻子在友誼關係之中自然共存。兩千年後，法國哲學家蒙田附和了這個觀念：一段美好的婚姻最接近友誼，而不是愛情。友伴式婚姻在十八世紀的法國和英國上層階級中蔚為流行。今天在美國，婚姻伴侶之間的平權通常僅是理想。許多婚姻誓約宣稱，最重要的是，配偶是最好的朋友。當然，踏上紅地毯的雙方，希望可以是相敬如賓的友伴，也可以是白頭偕老的愛人。

## 柏拉圖式的友誼關係

與男人之間的柏拉圖關係，一直是女人友誼歷史的一部分。試舉一例說明，十六世紀聖女大德蘭寫到她與一位教士之間的友誼，那位教士告訴她有關她與一名女性教區居民的私通，這段關係散發出性愛意涵，但大德蘭的描述卻是維持在友情與愛情之間的模糊地帶。

在以英文記載的歷史中，最早用**柏拉圖式的**（platonic）來指涉明顯無性愛的關係，是由威廉．達文南特爵士一六三一年所撰寫的戲劇《柏拉圖式的愛人》的名稱。男、女主角尤瑞西亞和特安德，最初是柏拉圖式的朋友，兩人才智不相上下，最後一個成為溫柔婉約的妻子，一個成為有控制欲的丈夫。男女之間的友誼不能有性愛介入，從達文南特到哈利，都是具有說服力的代表人物。

不過，今日確實提供異性友誼相當多機會，包括男女合校、雜貨店排隊購物、辦公室工作站、戰場、社區運動場等等，人在這些情境中彼此往來接觸。我們與工作上的同事形成緊密關係——在一天當中我們醒著的時候，與他們相處的時間超過我們與家人相處的時間。我們與同性和異性室友、隊友、同學、同袍、其他家長的關係，變得更為緊密。在我們的文化中，雖然哈利認為男人與女人之間的友誼關係是不實在的，但我們可能正開始超越這個觀點。

## 大學生了沒：女人漸露頭角

現在的年輕朋友挑戰陳腐過時的文化標準，建立新的美國典範：女孩和男孩混合在一起成為朋友，已經是小時候的事了，現在則來到二三十歲的年紀。即使朋友們一一成為男女朋友並步上紅毯（比他們的父母親和祖父母更晚[317]），這些現代友誼社群繼續包括男人與女人在內，單身和夫妻情侶，同性戀、雙性戀、跨性別者，以及異性戀者都有。

對許多成人來說，在學校和大學時形成的友誼，基本關係會一直保持著。不論這些朋友是不是會保持密切聯繫，這個關係後來會成為一輩子來往關係的基礎。雖然文化偏見持續成為女人在職場上升遷的絆腳石，但對同樣受過良好教育的女同學的能力及同學情誼，在高等教育單位的男人不能依然不放在眼裡。現在，女生在大學、醫學院和法學院的人數超過男生，因此女生比以前更有機會與男生和女生形成重要友誼。

當然，教室不是高中和大學友誼的唯一場域。有兩個趨勢擴大校園裡男生與女生的互動：提高對女人運動與男女混宿的支持，前者為後者鋪路。

## 第九號法案

「第九號法案」於一九七二年通過，禁止任何教育課程性別歧視，包括接受聯邦資助的運動在內。由於有數十億美元挹注到男子橄欖球和籃球計畫中，「第九號法案」表示對女子高中與大學運動史無前例地龐大支持。女子隊伍最後獲得一些有意義的資助，數百萬名女生因此可以參加緊張、有時甚至是有趣的運動團隊比賽。不過，可以增加一倍經費為女生複製男生運動的學校不多。為了撙節經費，許多肢體少接觸的運動項目變成男女混賽運動。尤其是在國、高中等級，男女混賽的方式適合滑雪、衝浪、游泳、越野賽跑、田徑、三鐵、射箭、高爾夫、空手道等等隊伍比賽。運動員與同性別的對手較勁，但一起受訓與搭車相處後，不論是女生或男生，都對全隊的表現相當關心，隊友之間也彼此相互關懷，一起分享贏賽的興奮、輸賽的痛苦、讓人難以承受的訓練計畫，場外相處，以及搭車前往比賽時所有男女組成一支龐大隊伍（為了尊重傳統觀念及避免青少年讓荷爾蒙沖昏頭，更衣室仍維持男女隔間）。非運動員課外活動也有類似的男女隔離做法，如西洋棋社、辯論社、機器人社等等。

就女性友誼而言，「第九號法案」最重要的意義在於給予女人相同機會，進入重要隊伍並一起體驗運動賽事的成就。此法案還讓許許多多女生尊重她們自己與其他女生高超的運動技藝，同時也讓男生對女生的看法改觀——從運動場上的啦啦隊，搖身一變成為隊友。簡言之，以前運動是男人的地盤，「第九號法案」施行後，友誼基礎因此擴大。

由於「第九號法案」實施，不只是運動對女生更為開放，女生和男生在男女混隊上也有更多機會以隊友身分互相認識，而不是某些什麼神祕的「對立」人類。隊伍的同志情誼輕易擴散到生活其他面向——從教室到會議室。在二十一世紀，聘僱女人到科學、工程、單人喜劇及數學等等先前男性稱霸的領域，雖然不一定每次都順利，但已經變得更為容易。有相當多女人如果有機會的話，甚至可以和最聰明的男人一起設計或編寫程式。此外，有愈來愈多女人加入傳統上以男性為主的職業並與他們共事，因此有機會和男同事或女同事變成朋友。

## 男女混校，也和男校沒什麼不一樣

二十一世紀的年輕女性從小就熟悉男女混隊，並且隨意出入大學男女生混合的宿舍，眼睛眨都不眨一下。對那些經歷過性革命的人來說，這個轉變並非是自然而然的。男女混合宿舍出現於一九七〇年代初期，最初用樓層隔離，常駐舍監保持高度警戒並駐守在每條走廊。這個用樓層隔離的宿舍很快演變成共用樓層住宿，接著共用浴室。時至今日，許多校園甚至允許男女生共睡一間寢室。雖然不分性別的男女混合宿舍仍有爭議，多數年輕人一般認為這很正常[318]。

大學舍監一直試圖圍堵的暴衝荷爾蒙，結果怎麼樣呢？暴衝荷爾蒙仍然瀰漫在空氣中，讓校園氛圍有時性能量嘶嘶作響。結果是，幾杯啤酒下肚，共騎一部腳踏車，或者聊天聊到天雷勾動地火，一發不可收拾時，許多女生或男生越過友誼的灰色地帶，使柏拉圖關係瞬間變成情欲關係。這類情境的結果並非不可避免。今天的年輕女人相當重視她們的友誼——與女性朋友和男性朋友的友誼。因此，對時下年輕人而言，撇開恐怖的強暴可能性不談，當友誼談到床上時，有四個可能結果：（一）這個關係變成男女朋友關係；（二）年輕人彆扭地承認當時只是一時情不自禁，理智被蒙蔽了，事後雙方當作什麼事都沒發生，繼續當朋友；（三）他們覺得情況變得有點失控，後來就避不見面；或（四）他們可以決定變成炮友，繼續保持性關係，同時試圖避免牽扯感情。

## 炮友

「炮友」這個標籤的使用頻率愈來愈高，根據網路定義：「只有上床，哪有什麼複雜的？你所做的不過是固定跟某個你喜歡的人，一起做兩個人最愛做的事。不會有事的！」[319]

顯然多數炮友是重友輕色[320]。女生通常認為沒有感情的性不久便會失去樂趣。一位女大生描述她最要好的朋友——一個年輕男生，和她如何去試一段感情，但後來卻不了了之，於是他們又回到「純」朋友的關係。由於他們兩人都喜歡長距離共騎腳踏車，女生繼續珍惜這段友誼：「我很高興我們試過，因為現在我們不須懷疑，我們可以盡情玩在一起。」這個女生還說，她喜歡與男生的友誼勝過與女生的友誼，因為她不喜歡女生「打量我的方式，只想找我的缺點，她們根本是消極地攻擊」[321]。

女人經常被指控做消極性攻擊——只想在對方身上雞蛋裡挑骨頭，但又佯裝不想那樣做。男人的攻擊則經常比較明顯、直接。不論這些性別刻板印象是否真是如此，這個年輕女人明顯覺得男人的競爭比較正大光明，女人則傾向暗地裡較勁。

從另一方面來說，某些男人天生就是喜歡和女人當好朋友。有一個這樣的男人決定要和他在一起八年的女友結婚時，他選擇兩個最要好的女性朋友來當伴郎和男儐相。這些「男儐相」的穿著與伴娘不同，但仍和新娘同色系。不過，她們在婚禮上是站在新郎這邊。

婚禮企劃人員發現有愈來愈多男人選擇女人作為「伴郎」；女人選男人當伴娘則很罕見。雖說許多女人很高興可以在婚禮上做她們哥兒們的伴郎，然而卻少有男人願意手捧束花擔任伴娘，不論新娘和他們感情有多要好。這個傳統的雙重標準在這方面顯然有相當的影響力：雖然對女人來說，擔綱男人的傳統角色是一大「進步」，但男人擔任女人的角色仍被許多人視為是文化沉淪。

## 職場上的跨性別友誼

現代年輕女生在學校念書時，跟男生交友已經是一件司空見慣的事，她們在男人稱霸的領域內也較以往更有競爭力。在許多公司中，和以前的男人比較起來，男性新進人員對女同事更有幫助。自女性主義革命以來，女人結婚後，她們的兒子在許多方面多會傾向將女人視為能力相當的人，與以往頗為不同。職場上的平等，則讓成年人更容易有跨性別友誼的產生。未來世代的年輕男女某天可能會極為驚訝地發現，這樣的友誼居然曾被視為不尋常。

我們注意到，職場上的友誼，尤其是以師徒關係和支援關係為名，在專業領域中比較吃得開。不過，即使已經來到二十一世紀，「性」還是會被牽扯進來，這個情況發生在比哈利思考更為廣泛的情境。近年來，許多媒體相當聚焦在與工作有關的性別議題上，有一個被熱烈討論的話題是：為何女人升到頂尖管理職務和她們的人數及能力不成正比？有人說這是由於所謂性陷阱，也就是資深男性主管（這些人此時占支援者的多數）會將較年輕的女人納入麾下。人才創新中心的席薇雅・惠烈說：

> 性緊張會一直存在於職場中。外遇總會發生。只要有上床的可能，就有八卦的存

> 在……性——或性陰魂不散的鬼影——會糾纏著支援關係，使男人和女人避開達成職涯目標所需的專業夥伴關係，以免受到譴責、開除或被告。[322]

隨著愈來愈多男孩和女孩生長在不分性別的環境中，他們對友誼的態度將會對未來職場造成影響。就像多數文化改變一樣，這個過程可能會是一個前進兩步、後退一步的蹣跚進程。

## 標籤之外的直男同與直女同等友誼關係

二十世紀最後數十年，**直男同**（fag hag）這個貶抑性的詞彙指通常喜歡與同性戀男人廝混，勝過喜歡與女人在一起的女孩或女人。這個詞彙的產生，反映這類友誼有愈來愈多的趨勢，至少從一般大眾的粗淺眼光來看是這樣。多數人無法理解的是，這類友誼並不是什麼新鮮事。長久以來，許多女人一直與男同是最要好的朋友，不論他們是否有意識認同他們朋友的性傾向。不過在一九七〇年代及八〇年代，有更多同性戀出櫃，向全世界宣告他們的性別認同。與這些男人走得較近的女人，現在可以更坦誠、更公開和他們來往。

到了一九九〇年代，同性戀男人和他們的朋友反而張開雙臂接受這個標籤，拆解其貶抑的意涵。同樣地，女人友誼上也有一個性別平等轉折，**直女同**（Lesbros）光臨女同酒吧成為常客。這些男人喜歡和他們的女同朋友相處，後者也經常加入前者一起到通常以男性為主的場所。這種跨越友誼的性別認同混合，在電視節目上已經變得過度濫用，尤其是在《威爾與格蕾絲》和《欲望城市》等電視影集描述異性戀美女與同性戀帥哥成為好朋友之後。不過，令人匪夷所思的是，這類影集使得同性戀更合美國主流的胃口。像多數影集一樣，這類電視節目最後光環漸退，因此**直男同**以及用於異性戀和LGBT之間關係所使用的諷刺標籤，也逐漸褪色。到了二〇〇九年，Salon.com 的前藝術編輯湯瑪士．羅傑斯更是讓直男同一詞蓋棺論定：

> 在現代，當一個成熟女人自稱為「直男同」，感覺就像是她認同一個設計名牌或告訴我她認識某個名人——某種社交炫耀的消費……所以，以前那些令人難以置信、喜歡同性戀的異性戀女人又是如何？……希望她們可以用更精準的詞彙來稱呼她們自己，例如「朋友」。[323]

## 離婚婦女

在現代歷史中，中產階級已婚婦女大都經由丈夫的社會地位及人際關係與他人交友。當我們回顧二十世紀中葉時的夫妻友誼，一個丈夫的朋友以及朋友的妻子，也應該是他妻子的朋友。根據不同的個性，自然有各種排列組合的交友可能。如果在這種夫妻對夫妻友誼中的女人彼此有緣的話，她們就會很談得來。

不過，這種夫妻間友誼的模式，在一九六〇年代與一九七〇年代式微，部分是因為自由戀愛時期，性欲鬆綁。由於文化標準轉變，某些夫妻朋友最後卻上了床。這種交換伴侶的趨勢成為電影《兩對鴛鴦一張床》（一九六九年）的探討主題，配合對婚外情的新趨勢，使夫妻朋友組合舊模式解體。由於諸多複雜因素，婚姻再也無法恢復以往穩定社會結構的地位。時至今日，第一次婚姻有一半無法到白頭偕老，這個數字對女人友誼有強大的意涵[324]。

當夫妻離婚時，他們讓共同朋友陷入尷尬的局面。很難想像不邀請你最好的朋友參加宴會，但現在他們既然已經離婚，你要邀請誰呢？前妻？前夫？或者兩人都邀請？如果離婚的夫妻各自再婚，你應該要將這對新婚夫妻取代老朋友，就這樣？或者更糟的是，讓這兩對夫妻處在同一地方？

許多女人離婚後在重組的社交團體中過著不快樂的生活。即使在今天，用英文「divorcée」來稱呼離過婚的女人，既令人難以苟同，也讓人有點心生顫慄（用來指稱離婚男人的「divorcé」則幾乎從未被使用過）。對於將友誼附掛在婚姻底下的女人來說，這叫人情何以堪。

幸運的是，在二十一世紀，離婚女人有許多新友誼選擇。許多網路媒合社團讓會員在活動中尋找同伴，而不一定要尋尋覓覓找另一半。雖然沒有人希望婚姻無法白頭偕老，但高離婚率確實意味要尋找同病相憐的人變得更加容易。

## 交新朋友，但老朋友仍保持往來／一個是銀，一個是金

雖然婚姻制度讓人覺得不可靠，但對一輩子朋友的價值卻從未減損。許多中年人對年輕時的女性／男性朋友有想重聚的念頭，很樂意偶爾碰個面聚聚。生活在一九七〇年代及一九八〇年代男女混合宿舍最初時期的嬰兒潮，透過網路，很容易維持整個社群的友誼。一九八八年一位女大生寫到有關她男女混合室友，他們在她的朋友網絡中仍然相當重要：

雖然時間無情地流逝，但我們經常保持感情聯繫，不論是在追悼會上……歸國，或者是在臉書上，我們都持續分享我們各式各樣的生活……所以要感謝學校宿舍組……兩層樓男生，層樓女生，我們一起經歷過這麼多歡笑，還有淚水。朋友是我們選擇的家人。325

在美國的跨性別友誼，毫無疑問確實愈來愈多。因此，哈利說得沒錯，性愛讓友誼一事變得複雜，經常將朋友關係變成不折不扣的床伴關係。不過，真正友誼有一個崇高的優點是，不需受限於語言。當我們可以稱朋友是朋友時，為何使用「純朋友」這個詞呢？

# 結語 閨「蜜」：友誼恆久遠，一段永流傳

我們採用文化歷史手法來處理西方女性友誼，讓我們見證女性友誼了不起的演變：從幾近沒沒無聞到偶像般顯著地位。逾兩千年來，自西元前約六百年至西元約一千六百年，女性友誼受到忽略、輕視，甚至被男性作家公開詆譭。然而，過去四百年來，女性擁有讀寫能力、社經資源及人權，她們的友誼能見度已經變得愈來愈高，二十一世紀的女性現在正為兩性立下友誼模範。

為何女人做朋友這麼特別？有什麼東西可以歷經各種環境、語言及文化，還能承受幾個世紀時間的考驗？儘管朋友在各種情境中會有各式各樣的外在形式，女性友誼有哪些特質可以放諸四海而看似幾乎皆準？兩個十六世紀英國人的「八卦」，兩個十七世紀法國貴族，兩個十八世紀美國菁英，兩個十九世紀德國或美國甜心，兩個二十世紀非裔美國人或女性主義者「姊妹」，以及兩個二十一世紀工人階級女人之間的友誼，有什麼共同特點呢？根據本書所提供的

諸多例子，我們發現以下四點似乎是女性友誼的基本特質：

- **情感**：女人彼此之間的友誼有某種核心情感，從同情和善意到熱情與愛情等等各種強烈的情感都有。**情感**（affection）一詞似乎適用於我們研究過的每個情況。沒有情感——定義為對另一個人親切的感覺或喜愛——也就沒有女人友誼這種東西的存在。
- **真情表白**：女人的朋友是某個她可以公開說話，而不會怕遭到報復，並且可以期望獲得同情與支持的人。沒錯，女人的朋友喜歡聊天——她們聊八卦，她們互相透露祕密，某些事情她們會跟彼此說，卻不想讓父母親、配偶或孩子們知道。很久以前，有一個男人對本書的一位作者大吐怨氣：「女人彼此之間**什麼事**都說！」現在他應該更想問問自己，為何他在六十五歲這把年紀朋友這麼少吧！
- **身體接觸**：女性朋友碰觸彼此，她們擁抱、親吻（不過通常不是親嘴）；她們幫對方刷背、洗髮、擦指甲油。她們交換衣服並幫對方打扮。朋友生病或臨終時，她們會幫忙照顧。不論原因為何——先天或是後天，女性朋友通常比男性朋友有更廣泛的身體接觸。男人也會給彼此擁抱，給對方拍拍背（或在運動時，拍拍屁股），同性戀情侶有時在比較開放的場所中手牽手一起走在路上；不過在美國，異性戀男人通常不會出現像女人那般熱情擁抱。

- **相互依賴：**女人從小時候開始就彼此相互依賴，直到她們進入職場、身為人母、離婚，或甚至成為寡婦。女生會相互詢問衣服要怎麼穿才好看、要如何吸引喜歡的男生、如何準備下次考試等等。女性上班族則需要朋友幫忙了解更好的工作環境或是談判加薪，更別說要如何處理性騷擾問題。媽媽們相互依賴支援——在學校接送孩子或是幫忙載送選手參加足球賽。離婚的女人向她們的好姊妹尋求同情慰藉，單身女子、離婚婦人及寡婦定期聚會，打打網球、騎車、舉辦讀書會，一起度假，有時甚至兩兩或集體住在一起。傳統上女人關係緊密，彼此幫忙處理生活大小事，相互扶持。

## 友誼的未來

經由西方歷史，從以前到今天的美國，我們沿著一條女性友誼的曲折道路檢視。友誼定義為植基於共同情感、同理心、互惠、支持等個人關係，現在已經變成美國生活中最有價值的一部分，尤其是對女人來說。相對於婚姻，友誼沒有法律基礎，沒有經濟上的義務，沒有孩子要扶養，更沒有「同甘共苦」的誓詞。不過，雖然許多美國婚姻觸礁而招致離異，如需要全心投入工作、性趣缺缺、孩子管教問題、財務困頓等等，但友誼迅速發展情況卻是前所未見。傳統婚姻認為伴侶可以滿足個人的全部需求，美國社會現在正開始背離這個想法。朋友剛好進來填補這個空隙，婚前、婚後，還有結婚時。朋友可以緩和生活中的過度疲累、過度緊張，也比較不需照顧對方其他家人。

我們預見友誼的未來：對美國男人與女人來說，未來友誼至少會包含三種所謂「女性特質」：情感、不經意地流露及相互依賴。這些特質已經滲入大眾討論中，男人問：是否有必要壓抑他們的感情並把嘴巴閉起來，這樣才像個男人？許多男人從妻子、女同事和女性朋友們的身上學到，跟他們的哥兒們分享有關個人的私事，並獲得許多看法，而這些看法對他們的關係和工作都相當寶貴。在過去，男人為了保有權力，可能會凸顯強悍、自信的形象，但在今天，一些——可能是許多——男人更公開地表達情感，並承認需要依賴朋友、同事和妻子，這已經不是什麼罕見的事。

如果我們將友誼視為一種真情表白，兩個人（或兩個人以上）的情感連結會偏離以前男性本質的觀點——強調兄弟情誼、團結一心和公民權益。男人以軍人身分肩並肩站在一起，或者同一個隊伍的成員排排站，這樣的景象並未消失，但這個景象已經擴及成包括男人——像女人一樣——面對面站在一起，用言語來表達他們內心的感受，相互擁抱表露情感[326]。

就如同男人已經將他們友誼的某些面向「女性化」，女人也開始擔任原本只屬於男人的軍事和公民角色。她們現在肩並肩與其他男人和女人站在一起，成為同袍。此外，她們也在參、眾議院中與議員同事平起平坐。亞里斯多德的願景——以男人之間友誼為基礎的社會，已經演變成由兩性共同撐起整片天，女人與男人共同負責公民事務。

男人與女人關係已經進入一個新境界——混合性別友誼變得愈來愈常見。在學校、大學和職場；在教堂、俱樂部及服務機構；在網路、交友網站，男人與女人如今相處得輕鬆自在，如果維多利亞時代的人地下有知，可能會再嚇死一次吧。女友、男友，以及純友誼構成新疆界，美國人正創造出超越性別化刻板印象邊界的有益關係。

根據歷史顯示，女人將會繼續讓這個世界知道怎麼當朋友。由於婚姻的不確定性，友誼可能會繼續提供許多支援形式，而這些支援形式是女人曾經在她們自己家中發覺的。我們可以預期看見更多單身女人住在一起成為室友，更多年長女人住在同一個屋簷下。在我們烏托邦的異想世界中，我們想像女性友誼的優點，可以讓社會更加關心每個人的生活福祉。

# 致謝辭

我們要感謝許多朋友的協助，讓本書可以順利圓滿完成。首先，我們要感謝史丹佛大學的Susan Groag Bell、Edith Gelles 以及克萊曼性別研究所的 Karen Offen 等資深學者；勞動經濟學家榮譽退休教授 Myra Strober；英文榮譽退休教授 Barbara Gelpi；宗教生活學院院長 Jane Shaw 教授；史丹佛大學圖書館特藏組的 Mattie Taormina。衛斯理大學歷史榮譽教授 Judith C. Brown，以及歷史學家 Allida Black 對某些章節給予有用的建議。SheWrites.com 的創辦人 Kamy Wicoff、GirlFriendCircles.com 的創辦人 Shasta Nelson 以及 RedRoom.com 的創辦人 Ivory Madison，提供有關社交媒體的深入見解。企業顧問 Anne Litwin 分享她的看法。Anna Paustenbach 提供深刻的評論。Irvin Yalom 閱讀整篇書稿並提供寶貴的意見。Paul、Julia 和 Gracie Brown 讓我們從有趣的視角來了解二十一世紀的友誼關係。此外，我們要特別感謝哈潑柯林斯出版社的編輯 Gail Winston，以及我們的作家經紀人 Sandra Dijkstra，因為有他們的指導協助，本書才能順利完成。當然，最後要感謝許多不吝分享她們的友誼故事的女人，不過由於人數眾多，受限於篇幅，無法在此一一具名道謝。

# 注釋

## 導言

1. Shelley E. Taylor，《The Tending Instinct: How Nurturing Is Essential to Who We Are and How We Live》（紐約・Henry Holt 出版社，二〇〇二年），第九十頁。
2. Dr. Louann Brizendine（《The Female Brain》和《The Male Brain》的作者），與作者的私人通訊，二〇一三年。
3. 舉例來說，Peter M. Nardi 等，《Men's Friendships》（倫敦：賽吉出版公司，一九九二年。）
4. Geoffrey L. Greif，《Buddy System: Understanding Male Friendships》（紐約：牛津大學出版社，二〇〇九年），第六頁。
5. Pauline Nestor，《Female Friendships and Communities: Charlotte Brontë, George Eliot, Elizabeth Gaskell》（紐約：牛津大學出版社，一九八五年），第四頁。
6. Gertrude Franklin Horn Atherton，《The Conqueror: Being the True and Romantic Story of Alexander Hamilton》（紐約：麥克米倫出版公司，一九〇四年），第二三一頁。

7. C. S. Lewis，《The Four Loves》（佛羅里達州奧蘭多：Harcourt 書局，一九六〇年）。
8. Leon Battista Alberti，〈On the Family〉，引述 Julia O'Faolain 和 Lauro Martines 編輯，《Not in God's Image: Women in History from the Greeks to the Victorians》（紐約：哈潑柯林斯出版社，一九七三年），第一八九頁。
9. Michel de Montaigne，《The Complete Essays of Montaigne》，翻譯：Donald M. Frame（加州：史丹佛：史丹佛大學出版社，一九六五年），第一三八頁。
10. 引述 Carolyn James 和 Bill Kent，〈Renaissance Friendships: Traditional Truths, New and Dissenting Voices〉，《Friendship: A History》，編輯：Barbara Caine（奧克維爾，安大略：Equinox 出版社，二〇〇九年），第一四九頁。
11. Edith Gelles，《「First Thoughts」：Life and Letters of Abigail Adams》第三章（紐約：Twayne 出版社，一九九八年）。
12. 〈Ngram Viewer〉，Google Books books.google.com/ngrams; Jean-Baptiste Michel 等人，〈Quantitative Analysis of Culture Using Millions of Digitized Books〉，《科學》雜誌網路版，二〇一〇年十二月十六日。

## 第一章　尋找聖經中的友誼

13. 約伯 2:13（欽定版聖經），kingjamesbibleonline.org，此後於正文中引述。
14. Willis Barnstone 翻譯，〈Miryam of Magdala〉，《The Restored New Testament》（紐約：Norton，二〇〇九年），第五八三頁。
15. Elaine Pagels，《The Gnostic Gospels》（紐約：藍燈書屋出版社，一九七九年）；Karen King，

《The Gospel of Mary of Magdala: Jesus and the First Woman Apostle》（聖塔羅莎，加州：Polebridge 出版社，二〇〇三年）。

## 第二章　哲學家和神職人員

16. 最近的例子，Todd May，〈Friendship in an Age of Economics〉，《紐約時報》二〇一〇年七月四日；Ray Pahl，《On Friendship》（劍橋，英國：Polity 出版社，二〇〇〇年）。
17. David Konstan，《Friendship in the Classical World》（劍橋，英國：劍橋大學出版社，一九七七年），第一頁。
18. Eva Osterberg，《Friendship and Love, Ethics and Politics: Studies in Mediaeval and Early Modern History》（紐約：中歐大學出版社），第二六頁。
19. 此引述及前一個引述都是來自亞里斯多德，《尼各馬科倫理學》中的第八卷和第九卷，《亞里斯多德簡介》，編輯：Richard McKeon（紐約：現代圖書館，一九四七年）。
20. 經認可的信條第二十七項，引述 Norman Wentworth DeWitt，《Epicurus and His Philosophy》（明尼亞波利斯：明尼蘇達大學出版社，一九五四年），第一九〇頁。
21. 梵諦岡格言第二十三篇，同上，第三〇八頁。
22. 梵諦岡格言第三十九篇，同上。
23. 普魯塔克《Oeuvres Morales》（巴黎：社會出版社〈Les Belles Lettres〉，一九八五年），2:152。由 Marilyn Yalom 譯自法文。
24. 此引述及前一個西塞羅引述是來自西塞羅，《論友誼和老年》，翻譯：Frank O. Copley（安娜堡：密西根大學出版社，一九六七年），第四五－九〇頁。

25. Constant J. Mews，〈西塞羅論友誼〉，《Friendship: A History》，編輯：Barbara Caine。第六七一七二頁。
26.《「Friendship in the Middle Ages and Early Modern Age」簡介》，編輯：Albrecht Classen 和 Marilyn Sandidge（哥廷根：De Gruyter 出版社，二〇一〇年），第一一頁。
27. 此引述及前一個引述都是來自 Maria Boulding 翻譯，《The Works of Saint Augustine: The Confessions》（紐約海德公園：紐約出版社，一九九七年），第一章，第一卷，第九冊：第七、九六－一〇〇頁。
28. Christoph Cardinal Schonborn，維也納大主教（典禮致詞，多瑪斯阿奎納斯學院，加州，二〇〇二年六月八日）。
29. Walter Frolich 翻譯，《The Letters of Saint Anselm》（密西根州卡拉馬朱：Cistercian 出版社，一九九〇年），1:285。
30. 同上，1:210。
31. 同上，1:81。
32. Brian Patrick McGuire，《Friendship and Community: The Monastic Experience 350~1250 年》（伊薩卡：康乃爾大學出版社，二〇一〇年），第二一四頁。
33. 同上，第一九四頁。
34. George Lawless 編輯，《Augustine of Hippo and His Monastic Rule》（牛津：牛津大學出版社，一九八七年），第八一頁。

## 第三章　前現代的修女

35. Jo Ann Kay McNamara，《Sisters in Arms: Catholic Nuns through Two Millennia》（劍橋，麻薩諸塞：哈佛大學出版社，一九九六年），第七六頁。
36. Bernadette J. Brooten，《Love Between Women: Early Christian Responses to Female Homoeroticism》（芝加哥：芝加哥大學出版社，一九九六年），第三五〇－五一頁。
37. Silvia Evangelisti，《Nuns: A History of Convent Life 1450~1700》（牛津：牛津大學出版社，二〇〇七年），第三〇－三一頁。
38. Philippe de Navarre，《Les Quatre Ages de l'Homme》（巴黎：Librairie Firmin Didot 出版社，一八八八年），第一六頁。
39. Fiona Maddocks，《Hildegard of Bingen: The Woman of Her Age》（紐約：Doubleday 出版社，二〇〇一年），第一七－二四頁。
40. 《Jutta and Hildegard: The Biographical Sources》，編輯：Anna Silvas（賓州大學公園：賓州州立大學出版社，一九九九年），第一六五頁。
41. 《The Letters of Hildegard of Bingen》中第十二封信，翻譯：Joseph L. Baird 和 Radd K. Ehrman（紐約：牛津大學出版社，一九九四年），1:48。
42. 第六十四封信，同上，第一四三－四四頁。
43. 第十三封信，同上，第五〇頁。
44. Julie Ann Smith，《Ordering Women's Lives: Penitentials and Nunnery Rules in the Early Medieval West》（佛蒙特州伯靈頓：Ashgate 出版社，二〇〇一年），第一九一－九二頁。
45. M. Colman O'Dell，〈Elisabeth of Schonau and Hildegard of Bingen: Prophets of the Lord〉，《Peace

Weavers: Medieval Religious Women》，編輯：Lillian Thomas Shank和John A. Nichols（密西根州卡拉馬朱：Cistercian出版社，一九八七年），2:88。

46. 第二〇一r號信件，《Letters of Hildegard》，2:181。

47. 第一〇〇號信件，同上，第一五頁。

48. 第一五七號信件，同上，第一〇四頁。

49. 第一四〇和一四〇r號信件，同上，第八〇頁。

50. 第一五〇號信件，同上，第九五頁。

51. Mary Jeremy Finnegan，《The Women of Helfta: Scholars and Mystics》（喬治亞州雅典：喬治亞大學出版社，一九九一年），第二七頁。

52. Ann Marie Caron，〈Taste and See the Goodness of the Lord: Mechtild of Hackeborn〉，《Hidden Springs: Cistercian Monastic Women》第二冊，編輯：John A. Nichols和Lillian Thomas Shank（堪薩斯，密蘇里：Cistercian出版社，一九九五年），第五〇九－二四頁。

53. Evangelisti，《Nuns》，第七二頁。

54. 同上，第八〇－八一頁。

55. Evangelisti，《Nuns》，第六〇頁。

56. Penelope D. Johnson，《Equal in Monastic Professions: Religious Women in Medieval France》（芝加哥：芝加哥大學出版社），第一二一頁。

57. Judith C. Brown，《Immodest Acts: The Life of a Lesbian Nun in Renaissance Italy》（紐約：牛津大學出版社，一九八六年），第四頁。

58. 同上，第一一七－一八頁。

59. Kieran Kavanaugh, O.C.D. 和 Otilio Rodriguez, O.C.D. 翻譯，〈The Book of Her Life〉，《The Collected Works of St. Teresa of Avila》（華盛頓特區：ICS 出版社，二〇一二年），1:95。

60. 同上，第七〇頁。

61. 同上，第七一頁。

62. 同上，第七二－七三頁。

63. 同上，第二一一－一二頁。

64. Alison Weber，〈「Little Angels」：Young Girls in Discalced Carmelite Convents（一五六二－一五八二年）〉，《Female Monasticism in Early Modern Europe》，編輯：Cordula van Wyhe（伯靈頓，佛蒙特：Ashgate 出版社，二〇〇八年），第二一二頁。

65. Evangelisti，《Nuns》，第七六頁；Alison Weber 和 Amanda Powell 編輯，《Book for the Hour of Recreation》（芝加哥：芝加哥大學出版社，二〇〇二年），第四三頁。

66. Ernest W. McDonnell，《The Beguines and Beghards in Medieval Culture: With Special Emphasis on the Belgian Scene》（新布朗斯維克，紐澤西：羅格斯大學出版社，一九五四年）；Marguerite Porete，《The Mirror of Simple Souls》，翻譯：Ellen L. Babinsky（莫沃，紐澤西：Paulist 出版社，一九九三年）；Dennis Devlin，〈Feminine Lay Piety in the High Middle Ages: The Beguines〉，《Distant Echoes: Medieval Religious Women》，編輯：John Al Nichols 和 Lillian Thomas Shank（卡拉馬朱，密西根：Cistercian 出版社），第一冊。

67. Herbert Grundmann，《Religiose Bewegungen im Mittelalter》（柏林，一九三五年；希爾德斯海姆，一九六一年）。引述為希爾德斯海姆版本。

68. Octavio Paz，翻譯：Margaret Sayers Peden（劍橋，麻薩諸塞：哈佛大學出版社，一九八八年），

第九〇頁。

69. Sor Juana Ines de la Cruz，《The Answer/La Respuesta: Including a Selection of Poems》，翻譯：Electa Arenal 和 Amanda Powell（紐約：紐約市立大學女性主義者出版社，一九四四年），第一一頁；也可參閱 Sor Juana Ines de la Cruz，《Obras Completas》，編輯：Alfonso Mendez Plancarte(墨西哥：Fondo de Cultura Economica 出版社），1:240~42。

70. Sor Juana Ines de la Cruz，《Redondilla 91, Selected Works》，翻譯：Edith Grossman（紐約：W.W. Norton 出版社，二〇一四年），第三〇頁。

## 第四章　八卦和靈魂伴侶

71. Emanuel van Meteren，《Album》，引述 Germaine Greer，《Shakespeare's Wife》（紐約：哈潑柯林斯出版社，二〇〇七年），第三〇頁。

72. Melinda Jay，〈Female Friendship Alliances in Shakespeare〉（博士論文，佛羅里達州立大學，二〇〇八年）。

73. William Shakespeare，《皆大歡喜》，1.3.69~72。《The Comedies of Shakespeare》第二冊（紐約：現代博物館，一九五九年）。

74. Peter Ackroyd，《The Biography》（倫敦：Chatto and Windus 出版社，二〇〇五年），第二九頁。

75. Sara Mendelson and Patricia Crawford，《Women in Early Modern England, 1550~1720》（牛津：牛津大學出版社，一九九八年），第二四〇－四二頁。

76. Ann Rosalind Jones，〈Maidservants of London: Sisterhoods of Kinship and Labor〉，《Maids and Mistresses, Cousins and Queens: Women's Alliances in Early Modern England》，編輯：Susan Frye

和 Karen Robertson（紐約：牛津大學出版社，一九九九年），第二一一－二一三頁。

77. Greer，《Shakespeare's Wife》，第一二九頁。

78. Antonia Fraser，《The Weaker Vessel》（紐約，Alfred A. Knopf，一九八四年），第三三七頁；Germaine Greer 等人編輯，《Kissing the Rod: An Antholog y of Seventeenth-Century Women's Verse》（紐約：Noonday 出版社，一九八八年），第一八六頁。

79. Katherine Philips，〈L'Amitie〉，Greer，《Kissing the Rod》，第一八九－九〇頁。Philips 的詩作也可在線上賞讀 Luminarium.org。

80. Katherine Philips，〈On Rosiana's Apostasy and Lucasia's Friendship〉，Greer，《Kissing the Rod》，第一九四－九五頁。

81. Katherine Philips，〈Friendship's Mysterys, to my dearest Lucasia〉，Greer，《Kissing the Rod》，第一九三頁。

82. Katherine Philips，〈To My Excellent Lucasia, On Our Friendship〉，《Poems Between Women: Four Centuries of Love, Romantic Friendship, and Desire》，編輯：Emma Donaghue（紐約：哥倫比亞大學出版社，一九九七年），第三頁。

83. 引述 Fraser，《The Weaker Vessel》，第三三八頁。

84. 引述 Linda W. Rosenzweig，《Another Self: Middle-Class American Women and Their Friends in the Twentieth Century》（紐約：紐約大學出版社，一九九九年），第二一頁。

85. Jane Harrison，《Reminiscences of a Student's Life》（倫敦：霍加斯出版社，一九二五年）。

86. Valerie Traub，〈「Friendship So Curst」：Amor Impossibilis, the Homoerotic Lament and the Nature of Lesbian Desire〉，《Lesbian Dames: Sapphism in the Long Eighteenth Century》，編輯 John C.

Beynon 和 Caroline Gonda（Burlington, VT: Ashgate Publishing, 2010），第一〇頁。Traub 的文字對凱瑟琳（奧林達）、她的好姊妹及友誼做為一種傳統主題，提供了相當珍貴的看法。

87. 引述 Rosenzweig，《Another Self》，第一五頁。
88. Beynon and Gonda，《Lesbian Dames》，第三〇－三四頁。
89. Elizabeth Robinson Montagu to Sarah Robinson，一七五〇年九月十八日，引述 Susan S. Lanser，〈Tory Lesbians: Economies of Intimacy and the Status of Desire〉，編輯：Beynon 和 Gonda，《Lesbian Dames》，第一七三頁。
90. Laurel Thatcher Ulrich，《Good Wives: Image and Reality in the Lives of Women in Northern New England 1650~1750》（紐約：Knopf 出版社，一九八二年），第九頁。
91. 同上，第頁一二一－一二二頁。

## 第五章　女雅士

92. 引述 Georges Mongrédian，《Les Précieux et les Précieuses》（巴黎：法國水星出版社，一九六三年），第七二－八四頁。
93. Madeleine de Scudéry，《Artamène ou le Grand Cyrus》，同上，第一一九－一二二頁。
94. Myriam Maître，《Les précieuses. Naissance des femmes de lettres en France au XVIIe siècle》（巴黎：Honoré Champion 出版社，一九九九年），第二八一頁。
95. Madeleine de Scudéry，《Artamène ou le Grand Cyrus》，引述 Mongrédian，《Les Précieux et les Précieuses》，第一二一－一二三頁。
96. Madeleine de Scudéry，《Clélie》，引述並討論自 Roger Duchêne，《Les Précieuses ou comment

l'esprit vint aux femmes》（巴黎：Fayard 出版社，二〇〇一年），第三〇－三一頁。

97. Jacqueline Quenau 和 Jean-Yves Patte，《L'Art de vivre au temps de Madame de Sévigné》（巴黎：NiL 版本，一九九六年），第一六〇頁。

98. 拉斐德寫給塞維涅夫人的信，一六九二年一月二十四日，《OEuvres Complètes》（巴黎：七星詩社，二〇一四年），第一〇八二頁。

99. Denise Mayer，《Une Amitié parisienne au Grand siècle: Mme de Lafayette et Mme de Sévigné, 1648~1693》（西雅圖：法國十七世紀文學文件／Biblio 17，一九九〇年），第四六－四七頁。

100. 拉斐德夫人寫給梅納的信，一六六〇年八月，星期天晚上，拉斐德，《OEuvres Complètes》，第九二一頁。

101. 引述 Quenau 和 Patte，《L'Art de vivre》，第二〇八頁。

102. 拉斐德夫人寫給梅納的信，一六五七年七月十七日，拉斐德，《OEuvres Complètes》，第九〇二頁。

103. 《Divers Portraits》（Caen，一六五九年）。此人物描繪系列係由不同作者撰寫。

104. 此引述和前幾個引述為拉斐德，《OEuvres Complètes》，第三－五頁。

105. 塞維涅夫人寫給蓬波納侯爵的信，一六六七年八月一日，塞維涅夫人，通信，第一頁（巴黎：七星詩社，一九七二年），第八七頁。

106. 塞維涅寫給格里尼昂的信，一六七二年七月八日，同上，第五五〇頁。

107. 拉斐德寫給塞維涅的信，一六七三年七月十四日，拉斐德，《OEuvres Complètes》，第九八三頁。

108. 拉斐德寫給塞維涅的信，一六七三年九月四日，同上，第九八三頁。

109. 拉斐德寫給塞維涅的信，同上。

110. Mayer，《Une Amitié parisienne》，第九三–九四頁。

111. 塞維涅寫給格里尼昂的信，一六八〇年三月六日，塞維涅夫人，通信，第二頁（巴黎：七星詩社，一九七四年），第八六〇頁。

112. 塞維涅寫給格里尼昂的信，一六八〇年三月十五日，同上，第八七五頁。

113. 塞維涅寫給格里尼昂的信，一六八〇年三月十七日，同上，第八七六頁。

114. 拉斐德寫給梅納的信，約一六八四年五月，拉斐德，《OEuvres Complètes》，第一〇二七頁。

115. 拉斐德寫給梅納的信，一六九一年九月，同上，第一〇五七頁。

116. 塞維涅寫給格里尼昂的信，一六九〇年二月二十六日，塞維涅夫人，通信，第三頁（巴黎：七星詩社，一九七八年），第八四七頁。

117. 塞維涅寫給古特（Guitaut）的信，一六九三年六月三日，同上，第一〇〇六頁。

118. 瑪莉蓮・亞隆，《How the French Invented Love: Nine Hundred Years of Passion and Romance》第一章（紐約：哈潑柯林斯出版，二〇一二年）。

## 第六章　愛國友誼

119. Linder Kerber，〈The Republican Mother and the Woman Citizen: Contradictions and Choices in Revolutionary America〉，《Women's America, Refocusing the Past》，編輯：Linda Kerber 和 Jane Sherron De Hart（紐約：牛津大學出版社，二〇〇〇年），第一一二–一二〇頁。

120. Edith Gelles，《「First Thoughts」: Life and Letters of Abigail Adams》（紐約：Twayne Publishers 出版社，一九九八年），第三五頁。

121. 艾碧該寫給墨西的信，一七七三年十二月，引述愛迪斯・蓋利斯，《Abigail and John: Portrait of a

Marriage》（紐約：威廉・莫羅出版社，二〇〇九年），第三九頁。

122. Caroline Winterer，《The Mirror of Antiquity》（綺色佳：康乃爾大學出版社，二〇〇七年），第八頁。

123. 愛迪斯・蓋利斯，〈First Thoughts〉，第四七－四八頁。

124. 同上，第一四－一八頁。

125. 同上，第五一頁。

126. Kate Davies，《Catherine Macaulay and Mercy Otis Warren: The Revolutionary Atlantic and the Politics of Gender》（美國印第安納州布盧明頓：印第安納大學出版社，一九九二年），第三－四頁。

127. 蓋利斯，〈First Thoughts〉，第六〇頁。

128. 同上，第一六八頁。

129. 同上，第六〇頁。

130. Davies、Catherine Macaulay 和 Mercy Otis Warren，第二頁。

131. Catherine Macaulay，〈An Address to the People of England, Scotland and Ireland on the Present Important Crisis of Affairs〉，一七七四年十二月，引言同上，第一頁。

132. 華倫寫給麥考莉，一七七四年十二月，引言來自凱瑟琳・麥考莉和墨西・華倫，第一頁。

133. 麥考莉寫給華倫，一七八五年七月十五日，引言同上，第二〇頁。

134. 例如，請參閱 Darline Levy、Harriet Applewhite 和 Mary Johnson 編輯，《革命時代巴黎的女人，一七八九－一七九五年》（厄巴納：伊利諾大學出版社，一九八〇年）；Anne Soprani，《La Révolution et les Femmes de 1789 a 1796》（巴黎：MA Editions 出版社，一九八八年）；瑪莉蓮・亞隆，《血誓姊妹：女性回憶中的法國大革命》（紐約：Basic Books 出版社，一九九三年）。

135. Levy、Applewhite 和 Johnson，《Women in Revolutionary Paris》，第二一五頁。

136.〈Les Souvenirs de Sophie Grandchamp〉，《羅蘭夫人回憶錄》附錄，編輯：Claude Perroud(巴黎：Plon-Nourrit et Cie 出版社，一九〇五年），2:461~97。

137. Claude Perroud，《Mémoires de Madame Roland》（巴黎：法國水星出版社，一九八七年），第一五五頁。

138. 這個和前一個引言〈Les Souvenirs de Sophie Grandchamp〉，同上，第二冊，第四九二－九五頁。

## 第七章　浪漫的友誼

139. Nancy Cott，《The Bonds of Womanhood: "Woman's Sphere" in New England, 1780~1835》（紐哈芬：耶魯大學出版社，一九七七年，一九九七再版），第一六〇頁。

140. Alison Oram 和 Annmarie Turnbull 編輯《The Lesbian History Sourcebook: Love and Sex Between Women in Britain from 1780 to 1970》（倫敦：羅德里奇出版社，二〇〇一年），第五五頁。

141. Anna Seward，《Llangollen Vale, with Other Poems》（倫敦：G. Sael 出版社，一七九六年：Open Library，二〇〇九年），第六頁，https://openlibrary.org/works/OL2067573W/Llangollen_vale_with_other_poems。

142. John D'Emilio 和 Estelle Freedman，《Intimate Matters: A History of Sexuality in America》（紐約：哈潑與羅出版公司，一九八八年），第一九二－九三頁。

143. Carroll Smith-Rosenberg，〈The Female World of Love and Ritual〉，《Disorderly Conduct: Visions of Gender in Victorian America》（紐約：牛津大學出版社，一九八五年），第七六頁。

144. Angele Steidele，《Geschichte einer Liebe: Adele Schopenhauer und Sibylle Mertens》（柏林：Insel

Verlag 出版社，二〇一〇年）。所有譯文皆是由瑪莉蓮・亞隆翻譯。

145. Anna Jameson，《Visits and Sketches at Home and Abroad》（紐約：哈潑兄弟出版社，一八三四年），1:36。

146. 阿黛勒寫給奧堤麗，一八一四年，在 Steidele，《Geschichte einer Liebe》，第四四頁。

147. 奧堤麗寫給阿黛勒，一八一四年七月，在 Steidele，《Geschichte einer Liebe》，第四五頁。

148. 同上，第六三頁。

149. 阿黛勒寫給奧堤麗，一八二八年六月八日，在 Steidele，《Geschichte einer Liebe》，第八〇頁。

150. 阿黛勒寫給奧堤麗，一八二九年七月一日，在 Steidele，《Geschichte einer Liebe》，第八六－八七頁。

151. Jameson，《Visits and Sketches》，1:36。

152. Steidele，《Geschichte einer Liebe》，第一〇一頁。

153. 史碧樂寫給阿黛勒，一八三六年三月八日，同上，第一四五－四六頁。

154. Fanny Lewald，《Romisches Tagebuch 1845/46》，編輯：Heinrich Spiero（萊比錫：Klinkhardt & Biermann 出版社，一九二七年），第五七頁，引言來自 Steidele，《Geschichte einer Liebe》，第二一五頁。

155. 安娜寫給奧堤麗，一八四五年八月九日，在 Steidele，《Geschichte einer Liebe》，第二一四頁。

156. 喬治桑，第三部分，第一二－一三章，在《Story of My Life: The Autobiography of George Sand》，編輯：Thelma Jurgrau（阿伯尼：紐約州立大學出版社，一九九一年）。

157. 同上，第六八五頁。

158. 同上，第六八四頁。

159. 同上，第六八九頁。

160. 同上，第六八五頁。

161. Erna Olafson Hellerstein、Leslie Parker Hume 和 Karen M. Offen 編輯，《Victorian Women: A Documentary Account of Women's Lives in Nineteenth-Century England, France, and the United States》（史丹佛，加州：史丹佛大學出版社，一九八一年），第八九頁。

162. 桃樂斯・華茲華斯，〈Irregular Verses〉，在《Poems Between Women: Four Centuries of Love, Romantic Friendship, and Desire》，編輯：Emma Donaghue（紐約：哥倫比亞大學出版社，一九九七年），第三八－四一頁。

163. Christina Rossetti，〈Gone Before〉，在 Donaghue，《Poems Between Women》，第六五－六六頁。

164. Frances Osgood，〈The Garden of Friendship〉，在 Donaghue，《Poems Between Women》，第五三－五四頁。

165. Anya Jabour，《Scarlett's Sisters: Young Women in the Old South》（教堂山，北卡羅來納：北卡羅來納大學出版社，二〇〇七年），第七〇－七六頁。

166. 同上，第七三頁。

167. 同上，第七九頁。

168. 同上，第七一頁。

169. William R. Taylor 和 Christopher Lasch，〈Two 'Kindred Spirits': Sorority and Family in New England, 1839~1846〉，《History of Women in the United States》第十六卷《Women Together: Organizational Life》，編輯：Nancy F. Cott（新普羅維登斯：K. G. Saur 出版社，一九九四年），第九三頁。

170. Case to Edgarton，一八三九年十月十八日，第八五頁。
171. Edgarton to Case，一八四〇年一月八日，同上，第九四頁。
172. Edgarton to Case，同上，第九八頁。
173. Lillian Faderman，〈Nineteenth-Century Boston Marriage as a Possible Lesson for Today〉，《Boston Marriages: Romantic but Asexual Relationships Among Contemporary Lesbians》，編輯：Esther D. Rothblum 和 Kathleen A. Brehony（艾姆赫斯特，麻薩諸塞：麻薩諸塞大學出版社，一九九三年），第三二頁。
174. Helena Whitbread 編輯，《No Priest but Love: The Journals of Anne Lister from 1824~1826》（Ottley，英國：Smith Settle 印刷製本公司，一九九二年）；Helena Whitbread 編輯，《The Secret Diaries of Miss Anne Lister (1791~1840)》（倫敦：Virago 出版社，二〇一〇年）。
175. 一八二三年一月六日星期日，Whitbread，《The Secret Diaries》，同上，第一九四頁。
176. 一八二六年三月十六日星期四，Whitbread，《No Priest but Love》，第一六三頁。
177. 一八三四年一月八日；一八三四年二月十日；一八三四年二月二十七日；一八三四年五月二十三日，Jill Liddington，《Female Fortune: Land, Gender and Authority, The Anne Lister Diaries and Other Writings, 1833~36》（紐約：Rivers Oram 出版社，一九九八年），第八六、九二、九五、一〇七頁。
178. 同上，第二四二頁。
179. 伊莉莎・舒拉特寫信給蘇菲・都彭，一八三四年八月二十四日，Carroll Smith-Rosenberg，《Disorderly Conduct》，第七三頁。
180. 本章引述的信函係來自 Mary Hallock Foote Papers，MO115，特別館藏，史丹佛大學圖書館，資料匣一－四號。

181. 同上，資料匣一號，一八七〇年二月八日。

182. 同上，一八七三年九月二十八日。

183. 這些引起學者們的熱烈討論：莉蓮．費德曼（Lillian Faderman）和埃絲特．羅斯布隆（Esther Rothblum）認為，過去許多浪漫友誼關係與性無關，現在仍是如此；不過 Terry Castle 堅持，女同愛欲的肉體特性，「其對另一個女人不能矯正的淫蕩衝動」，現在如此，過去亦然。費德曼，《Surpassing the Love of Men: Romantic Friendship and Love Between Women from the Renaissance to the Present》（紐約：William Morrow 出版社，一九八一年）；Rothblum and Brehony，《Boston Marriages》；Terry Castle，《The Apparitional Lesbian: Female Homosexuality and Modern Culture》（紐約：哥倫比亞大學出版社，一九九三年），第一一頁。

184. William Wordsworth，〈To the Lady E.B. and the Hon. Miss P〉（一八二四年），《The Complete Poetical Works of William Wordsworth》（劍橋，麻薩諸塞：河邊出版社，一九〇四年），第六四〇頁。

## 第八章　被子、祈禱、俱樂部

185. Edith White，〈Memories of Pioneer Childhood and Youth in French Corral and North San Juan, Nevada County, California. With a brief narrative of later life, told by Edith White, emigrant of 1859, to Linnie Marsh Wolfe, 1936〉，Christiane Fischer 編輯，《Let Them Speak for Themselves: Women in the American West 1849~1900》（哈姆登，康乃迪克：Archon 出版社，一九七七年），第二七四－七五頁。

186. Benita Eisler 編輯，《The Lowell Offering: Writings by New England Mill Women (1840~1845)》（紐約：W. W. Norton 出版社，一九九七年），第一五〇頁。

187. Patricia Cooper 和 Norma Bradley Allen，《The Quilters: Women and Domestic Art: An Oral History》（拉伯克市，德州：德州理工大學出版社，一九九九年），第二九頁。

188. Marguerite Ickis，《The Standard Book of Quilt Making and Collecting》（紐約：Dover 出版社，一九五九年），第二五九頁。

189. Pamela A. Parmal 和 Jennifer M. Swope 編輯，《Quilts and Color: The Pilgrim/Roy Collection》（波士頓：MFA 出版社，二〇一三年），第八二頁。也可參閱 Martha Schwendener，《紐約時報》，二〇一五年二月二十日，C20 版。

190. Joanna L. Stratton，《Pioneer Women: Voices from the Kansas Frontier》（紐約：西蒙與舒斯特出版社，二〇一三年），Kindle 版本，電子書位碼二八四〇。

191. Jean V. Matthews，《The Rise of the New Woman: The Women's Movement in America 1875~1930》（芝加哥：Ivan R. Dee 出版社，二〇〇三年），第一七頁。

192. 「一八六〇年時，那個時期最受歡迎的女性雜誌《姑蒂淑女書》宣布，『女人的圓滿境界……是賢妻與良母，兩者是家庭的中心，有如磁石般將男人吸引到家庭聖壇，使他成為有教養的人……賢妻是真正的家庭之光。』」引述 Tiffany K. Wayne，《Women's Roles in Nineteenth-Century America》（韋斯特菲爾德，康乃迪克：Greenwood 出版社，二〇〇七年），第一頁。

193. 維吉尼亞・吳爾芙（Virginia Woolf）在一九三一年演講中，諷刺廣為流傳的家中天使想法：「她富有強烈的同情心，她風情萬種，她毫無私心，她擅長處理複雜困難的家庭生活雜務，她犧牲日常的……最重要的是，她純潔無瑕。」吳爾芙，〈Professions for Women〉，《The Death of the

Moth and Other Essays》（奧蘭多，佛羅里達：Harcourt Brace & Company 出版社，一九四二年），第二三五頁。

194. Carolyn J. Lawes，《Women and Reform in a New England Community, 1815~1860》（萊辛頓，肯塔基：肯塔基大學出版社，二〇〇〇年），第六四頁。

195. 同上。

196. Erica Armstrong Dunbar，《A Fragile Freedom: African American Women and Emancipation in the Antebellum City》（紐哈芬，康乃迪克：耶魯大學出版社，二〇〇八年），第六一頁。

197. 同上，第六〇頁。

198. Clifford M. Drury，〈The Columbia Maternal Association〉，《Oregon Historical Quarterly 39》（一九三八年六月），引述 Sandra Haarsager，《Organized Womanhood: Cultural Politics in the Pacific Northwest, 1840~1920》（諾曼，奧克拉荷馬：奧克拉荷馬大學出版社，一九九七年），第三七頁。

199. William W. Fowler，《Woman on the American Frontier》（S. S. Scranton and Company 出版社，一八七八年；紐約：Cosimo 出版社，二〇〇五年）。

200. 〈Athens of America Origin〉，Celebrate Boston，http://www.celebrateboston.com/culture/athens-of-america-origin.htm。

201. Bruce A. Ronda，《Elizabeth Palmer Peabody: A Reformer on Her Own Terms》（劍橋，麻薩諸塞：哈佛大學出版社，一九九九年），第一五六頁。

202. 同上，第一八七頁。

203. Margaret Fuller Ossoli，《Woman in the Nineteenth Century and Kindred Papers Relating to the Sphere, Condition and Duties, of Woman》（一八四四年），電子書位碼一二四三。

204. 瑪格麗特・富勒(Margaret Fuller)寫信給蘇菲亞・雷普利(Sophia Ripley),一八三九年八月二十七日,美國超越主義網站,〈On the nature of the proposed Conversations〉,http://transcendentalism-legacy.tamu.edu/authors/fuller/conversationsletter.html。

205. Joan von Mehren,《Minerva and the Muse: A Life of Margaret Fuller》(艾姆赫斯特,麻薩諸塞:麻薩諸塞大學出版社,一九九五年),第一一六頁。

206. Fuller,《Woman in the Nineteenth Century》,電子書位碼一二〇〇。

207. Megan Marshall,《Margaret Fuller: A New American Life》(波士頓:Houghton Mifflin Harcourt 出版社,二〇一三年),第一六七頁。

208. 同上,第一八一頁。

209. 同上,第六一、九二—九三頁。

210. Charles Capper,《Margaret Fuller: An American Romantic Life, Volume II: The Public Years》(紐約:牛津大學出版社,二〇〇七年),第一九頁。

211. Robert Hudspeth 編輯,《The Letters of Margaret Fuller》(康乃爾:康乃爾大學出版社,一九八七年),4:132。

212. 「除了免費的文法學校外,有無數的夜校;多數教堂利用『社交圈』提供自我提升的機會。」Daniel Dulany Addison,《Lucy Larcom: Life, Letters, and Diary》(劍橋,麻薩諸塞:河邊出版社,一八九五年),第七頁。

213. Lucy Larcom,《A New England Girlhood Outlined from Memory》(紐約:Houghton Mifflin 出版社,一八八九年),第一九六頁。

214. Priscilla Murolo,《The Common Ground of Womanhood: Class, Gender, and Working Girls' Clubs

1884~1928》（厄巴納：伊利諾大學出版社，一九九七年），第二四頁。

215. 同上，第一五八頁。

216. 《Woman's Era》1:19（一八九四年十二月），引述 Maude Thomas Jenkins，〈The History of the Black Woman's Club Movement in America〉（博士論文，哥倫比亞大學師範學院，一九八四年），第五一頁。

217. Maxine Seller 編輯，《Immigrant Women》（奧伯尼：紐約州立大學出版社，一九九四年），第一九一頁。

218. 此引述和先前引述都是來自 Elizabeth Cady Stanton，《Eighty Years and More: Reminiscences 1815~1897》（紐約：蕭肯出版社，一九七五年），第一六二－九四頁。

## 第九章　大學女生、城市女孩和新女性

219. Jean V. Matthews，《The Rise of the New Woman: The Women's Movement in America, 1875~1930》（芝加哥：Ivan R. Dee 出版社，二〇〇三年），第一一頁。

220. William H. Chafe，《The Paradox of Change: American Women in the Twentieth Century》（紐約：牛津大學出版社，一九九一年），第九九頁。

221. 從「大學同窗」章節開始，此引述和先前引述，都是來自 Linda W. Rosenzweig，《Another Self: Middle-Class American Women and Their Friends in the Twentieth Century》（紐約：紐約大學出版社，一九九九年），第四〇、四一、五一－五六頁。

222. Hazel Traphagen 和 Jette Johnson 剪貼簿收藏於史丹佛大學特藏組。

223. Matthews，《The Rise of the New Woman》，第九七頁。

224. 同上，第九八頁。
225. Mary Beth Norton 等人，《A People, A Nation》（波士頓：Houghton Mifflin 出版社，二〇〇五年），第五一二頁。
226. Chafe，《The Paradox of Change》，第一三頁。
227. 〈The Story of a Sweatshop Girl: Sadie Frowne〉，《The Independent》，一九〇二年九月二十五日，引述《Plain Folk: The Life Stories of Undistinguished Americans》，編輯：David M. Katzman 和 William M. Tuttle Jr.（厄巴納：伊利諾大學出版社，一九八二年），第四八－五七頁。
228. Elizabeth Dutcher，〈Budgets of the Triangle Fire Victims〉，《Life and Labor》，一九一二年九月，第二六六－六七頁。
229. Thomas Jesse Jones，《Sociology of a New York City Block》（紐約，一九〇四年），第一〇八－九頁，引述 Kathy Peiss，〈Gender Relations and Working-Class Leisure: New York City, 1880~1920〉，《「To Toil the Livelong Day」: America's Women at Work, 1780~1980》，編輯：Carol Groneman 和 Mary Beth Norton（伊薩卡，紐約：康乃爾大學出版社，一九八七年），第一〇四頁。
230. 此引述和先前引述（以「我清楚記得……」開頭），都是來自 Jane Addams，《Twenty Years at Hull-House with Autobiographical Notes》（紐約：麥克米倫出版公司，一九一二年）。
231. Blanche Wiesen Cook，〈Female Support Networks and Political Activism〉，《A Heritage of Her Own》，編輯：Nancy F. Cott 和 Elizabeth H. Pleck（紐約：西蒙與舒斯特出版社，一九七九年），第四一五－二〇頁。
232. Gioia Diliberto，《A Useful Woman: The Early Life of Jane Addams》（紐約：斯克里布納出版社，一九九九年）；Jean Bethke Elshtain，《A Useful Woman: Jane Addams and the Dream of American

Democracy》（紐約：Basic Books出版社，二〇〇二年）；Louise W. Knight，《Citizen: Jane Addams and the Struggle for Democracy》（芝加哥：芝加哥大學出版社，二〇〇五年）。

233. 此引述和前一則引述都是來自Hilda Satt Polacheck，《I Came a Stranger: The Story of a Hull-House Girl》（芝加哥：芝加哥大學出版社，一九八九年），第五二、一六七－六八頁。

234. 引述Anne Firor Scott，《The Southern Lady: From Pedestal to Politics, 1830~1930》（芝加哥：芝加哥大學出版社，一九七〇年），第二三〇頁。。

235. Chafe，《The Paradox of Change》，第一〇四頁。

236. 此引述和先前引述的「戰時我們服醫護役……」，都是來自Vera Brittain，《Testament of Friendship》（紐約：Seaview Books出版社，一九八一年），第八四、一〇九－一一二、一一四、一一七、一四五、一四六、二頁。

## 第十章　愛蓮娜・羅斯福和她的朋友們

237. 此引述和先前引述都是來自Kristie Miller和Robert H. McGinnis編輯，《A Volume of Friendship: The Letters of Eleanor Roosevelt and Isabella Greenway, 1904~1953》（圖森：亞利桑納歷史協會，二〇〇九年），第二〇、一九〇、二〇二、二六一頁。

238. Blanche Wiesen Cook，《Eleanor Roosevelt, Volume I: 1884~1933》（紐約：維京出版社，一九九二年），第二九二－九三頁。

239. Doris Kearns Goodwin，《No Ordinary Time: Franklin and Eleanor Roosevelt: The Home Front in World War II》（紐約：西蒙與舒斯特出版社，一九九四年），第二〇八頁。

240. Joseph P. Lash，《Love, Eleanor: Eleanor Roosevelt and Her Friends》（加登城，紐約：Doubleday

& Company 出版社，一九八二年），第八五頁。

241. Gail Collins，《America's Women: 400 Years of Dolls, Drudges, Helpmates, and Heroines》（紐約：Harper Perennial 出版社，二〇〇三年），第三六二頁。

242. Lash，《Love, Eleanor》，第一一二頁。

243. Maurine H. Beasley，《Eleanor Roosevelt: Transformative First Lady》（勞倫斯：堪薩斯大學出版社，二〇一〇年），第一三六頁。

244. 此引述和先前引述都是來自 Blanche Wiesen Cook，《Eleanor Roosevelt, Volume 2: The Defining Years, 1933–1938》（紐約：維京出版社，一九九九年），第五二七－二八，五三三頁。

245. Lash，《Love, Eleanor》，第一一六－一九頁。

246. Rodger Streitmatter 編輯，《Empty Without You: The Intimate Letters of Eleanor Roosevelt and Lorena Hickok》（紐約：自由報，一九九八年），第一六－二二頁。

247. Lorena Hickok，《Reluctant First Lady》（紐約：Dodd Mead 出版社，一九八〇年）。

248. Goodwin，《No Ordinary Time》，第一二二頁。

249. 同上，第一二三頁。

250. Lash 有關愛蓮娜最知名的著書是《Eleanor and Franklin: The story of their relationship, based on Eleanor Roosevelt's private papers》（紐約：Norton，第一冊，一九七一年和第二冊，一九七三年），其中第一冊贏得普立茲獎。

251. Allida M. Black，〈Persistent Warrior: Eleanor Roosevelt and the Early Civil Rights Movement〉，《Women in the Civil Rights Movement: Trailblazers and Torchbearers, 1941~1965》，編輯：Vicki L. Crawford，Jacqueline Anne Rouse 和 Barbara Woods（布盧明頓：印第安納大學，一九九三年），

第二四三頁。

252. Allida M. Black，《Casting Her Own Shadow: Eleanor Roosevelt and the Shaping of Postwar Liberalism》（紐約：哥倫比亞大學出版社，一九九六年），第一一六頁。

## 第十一章　從伴侶關係到姊妹情誼

253. 想了解各方對配偶作為歷史建構的看法，可參閱《Inside the American Couple: New Thinking/New Challenges》，編輯：Marilyn Yalom 和 Laura L. Carstensen（柏克萊：加州大學出版社，二〇〇二年）。

254. Collins，《America's Women》，第三六二頁。

255. Diane Johnson，《Flyover Lives》（紐約：維京出版社，二〇一四年），第四二－四三頁。

256. Wallace Stegner，《Crossing to Safety》（紐約：現代圖書公司，二〇〇二年），第二七七－七八頁。

257. 〈Median age at first marriage: 1890 to present (2022)〉（圖表），美國人口普查局：https://www.census.gov/content/dam/Census/library/visualizations/time-series/demo/families-and-households/ms-2.pdf。

258. Maxine Kumin，〈Our Farm, My Inspiration〉，《American Scholar》，二〇一四年冬，第六六頁。

259. Mirra Komarovsky，《Blue Collar Marriage》（紐約：Vintage Books 出版社，一九六二年）。

260. Carol Hanisch，〈A Critique of the Miss America Protest〉（一九六八年），《Women's America: Refocusing the past》，編輯：Linda K. Kerber 和 Jane Sherron De Hart，第五七七頁。

261. 同上。

262. Carol P. Christ 和 Judith Plaskow 編輯，《Womanspirit Rising: A Feminist Reader in Religion》（紐

約：哈珀與羅出版公司，一九七九年），第二〇四頁。

263. 此引述和先前引述都是來自Carolyn See，〈Best Friend, My Wellspring in the Wilderness!〉，《Between Friends: Writing Women Celebrate Friendship》，編輯：Mickey Pearlman（紐約：霍頓米夫林出版公司，一九九四年），第五六－七三頁。

264. Nikki Giovanni，《Gemini》（紐約：William Morrow，一九七一年），第三七頁。

265. 托妮．莫里森，《秀拉》（紐約：Knopf出版社，一九七四年），第五頁。

266. Claudia Tate編輯，《Black Women Writers at Work》（紐約：Continuum出版社，一九八三年），第一一八頁。

267. Gloria Naylor，《The Women of Brewster Place》（紐約：維京出版社，一九八二年），第一〇三－四頁。

268. 愛麗絲．華克，《紫色姊妹花》（紐約：Pocket Books出版社，一九八五年），第四二頁。

269. Margaret Talbot，〈Girls Just Want to Be Mean〉，《紐約時報雜誌》，二〇〇二年二月二十四日，www.nytimes.com/2002/02/24/magazine/girls-just-want-to-be-mean.html。

270. Rebecca Raber，〈The 10 Best Female Friendships in Television History〉，TakePart，www.takepart.com/photos/10-best-female-friendships-television-history/-10-the-mary-tyler-moore-show-mary-and-rhoda。

271. Dave Itzkoff，〈Taking an Express to Cult Fame〉，《紐約時報》，二〇一五年一月十三日。

272. Nick Paumgarten，〈Id Girls〉，《紐約客》，二〇一四年六月二十三日，第四〇頁。

273. 此引述及先前引述都是來自Chrisena Coleman，《Just Between Girlfriends: African-American Women Celebrate Friendship》，第六一、六八－七〇頁。

274. N. Lynne Westfield，《Dear Sisters: A Womanist Practice of Hospitality》（克里夫蘭：Pilgrim Press 出版社，二〇〇一年），第六五頁。

275. 《The Mother's Study Club: The First Century 1914~2014》（康科德，新罕布夏：Town & Country 出版社，二〇一三年），第二〇〇－七頁。

## 第十二章　親密友誼

276. 美國有百分之八十五的成人、世界有近百分之四十的人口可以上網。「每一百個居民的網路使用者人數二〇〇六－二〇一三年」（表格），國際電信聯盟（ITU），〈Global Internet Usage〉，維基百科，Wikipedia, en.wikipedia.org/wiki/Global_Internet_usage（二〇一三年六月三日存取）。也可參閱二〇一三年和二〇一四年 Pew Internet and American Life Project，www.pewinternet.org。

277. 在線上時，女人整體而言是屬於比較會溝通的，可說名符其實。舉例而言，線上有百分之七十一的女人使用社交網站，男人則只有百分之六十二。每個月有超過四千萬個女人造訪推特，人數超過男人。科技網站則以男性為主，但在一般溝通與分享的大型網站，男女分配比例約為百分之四十：百分之六十。女人發布內容的主要網站為 Pinteres（百分之七十九）、Goodreads（百分之七十）和 Blogger（百分之六十六）。〈Report: Social network demographics in 2012〉，Pingdom，royal.pingdom.com/2012/08/21/report-social-network-demographics-in-2012/。

278. Jenna Goudreau，〈What Men and Women Are Doing on Facebook〉，《富比士》雜誌，www.forbes.com/2010/04/26/popular-social-networking-sites-forbes-woman-time-facebook-twitter.html。

279. http://www.tericase.com/?p=183#more-183。

280. Kamy Wicoff（創辦人，SheWrites.com），與作者訪談，二〇一三年八月十九日。

281. 同上。
282. 由 Magasin III 博物館與當代藝術基金會贊助，斯德哥爾摩。
283. Miranda July，We Think Alone，http://wethinkalone.com/about/。
284. Joe Navarro 和 Marvin Karlins，《What Every Body Is Saying: An Ex-FBI Agent's Guide to Speed-Reading People》（紐約：William Morrow 出版社，二〇〇八年），Kindle 電子書，位碼一四九－九三。
285. 一個必然的結果是，暴力電玩和線上遊戲年輕玩家可能無法了解假想攻擊與真實世界之間的差異。
286. Teri Evans，〈Reaping Success Through Stranger「Meetups」〉，《華爾街日報》網路版，二〇一〇年十一月二十一日。http://www.wsj.com/articles/SB10001424052748704170404575624733792905708。
287. Rebecca Tuhus-Dubrow，〈Women Can Connect, Click by Click〉，《紐約時報》，二〇一二年七月十三日。
288. Shasta Nelson（創辦人，GirlFriendCircles.com）與作者討論，二〇一三年九月五日。
289. Shoshana K.〈A Success Story: Shoshana Is Making Friends in L.A.〉，Shasta's Friendship Blog，GirlFriendCircles。girlfriendcircles.com/blog/index.php/2013/07/a-success-story-girlfriendcircles-make-friends-la/。

## 第十三章　有來有往：市場經濟中的友誼關係

290. 〈二〇一三年孩子十八歲以下的媽媽勞動參與率（在職或求職人口的百分比）為百分之六九．九〉。〈家庭雇用性質摘要〉，美國勞工統計局，二〇一四年四月二十五日，http://www.bls.gov/news.release/famee.nr0.htm。

291. 由湯瑪斯・卡萊爾新創的詞彙，他將托馬斯・馬爾薩斯的十八世紀經濟理論——人口成長會不可避免超越食物供給——稱為「憂鬱的科學」。湯瑪斯・卡萊爾，《憲章運動》第二版（倫敦：James Fraser 出版社，一八四〇年），第一〇九頁。

292. Nicholas A. Christakis，《Connected: The Surprising Power of Our Social Networks》（紐約：Back Bay Books 出版社，二〇〇九年），第一八頁。

293. 「由於市場理性對新自由主義為中立，市場已經滲透到我們生活的各個層面，不僅經濟，還有我們的政治、社會、人際關係等等，都已經變成市場。」Todd May，《Friendship in an Age of Economics: Resisting the Forces of Neoliberalism》（拉納姆，馬里蘭：Lexington Books 出版社，二〇一二年），第三〇頁。

294. May，〈Friendship in an Age of Economics〉，opinionator.blogs.nytimes.com/2010/07/04。

295. Ken Auletta，〈A Woman's Place: Can Sheryl Sandberg Upend Silicon Valley's Male-Dominated Culture?〉，《紐約客》，二〇一一年七月十一日。

296. Arlie Hochschild，《The Outsourced Self: Intimate Lives in Market Times》（紐約：Metropolitan Books 出版社，二〇一二年），第八－九頁。

297. 同上，第一九五－一九六頁。

298. Shelley Taylor，《The Tending Instinct》，第九四頁。

299. Leah Busque，ecorner 談話，史丹佛大學的「企業家的角落」，二〇一四年五月，http://ecorner.stanford.edu/authorMaterialInfo.html?mid=3349。

300. 根據作者獲知的資訊。姓名已經變更。

301. Revolution Foods，試圖以提供健康餐給學童方式來對抗肥胖流行病，獲選財經雜誌

《CNNMoney》二〇一二年成長最快速市中心百大企業，《Inc.》雜誌在其最有創新食品公司名單上將之名列第六，該公司創辦人「獲《財富》雜誌評選進入四十位四十歲以下傑出年輕企業家榜單」，Kim Girard，〈Expanding the Menu〉，《BerkeleyHaas》雜誌，二〇一三年秋，第一一頁。

302. Sylvia Ann Hewlett，〈Mentors Are Good. Sponsors Are Better〉，《紐約時報》，二〇一三年四月十三日。

303. 同上。

304. 〈World Bank Group: Working to End Extreme Poverty and Hunger〉，世界銀行，http://www.worldbank.org/mdgs/poverty_hunger.html。

305. 〈Approach to Microfinance〉，國際機遇組織（OI），http://opportunity.org/what-we-do/microfinance。

306. 同上。

307. 〈New England Centenarian Study〉，波士頓大學醫學院，http://www.bumc.bu.edu/centenarian。

308. Karen M. Bush、Louise S. Machinist和Jean McQuillin，《My House Our House: Living Far Better for Far Less in a Cooperative Household》（匹茲堡：St. Lynn's出版社，二〇一三年），第五六－五八頁。

309. 同上。

310. Sarah Mahoney，〈The New Housemates〉，《美國退休人協會雜誌》，二〇〇七年七月，www.aarp.org/home-garden/housing/info-2007/the_new_housemates。

311. 請參閱Bush、Machinist和McQuillin，《My House Our House》，了解有關「共居」有用資源和很棒的建議。有一個不錯的共居資訊交換網站是Women for Living in Community，www.womenlivingincommunity.com。

312. 同上。

## 第十四章　男女之間有「純友誼」嗎？

313. 關於童年社會化期間性別隔離的探討，請參閱 Eleanor E. Maccoby，《The Two Sexes: Growing Up Apart, Coming Together》（劍橋，麻薩諸塞：哈佛大學出版社，一九九八年），第一一八－五二頁。

314. Sheikh Assim L. Alhakeem，〈Is Friendship Between Man and Woman Allowed in Islam?〉，www.youtube.com/watch?v=Z8hXwIQG2sw。

315. 「小孩戲弄異性同儕，這是『喜歡』或『喜愛』對方的舉動，這樣一來應該就不需要再特意用其他方式去接近異性同儕。」Maccoby，《The Two Sexes》，第二八九頁。

316. Adrian F. Ward，〈Men and Women Can't Be 'Just Friends,'〉，《Scientific American》，二〇一二年十月二十三日，http://www.scientificamerican.com/article/men-and-women-cant-be-just-friends/。

317. 同上，第一六九頁。http://kinseyconfidential.org/genderblind-housing-college-men-women-living/。

318. J. Bradley Blankenship，〈Gender-Blind Housing: College Men and Women Living Together〉，Kinsey Confidential，二〇一一年九月二十日。

319. Georgia Wisdom，〈10 Rules for Friends with Benefits〉，Thought Catalog，二〇一三年二月八日，http://thoughtcatalog.com/georgia-wisdom/2013/02/10-rules-for-friends-with-benefits/。

320. 「〔在二〇〇〇年時〕，研究人員針對三〇九個大學生（男女約各半）進行一項有關非浪漫跨性別友誼的性行為……其中有百分之五十一的人跟他們無意約會的跨性別對象性交……在那些有性交的人當中，有百分之四十四最後將床伴關係轉化為男女朋友關係。」Michael Monsour，《Women

and Men as Friends: Relationships Across the Life Span in the 21st Century》（莫瓦，紐澤西：Lawrence Erlbaum Associates 出版社，二〇〇二年），第一三八－一三九頁。

321. 與作者對談，二〇一三年十月。

322. Sylvia Ann Hewlett，〈As a Leader, Create a Culture of Sponsorship〉，《哈佛商業評論》，二〇一三年十月八日，https://hbr.org/2013/10/as-a-leader-create-a-culture-of-sponsorship。

323. Thomas Rogers，〈Ladies: I'm Not Your Gay Boyfriend〉，《Salon》，二〇〇九年八月十八日，http://www.salon.com/2009/08/18/rogers_fag_hag/。

324. 《國家衛生統計報告》第四十九號，二〇一二年三月二十二日。

325. Linda Dodge Reid，〈The Family We Choose〉，《史丹佛》雜誌，二〇一三年九／十月。

## 結語　閨「蜜」：友誼恆久遠，一段永流傳

326. 很久很久以前，美國人認為法國男人很特別，因為他們會互相親吻彼此的臉頰。希臘男人走在大街上，手牽著手，引起美國觀光客側目。不過現在不會了，我們對男人互相親吻和擁抱的儀式已經習以為常。中國長久以來禁止西方式的擁抱，現在家人與親朋好友間也開始採用這個西方習俗，為中國史上前所未見。可參閱《紐約時報》二〇一四年五月九日這篇文章，標題為〈Cautious Chinese Gain Comfort with Hugs〉：〔在北京機場〕一對年輕的中國夫妻迎接一對年長的夫婦並給他們擁抱。兩個女人先相互擁抱，接著較年輕的男人卻是僵硬地緊抱較年長的男人。年齡問題以及性別問題，跟擁抱有關。兩個女人先上前擁抱彼此，兩個男人才（彆扭地）跟著做。

# 索引

## 書籍文章、雜誌報紙、戲劇電影、詩畫

### 二畫



### 三畫



### 四畫

## 八畫



## 九畫

## 十畫



## 十一畫

**六畫**

## 七畫

## 八畫

**九畫**

十畫

## 十一畫

## 十二畫

**十三畫**

## 十四畫

## 十五畫



## 十六畫



## 十七畫



## 十八畫



## 十九畫

## 地名

**三畫**

### 九畫



### 十畫



### 十一畫



### 十二畫



### 十三畫



### 十四畫

## 國家民族



## 組織機構

**九畫**



**十畫**



**十一畫**

## 飯店酒吧、會所建築

## 其他

### 三畫



### 七畫



### 八畫



### 十一畫

**閨蜜的歷史：從修道院、沙龍到開放社會，「被消失」的女性友誼如何重塑人類社交關係？**
**（初版書名：閨蜜：說八卦、宮鬥劇，女人總是為難女人。歷史上難道沒有值得歌頌的真摯情誼？）**

作　　者　瑪莉蓮・亞隆（Marilyn Yalom）、德雷莎・布朗（Theresa Donovan Brown）
譯　　者　邱春煌
選 書 人　張瑞芳
責任主編　張瑞芳、李季鴻（二版）
編輯協力　李鳳珠
校　　對　魏秋綢、張瑞芳、林欣瑋
版面構成　張靜怡
封面設計　蕭旭芳
行銷統籌　張瑞芳
行銷專員　段人涵
出版協力　劉衿妤
總 編 輯　謝宜英
出 版 者　貓頭鷹出版

發 行 人　凃玉雲
發　　行　英屬蓋曼群島商家庭傳媒股份有限公司城邦分公司
　　　　　104 台北市中山區民生東路二段 141 號 11 樓
　　　　　劃撥帳號：19863813；戶名：書虫股份有限公司
城邦讀書花園：www.cite.com.tw　購書服務信箱：service@readingclub.com.tw
購書服務專線：02-2500-7718~9（週一至週五 09:30-12:30；13:30-18:00）
24 小時傳真專線：02-25001990~1
香港發行所　城邦（香港）出版集團／電話：852-2877-8606／傳真：852-2578-9337
馬新發行所　城邦（馬新）出版集團／電話：603-9056-3833／傳真：603-9057-6622
印 製 廠　中原造像股份有限公司
初　　版　2018 年 12 月／二版 2022 年 12 月
定　　價　新台幣 630 元／港幣 210 元（紙本書）
　　　　　新台幣 441 元（電子書）
I S B N　978-986-262-593-4（紙本平裝）／978-986-262-589-7（電子書 EPUB）



讀者意見信箱　owl@cph.com.tw
投稿信箱　owl.book@gmail.com
貓頭鷹臉書　facebook.com/owlpublishing



國家圖書館出版品預行編目資料

閨蜜的歷史：從修道院、沙龍到開放社會，「被消失」的女性友誼如何重塑人類社交關係？／瑪莉蓮・亞隆（Marilyn Yalom）、德雷莎・布朗（Theresa Donovan Brown）著；邱春煌譯. -- 二版. -- 臺北市：貓頭鷹出版：英屬蓋曼群島商家庭傳媒股份有限公司城邦分公司發行, 2022.12
面；　公分.
譯自：The social sex: a history of female friendship.
ISBN 978-986-262-593-4（平裝）

1. CST：女性心理學　2. CST：友誼

173.31　　111017036

**本書採用品質穩定的紙張與無毒環保油墨印刷，以利讀者閱讀與典藏。**